W0052813

Ferenc Majoros • Karl V.

Die Deutsche Bibliothek – CIP-Einheitsaufnahme

Majoros, Ferenc:
Karl V. : Habsburg als Weltmacht / Ferenc Majoros. –
Graz ; Wien ; Köln : Verl. Styria, 2000
ISBN 3-222-12769-7

Layout und Umbruch: Helmut Lenhart, Graz
Umschlaggestaltung: Andrea Malek, Graz
Gesamtherstellung: Medienhaus Styria, Graz
ISBN 3-222-12769-7

FERENC MAJOROS

Karl V.

HABSBURG
ALS WELTMACHT

:STYRIA

Inhaltsverzeichnis

Einleitung

Karl V. wurde im Jahr 1500 n. Chr. geboren, und die erste Hälfte des 16. Jahrhunderts ging als die Epoche Karls V. in die Geschichte ein. Mehrere Historiker vertreten die Ansicht, die Biographie des Herrschers ist zugleich die Geschichte jener schicksalsträchtigen Jahrzehnte. Andere beklagen, es sei schier unmöglich, die Lebensgeschichte dieses Mannes zu schreiben, weil die Staaten unter seiner Herrschaft ihrem verfassungsrechtlichen und gesellschaftlichen Charakter nach doch so unterschiedlich, so diffus gelegen, die diversen Handlungen des Monarchen, seine Aufenthalte in dem einen und dem anderen Gebiet, seine unzähligen Reisen dermaßen unübersichtlich waren, daß sich der Biograph gezwungen fühlt, vor diesem Konglomerat zu kapitulieren. Wiederum andere meinen, man müsse aufgeschlüsselte Lebensgeschichten des Kaisers Karl aus deutscher Sicht, des Königs Carlos von Spanien, des in Flandern geborenen und aufgewachsenen Herzogs von Burgund und Herrschers über die Niederlande schreiben. So erschienen denn auch zum Teil exzellente Lebensgeschichten Karls jeweils aus deutscher, aus spanischer, aus niederländischer und aus italienischer Sicht, und daran ist auch nichts auszusetzen.

Nicht zu akzeptieren ist jedoch die Folgerung derjeniger, welche die Arbeit aus dem Grund einfach ruhen lassen wollen, daß es eine unlösbare Aufgabe sei, die Vielzahl der Daten aus Karls Leben zu erfassen, die divergierenden Interessen seiner Herrschaftsgebiete und die unterschiedlichen Gesichtspunkte, welche dieser Interessenlage entsprachen, zu entflechten und gebührend darzustellen. Vielmehr dürfte sich gerade aus dem überaus diffusen Charakter des historisch-biographischen Stoffes ein vereinendes Element ergeben! Die Größe dieser herausragenden Persönlichkeit der

Weltgeschichte bestand nämlich gerade darin, daß Karl sich der immensen Aufgabe stellte, welche auf ihn durch die Pflicht zukam, die Geschicke seiner dynastisch geerbten und nicht mit Blut und Schwert eroberten Herrschaftsgebiete zu lenken. Karl stellte sich dieser Aufgabe, und er wurde ihr im großen und ganzen gerecht, mit großer Systematik und würdevoll, trotz historisch bedingter und nicht persönlich verschuldeter geschichtsträchtiger Rückschläge, wie das Unvermögen par excellence, die religiöse Einheit des Reiches zu wahren. Vor dem Vorwurf eines anderen Mißerfolges von historischer Tragweite, nämlich des „Versäumnisses einer Abwendung der Türkengefahr", soll der Biograph den Staatsmann und Kriegsherrn Karl V. gänzlich in Schutz nehmen: Schwerwiegende, unüberwindbare objektive Gründe waren es, welche Karl daran hinderten, an der Spitze eines gewaltigen christlichen Heeres gegen das Osmanenreich auszurücken oder durch Einsatz einer riesigen Flotte im östlichen Mittelmeer zum Vernichtungsschlag gegen den Halbmond auszuholen.

Zwar vertritt eigentlich kein verantwortungsvoller Historiker eine solche falsche und rein subjektivistische These, doch entspricht sie einem bereits zu Karls Zeiten weitverbreiteten Klischee, wonach „sich Karl V. nur für seine spanischen Angelegenheiten interessierte und einem Kreuzzug gegen die Osmanen östlich von Malta wenig Aufmerksamkeit widmete". Eine erstmalige Zusammenfassung der objektiven militärischen Gegebenheiten, welche die Unmöglichkeit eines Entscheidungsschlages der christlichen Welt gegen die Osmanen unter der Führung Karls V. belegen, soll denn auch unter anderem die Aufgabe dieser Biographie darstellen.

Alles in allem gilt Karl V. als ein Mensch und Monarch, der den Übergang vom ausgehenden Mittelalter in die Frühe Neuzeit verkörperte. In seiner Frühzeit überwogen die Charakterzüge des „Herbstes des Mittelalters" (Huizinga), im Geist des prunkvollen Ritterkultes am burgundischen Hof des Urgroßvaters Karls des Kühnen. Ganz verblichen sind seine Züge mediävaler Ritterlichkeit auch später nicht. Karls V. wagemutiger persönlicher Einsatz auf der Walstatt drückte mehr aus als nur die Leidenschaft für das Soldatentum: In den dreißiger und vierziger Jahren des 16. Jahrhunderts war es längst keine Selbstverständlichkeit mehr – wie etwa im Frühen und dem Hochmittelalter –, daß sich ein König in das Schlachtgetümmel stürzt. Andererseits sehen wir vor uns Karl als den reifen Staatsmann der Frühen Neuzeit bereits seit seinem dreißigsten Lebensjahr: Der Kaiser nutzt mit glücklicher Hand den perfekt funktionierenden Apparat seiner Kanzleien, zumal am spanischen Hof, ohne damit zum puren Schreibtischmenschen zu werden, wie später sein Sohn Philipp II. Karl, zufälligen, emotionalen Gesten abhold, überwacht und lenkt die alltäglichen Staatsgeschäfte samt dem ausgedehnten diplomatischen Schriftwechsel mit der ihm eigenen Systematik. Die inneren Wesenszüge der Persönlichkeit des Kaisers, seine Minister, sein Hofstaat sowie sein Verwaltungsapparat in Spanien und den diversen anderen Staaten unter seiner Herrschaft werden in den chronologisch geordneten späteren Kapiteln dargestellt.

Ein kühner Reformer, „seiner Zeit weit voraus", war Karl V. nicht, vielleicht mit Ausnahme des Finanzwesens. Doch entwickelte er echtes konstruktives Interesse für die großartigen Errungenschaften seiner Zeit. Kartographie und Seefahrt faszinierten, was Wunder, den Herrn der „Neuen Welt". Nebenher empfand Karl zum Beispiel die Verlockung der Uhren: Angenommenes Jahr der Erfindung der tragbaren Uhr durch Peter Henlein ist 1510.

Leidenschaftlicher Liebhaber der Musik bis zum Lebensende, betrachtete der Renaissancefürst Karl darüber hinaus auch die bildenden Künste als seine Herzensangelegenheit. Tizian gehörte zum engeren Kreis des Kaisers. Sakrale, säkulare und militärische Architektur (z. B. Fortifikationswesen) beschäftigten Karl recht intensiv. Zugleich lag seinem ausgewogenen Wesen nichts ferner als architektonische Megalomanie.

In Karls Zeitalter erfolgte der Durchbruch der Feuerwaffen in der Kriegskunst. Zwar schon eineinhalb Jahrhunderte zuvor eingesetzt, waren die Geschütze vor 1500 in der Regel noch nicht gefechtsentscheidend, abgesehen freilich von wichtigen Ausnahmen: Die Träger der mit Karls Habsburgerreich rivalisierenden anderen Weltmacht, die osmanischen Sultane, hatten die Bedeutung dieser Waffe schon vorher erkannt, die Artillerie ausgebaut und mit gewaltigem Erfolg, wie bei Konstantinopel 1453, genutzt. So entsprach es einer Notwendigkeit, wenn sich Karl V. dem Aufbau einer schlagkräftigen zeitgemäßen Artillerie sachkundig widmete. Auf Karls Regierungszeit entfiel auch eine epochale Neuerung in der Heeresorganisation, wie die Errichtung der spanischen *tercios:* In die Anatomie dieser Infanterieeinheiten, welche bis ins späte 17. Jahrhundert als unbesiegbar galten und die den Janitscharen wie kein anderes Kontingent Paroli bieten konnten, werden wir Einblick gewinnen.

Einen besonders scharfen Blick hatte der Kaiser für das Finanzwesen. Karl V. durchdrang so manche Problematik des Frühkapitalismus. Fürwahr, einige seiner Reformen lassen merkantilistische Züge erkennen. Zum Beispiel regelt die Verordnung vom 10. Dezember 1541 die Einlösung von Wechseln in den Niederlanden, wobei die Auszahlung zu zwei Dritteln in Gold vorgeschrieben wird.

Versucht man, wenn überhaupt, Parallelen zwischen Karl V. und dem Werdegang anderer Giganten der europäischen Geschichte zu ziehen, so merkt man naturgemäß, daß da recht wenig Vergleichbares zu verzeichnen ist. Bei den beiden Genies Caesar und Napoleon ergibt sich folgendes Bild: Zwar aus dem alten römischen Geschlecht der Julier stammend, mußte Caesar seinen Aufstieg, welcher so recht erst nach dem 40. Lebensjahr begann, bitter erkämpfen. Durch Geburt war seine Karriere keineswegs vorgezeichnet. Die auf wenige Jahre beschränkte herrschende Stellung des kühnen Reformdiktators im zentralistischen Imperium gestattet keinen Vergleich mit Karls Wirken.

Den steilen Aufstieg des Bürgersohnes Bonaparte, der sich vom kleinen Artillerieoffizier zum Herrn über Europa aufgeschwungen hat, braucht man gar nicht erst zusammenschauend mit dem Werdegang des Kaisers Karl V. betrachten.

Erbe eines mit allen Unsicherheiten des frühmittelalterlichen Staatsgebildes behafteten relativ kleinen Königreichs schuf Karl der Große einen riesigen Flächenstaat auf klassischem europäischen Boden mit Blut und Eisen: ein Eroberer im wahren und auch im grausamen Sinne des Wortes, sicherlich nicht ohne die Gnade eines Organisationstalents. Wiederum kein Vergleich zwischen ihm und Karl V. Da ist höchstens die Klammer einer seitens der frankophonen Geschichtsschreibung erwiesenen Reverenz durch den Verleih latinisierender Bezeichnungen für die beiden Großen zu vermerken: „Charlemagne", gleich Carolus magnus, anstatt von „Charles le Grand", und Charles Quint für Carolus quintus, und nicht etwa Charles cinq, gleich der Bezeichnung aller anderen Herrscher gemäß den Zahlen nach dem französischen Idiom.

Bleibt Augustus, ausgewogen agierender Konsolidator des römischen Imperiums, Begründer der monarchischen Herrschaftsform. Die Länge seiner Regierungszeit, über vierzig Jahre, ist mit Karl V. vergleichbar, von ferne auch der ruhige Regierungsstil. Um so weniger Parallelen gibt es mit einem Octavian, wo sich die Historiographie ohnedies schwertut, den Ränkeschmied, den rücksichtslos Blut vergießenden machthungrigen – militärisch unbegabten – Jüngling in einem Atemzug mit Augustus, dem Vater des Vaterlandes, zu nennen.

Woher schöpfte Karl V. die Kraft, die enormen Aufgaben zu erfüllen, welche auf ihn durch seine ererbte und keineswegs durch politische Machenschaften erschlichene oder erzwungene Machtfülle zukamen? Was die Wahl zum Kaiser anbelangt, so mache sich der Historiker nichts vor, trotz der beinahe klischeehaften Darstellungen der Chancen Franz' I. und der – nicht von dem durch und durch chevaleresk gesinnten, alles andere als gerissenen Jungmann Karl initiierten – Kabale um die Bestechung von Kurfürsten: Auch ohne Fuggersches Gold war es letzten Endes doch schlecht vorstellbar, daß ein König von Frankreich zum Kaiser des Heiligen Römischen Reiches Deutscher Nation gekürt wird! So war denn Karl durch Geburt dazu prädestiniert, als erfolgreichster Kandidat für die Kaiserwürde aufzutreten!

Doch zurück zur Frage: Was beseelte den zwar körperlich nicht gerade schwächlichen, doch dauernd kränkelnden Karl von Habsburg, als er die Last von Aufgaben auf sich nahm, welche aus seiner Herrschaft über so zahlreiche, der Verfassung, der Gesellschaft, der Tradition und der Geographie nach so unterschiedliche Gebiete flossen?

Welche waren die Kräfte, die Karl dazu verhalfen, eine qualifikative Grenze vom Pflichtbewußtsein zum Sendungsbewußtsein zu überschreiten; Kräfte, ohne die er – herausragende geistige Begabung, einschließlich souveränen Überblicks über die vielschichtigen und zugleich diffusen Aufgabengebiete ohnedies vorausgesetzt – die Herrschaft über sein buntes Reich (ein „Leopardenfell") kaum hätte effizient ausüben können?

Die Antwort dürfte sich dergestalt ergeben, daß der Kaiser aus der Quelle seines tiefen katholischen Glaubens, gepaart mit dynastischem Sendungsbewußtsein, schöpfte, um die Last der Sisyphusarbeit in all seinen Herrschaftsgebieten und nicht zuletzt die Strapazen der unumgänglichen Reisen auf der Straße und zur See unter den damaligen Verhältnissen tragen zu können. Sein unerschütterlicher Glaube artete nie zum gehässigen Fanatismus Andersdenkenden gegenüber aus: Karl V. war kein Eiferer. Bei aller konsequenten Gegnerschaft zum aufkommenden Protestantismus blieb der Kaiser moderat im Wesen – und Staatsmann – genug, um eine Gewährleistung der kirchlichen Einheit mit Feuer und Schwert zu verwerfen. Den Versuch einer Lösung durch rohe Gewalt hat Karl V. gar nicht erst unternommen. Der Schmalkaldische Krieg war eher ein machtpolitisches Kräftemessen als ein Kreuzzug wider die protestantischen Fürsten. Ihre „Hoch-Zeit" erlebte die spanische Inquisition vor und nach Carlos' Regierungszeit, nicht aber während seiner Herrschaft.

In seiner dynastischen Politik war Karl äußerst erfolgreich. Unter ihm erklomm das Haus Habsburg die ersten hohen Gipfel seiner Macht. Durch Karls Wirken, durch die Machtfülle des Kaisers im Riesenreich, welches seinen Zusammenhalt der Person des Herrschers und seiner großen Autorität verdankte, erfreute sich das Haus Habsburg nunmehr – kurz davor territorial noch auf das kleine Gebiet der österreichischen Erbländer beschränkt – der Position einer stolzen Weltmacht. Dynastische Politik wird auch – aber keineswegs ausschließlich – durch Heiratsdiplomatie gemacht; da hatte Karl eine glückliche Hand. Weit darüber hinaus wirkte jedoch sein dynastisches Sendungsbewußtsein, sein Bestreben, das Wohl und die Macht des Herrscherhauses, dessen Oberhaupt er war, zu mehren.

Sein Briefwechsel – eine unerschöpfliche Quelle für Karls Biographie und damit für die gesamte europäische Historie jener Zeit – legt Zeugnis vom innigen Verhältnis zwischen den Mitgliedern des Hauses Habsburg untereinander ab, von einer Solidarität, welche sich von anderen, auch den besten familiären Verbindungen deutlich unterschied. Zum Beispiel ist zwar ganz und gar nichts auszusetzen an den Beziehungen zwischen Carlos und seiner Gemahlin Isabella von Portugal, einer würdigen Mitstreiterin auch in Staatsgeschäften. An die politisch begabte, über alles zuverlässige Königin wurde die Regentschaft über Spanien während Karls Abwesenheit übertragen. Ihr Gemahl hörte auf das Wort Isabellas. Und dennoch: Der Briefwechsel tut Kunde von einem qualitativen Unterschied zum Austausch zwischen dem Kaiser und seiner Tante Margarete von Habsburg, und zur Korrespondenz mit seiner leiblichen Schwester Maria, Statthalterin der Niederlande, einer hochbegabten, sachkundigen Beraterin: Mit der Intimität im Umgang zwischen den Familienmitgliedern auch auf dem Gebiet der Staatsgeschäfte ist der höflich-distanzierte, wenngleich in der Sache optimale Gedankenaustausch mit Gemahlin Isabella von Portugal nicht zu vergleichen.

Betrachtet man übrigens den immensen Briefwechsel als unmittelbaren Einblick in das Leben Karls V. und zugleich als historische Quelle von einzigartigem Wert, so gelangt man zu einer eigenartigen Parallele: Bezeichnete man Goethes Gesamtwerk als „höchst autobiographisch", so dürfte Karls Wirken in all seinen Herrschaftsgebieten ebenfalls als ein „sehr autobiographisch geprägter Werdegang" erscheinen. Liest man Karls Briefe und andere Schriften, so tritt das ausgewogene Wesen dieses Mannes in Erscheinung. Es bedarf keiner besonderen Anstrengung, die persönliche Note trotz vorgezeichneter Renaissancefloskeln und Stilübungen der Kanzleien deutlich zu erkennen. Solche Elemente erdrücken den eigenen Gedanken des Kaisers nicht. Der Inhalt der Schriften ist durchsichtig. Über allem liegt ein ruhiges Licht.

Der chronologische Markstein 1500, eben das Geburtsjahr von Karl V., weckt Gedanken zu schicksalhaften Zäsuren in der europäischen Geschichte:

Wenn nicht das Jahr 1000 selbst, so doch die Zeit unmittelbar um die erste Jahrtausendwende prägt das Gefüge der europäischen Staaten bis ins 20. Jahrhundert. Ein christliches Königreich nach dem anderen erhebt sich über dem Flickenteppich der Stammesfürstentümer, vom Ärmelkanal bis in die Tiefe Rußlands. Konturen der heutigen politischen Landkarte des Kontinents lassen sich erkennen:

987 entsteht das Königreich Frankreich unter Hugo Capet. Die Christianisierung der Bevölkerung des schnell erstarkenden ersten russischen Staates fällt in das Jahr 987. 996 tritt der Name Österreich in das Licht der Geschichte. In den Jahren um die Jahrtausendwende beginnt eine Konsolidierung des Reiches der Přemysliden in Böhmen und der Piasten in Polen. Zu Weihnachten des Jahres 1000 wird der Arpade Stephan I. der Heilige mit der päpstlichen Krone zum ersten König der Ungarn gekrönt, die er in das westliche Christentum führt. Allen voran ging, vergessen wir nicht, das deutsche Königreich der Ottonen, das bereits Jahrzehnte vor der Jahrtausendwende Gestalt gewann, und dies auf einem Territorium, nicht ungleich dem Gebiet der heutigen Bundesrepublik Deutschland.

Vom Tiefpunkt vor 1000 steigt das Papsttum binnen kurzer Zeit zur Höhe seiner geistigen und weltlichen Macht empor, welche das Hochmittelalter prägt. Mit dem Namen des Odilo, Abt von Cluny seit 994, ist die innere Erneuerung der Kirche verbunden, welche die Voraussetzungen für den Höhenflug der folgenden Jahrhunderte geschaffen hat.

Alles in allem eine atemberaubende Entwicklung!

Auf den ersten Blick mag man staunen: Abstrakte Jahreszahlen, nackte historische Arithmetik sind doch in sich allein inhaltslos, sie können keine geschichtsgestaltende Wirkung entfalten. Zyklen der Weltgeschichte sind wohl schwerlich von der Chronologie allein, auch nicht von Jahreszahlen wie 1000, 1500 (und 2000) abzulesen. Wieso haben denn solche Jahreszahlen dennoch ihre Eigendynamik? Wodurch erklären sich die unzweifelhaften qualitativen Unterschiede in den Geschicken der Völker Europas vor und nach dem Jahr 1000, vor und nach dem Jahr 1500? Geht es denn um reine Zufälle, welche dazu verleiten, sie zu Gesetzmäßigkeiten umzustrukturieren und dies durch Jahreszahlen zu belegen?!

Die Jahrtausendwende rüttelt auf, sie fördert innovative Pläne, das Jahr 1000 hat nicht nur die Ängste vor dem Weltuntergang heraufbeschworen, welche uns gegenwärtig sind. Das Duo des gelehrten Papstes Sylvester II. und des nicht nur naiven Visionärs Kaiser Otto III. hat europäische Geschichte um das Jahr 1000 sehr wohl gestaltet, das Entstehen christlicher Reiche in Ostmitteleuropa aktiv gefördert, in jener so fruchtbaren historischen Konstellation eines Zusammengehens des päpstlichen Präzeptors und des zwanzigjährigen kaiserlichen Schülers, um nur dieses, allerdings höchst bedeutsame Beispiel zu nennen.

Das Jahr 1500, das Heranziehen der zweiten Hälfte des zweiten Jahrtausends, weckte unzählige Gedanken im christlichen Menschen. Erfindungen, Kunst, auch Kriegskunst, Entdeckungsfahrten sind uns allen bekannt, doch wenigen fällt heute ein ausgearbeiteter Plan für die Reform der Kirche ein, welcher vom so viel und zum Teil zu Unrecht gescholtenen Borgia-Papst Alexander VI. abgesegnet, aber nicht aus der Schatulle herausgeholt wurde und dort vergilbte! „Renaissance" erschöpft sich nicht nur in der Vielzahl großartiger Kunstdenkmäler, literarischer Werke oder im raffinierten Prunk der fürstlichen Höfe. Die – auch durch einen bewußten Gesinnungswandel eingedenk des Eintritts in die zweite Hälfte des zweiten Jahrtausends geförderten – neuen Denkansätze der Menschen überragen an Bedeutung das weiß Gott nicht zu unterschätzende Visuelle, das uns durch den beispiellosen Aufschwung der bildenden Künste vor und nach 1500 so eklatant vor Augen geführt wird.

Über die geschichtsgestaltende Tätigkeit Karls V. hinaus soll dieses Buch auch Schlaglichter auf Direktkontakte des Kaisers mit großartigen Persönlichkeiten seiner Zeit werfen.

KAPITEL I

Ein Nachfahre großer Fürsten

Ein Blick auf die Ahnentafel des Knaben, der am 24. Februar 1500 in Gent geboren und nach seinem Urgroßvater Karl dem Kühnen auf den Namen Karl getauft wurde, vermittelt ein imposantes Bild: Unter den unmittelbaren Vorfahren des späteren Kaisers Karl V. befinden sich Vertreter der größten Herrscherhäuser Europas, wie Habsburg, Valois, Kastilien und Aragon, zugleich auch herausragende historische Persönlichkeiten. Hier interessiert es uns, inwiefern der Lebenslauf und die spätere Machtfülle Karls durch diese Herkunft, gepaart mit außergewöhnlichen Fähigkeiten und Charakterzügen des Fürsten, vorgezeichnet waren. Die zwei Urgroßväter väterlicherseits waren ein römisch-deutscher Kaiser aus dem Haus Habsburg, Friedrich III., und der Burgunderherzog Karl der Kühne aus dem Haus Valois, Nachfahre der Kapetinger. Karls väterlicher Großvater war Maximilian I., römisch-deutscher Kaiser.

Die Großeltern mütterlicherseits waren die Königin Isabella von Kastilien und König Ferdinand von Aragón. Aus der Heirat zwischen Philipp dem Schönen von Habsburg und der Tochter der spanischen Könige, Johanna „der Wahnsinnigen", ging Karl hervor.

Wie wahnsinnig Mutter Johanna tatsächlich war, wird uns noch beschäftigen. In jedem Fall: Sohn Karl war weder wahnsinnig noch schön wie Vater Philipp.

Der frühe Tod (1497) des einzigen Sohnes der spanischen Könige, Juan, hatte zur Folge, daß Karl über die weibliche Linie mit seiner Mutter

Johanna später die spanische Krone erbte. Doch waren Karls Kindheit und frühe Jugend durch seine Würde als Herzog von Burgund geprägt. Es war denn auch Burgund, das zur echten Schule für seine spätere Herrschaft über ein Weltreich wurde; dazu eignete sich gerade die Struktur von Burgund wie von keinem anderen Staatsgebilde!

Auf die Erziehung nahmen seine Eltern kaum Einfluß, zumal er diese nur selten sah. Wie seine ebenfalls in den Niederlanden lebenden Schwestern Eleonore, Isabella und Maria und die in Spanien erzogenen Geschwister Ferdinand und Katharina, wuchs Karl elternlos auf. Schon als Sechsjähriger verlor Karl seinen Vater. Auch vor Philipps des Schönen unerwartet frühem Tod 1506 waren Begegnungen zwischen Vater und Sohn recht rar. Philipp war häufig auf Reisen; seine Gemahlin Johanna wich ungern von der Seite des leidenschaftlich geliebten Gatten.

Drei Persönlichkeiten höchst unterschiedlicher Couleur, allesamt herausragend in ihrer Art, bestimmten die Erziehung des Knaben: Tante Margarete von Habsburg, Regentin der Niederlande, Adrian von Utrecht, Dekan von St. Peter zu Löwen, der später die Tiara tragen sollte, und Guillaume de Croy, Herr von Chièvres. Vereinfachend wird vorausgeschickt, daß Karl dynastisches Sendungsbewußtsein und Allgemeinbildung der Tante Margarete von Habsburg, tiefe Religiosität und Grundkenntnisse katholischer Theologie Adrian von Utrecht und dem Herrn von Chièvres das Verständnis des überkomplizierten burgundischen Staatsgefüges verdankte, welches für seinen späteren souveränen Überblick über die Geschicke der diversen Herrschaftsgebiete des Weltreiches so ausschlaggebend werden sollte. Sowohl Erzherzogin Margarete von Österreich als auch Adrian von Utrecht und der Herr von Chièvres traten selbst auf der Bühne der Weltgeschichte auf, jeweils mit eigenem scharfen Profil: Margarete als würdige, effiziente Vertreterin der dynastischen Idee, in ihrer Eigenschaft als Regentin der Niederlande und weit darüber hinaus; Adrian von Utrecht, der große Theologe als Papst Hadrian VI. (1522–1523); Chièvres als Diplomat und Gestalter der Politik am burgundischen Hof. An dieser Stelle geht es allerdings darum, die Rolle dieser Persönlichkeiten in der Erziehung des Knaben Karl zum christlichen Herrscher als Haupt des Hauses Habsburg zu erfassen; ihr persönliches Wirken während Karls Kindheit bleibt im Hintergrund.

Margarete, geboren 1480, hatte in ihrer eigenen Erziehung und Gesinnung mit dem Neffen Karl so manches gemeinsam: Geburt in den Niederlanden, französische Muttersprache, Erziehung im französischen Geist,

Denken in dynastischen Kategorien – in Vertretung des Hauses Habsburg und gegen das französische Herrscherhaus der Valois.

Die aus Frankreich angereiste Margarete begegnete ihrem sechsjährigen Neffen Karl sowie ihren Nichten Eleonore und Isabella am 7. April 1507 anläßlich eines Festessens in Mecheln. In diesem ruhigen Städtchen etwa auf halbem Weg zwischen Brüssel und Antwerpen residierte der burgundische Hof, dort verbrachte Karl die Jahre 1502 bis 1508, unterbrochen nur durch den Aufenthalt in Brüssel über das Jahr 1504. Drei Ernennungen zum Hofstaat Karls sind vom 13. Juni 1504 überliefert: Philipp von Heddenbault wurde Oberstallmeister, Jeanne, Gattin des Herrn Gilles de Bouzentoh, „Amme" von Karl, Meister Tivysan, Leibarzt der drei fürstlichen Kinder.

Kaiser Maximilian, Vormund der drei Enkel, delegierte diese Aufgabe an seine Tochter Margarete, die gleichzeitig zur Regentin der Niederlande ernannt wurde. Die kinderlose, in jungen Jahren zweimal verwitwete Erzherzogin stellte ihre eigene Person nach dem Tod ihres zweiten Gemahls 1504 zwar nicht mehr für die Zwecke der dynastischen Politik des Hauses Habsburg zur Verfügung: Sie blieb Witwe bis zum Ende ihrer Tage.

Dafür widmete sie sich voll der Aufgabe, „dem Hause Österreich in Europa zur Vormachtstellung zu verhelfen. Sie widmete sich dieser Aufgabe mit dem Herzen nicht weniger als mit dem Verstand. Ihrem Neffen gegenüber empfand sie eine echte mütterliche Liebe", so Pirenne, Altmeister der belgischen Geschichte, über die Regentin der Niederlande (Pirenne, Band III, S. 74).

Margarete erzog ihren Neffen dazu, sich durch das dynastische Sendungsbewußtsein als alles überragenden Gedanken leiten zu lassen, wenn er nach dem Tod seines Großvaters Kaiser Maximilian das Erbe als Haupt des Hauses Habsburg antreten sollte. Gleichzeitig kam dem Knaben die hohe allgemeine Kultur seiner Tante, einer leidenschaftlichen Liebhaberin von Kunst und Literatur, zugute, aber auch durch Direktkontakt und durch die Auswahl der Erzieher, welche Margarete zu Einzelaufgaben heranzog.

Karls Muttersprache war Französisch, das Idiom des burgundischen Hofes. Er verfügte dazu über oberflächliche Kenntnisse des Flämischen. Sein Latein war zeitlebens dürftig. In seiner Kindheit lernte er nicht Deutsch. Spanisch wurde ihm von Kastilianern systematisch beigebracht, die in den Niederlanden lebten.

Im Sprachunterricht und bei der Unterweisung des Knaben in Geschichte kam dem hochgebildeten Luis de Vaca eine besondere Rolle zu.

Es scheint allerdings, daß Karl in seiner frühen Jugend eher der körperlichen Ertüchtigung einschließlich des Umgangs mit Waffen zugetan war, als dem Wälzen von klugen Büchern. Die Historie war da eine Ausnahme: Karl empfand echtes Interesse für die Taten Alexanders und der großen Römer; er erwarb auch Kenntnisse über das Hoch- und Spätmittelalter, die Kreuzzüge und, was Wunder, die burgundische Glorie des 15. Jahrhunderts. Geographie konnte der Knabe nicht entbehren, denn ohne sie hätte er doch den für ihn dermaßen ausschlaggebenden Begriff Burgund gar nicht erfassen, das zusammengewürfelte Staatsgefüge nicht überblicken können. Geographieunterricht war ihm keineswegs lästig; Karls späteres lebhaftes Interesse für Kosmographie – damals mit Geographie gleichbedeutend – kam nicht aus heiterem Himmel.

Literarische Kenntnisse der Klassik sowie auch ein Verständnis des Kriegshandwerkes waren nicht von der Unterweisung in Geschichte zu trennen: Das Bindeglied fand er über Livius, Cicero und insbesondere Caesar; französische Übersetzungen der klassischen Autoren standen dem Knaben reichlich zur Verfügung. Karls Lateinkenntnisse reichten dann und auch später nicht aus, um die Klassiker im Original zu genießen, selbst den unkomplizierten Text Caesars nicht. Bei einer späteren Übersicht über Karls Verständnis des Kriegshandwerkes bzw. der Heeresorganisation werden wir erfahren, daß ihm auch das militärische Standardwerk im Instrumentarium des Renaissancefürsten – und zugleich das einzig erhaltene systematische römische Werk über Kriegskunst –, nämlich Vegetius' Abriß des Militärwesens, auch nur in französischer Übersetzung zugänglich werden sollte.

Die inbrünstige Liebe zur Musik begleitete Karl von der frühen Kindheit bis zum Lebensabend, ohne daß er als Virtuose mit einem Instrument zwangsläufig selbst aktiv werden sollte.

Karls Vorliebe für die bildenden Künste, insbesondere für die Malerei, ist wiederum mit der Historie in Verbindung zu bringen. Doch war dies kein Anliegen der frühen Erziehung, vielmehr der späteren Jahre, als Kaiser Karl, der die Geschichte selbst gestaltete, seine Taten – und sein Konterfei – für die Nachwelt überliefert wissen wollte. Sein inniges Verhältnis zu Tizian, die Präsenz von Hofmalern bei seinen Feldzügen werden uns noch später beschäftigen.

Mit der Person Adrian von Utrecht verband Karl innige Frömmigkeit und Religionslehre, erste elementare Kenntnisse christlicher Ethik und Liturgie; mit zunehmender Reife erlernte der Knabe auch die Grundzüge der Dogmatik. Adrian sorgte für die systematische Einweisung in Fragen der Theologie, auch indem er besonders bei seiner Abwesenheit wegen kirchlicher und Staatsgeschäfte den Unterricht an Karls verschiedene Lehrer delegierte. Kirchengeschichte, Kirchenorganisation und Elemente des Kirchenrechts integrierten sich in den Geschichtsunterricht, waren doch diese Kenntnisse von der Historie des Frühen und des Hochmittelalters nicht wegzudenken. Augustinus faszinierte Karl bereits in frühen Jahren. Von einer systematischen Einweisung in die Patristik berichten die uns bekannten Quellen indes nicht.

In jedem Fall konnte er auf ein solides Fundament theologischen Wissens aufbauen, als er sich Jahrzehnte später mit dem Luthertum auseinandersetzte. Des Kaisers eigenes Engagement in Streitfragen der Dogmatik und Liturgie werden wir in späteren Kapiteln kennenlernen. Im Alltag des religiösen Lebens Karls trat der Spanier Don Pedro Ruiz de la Mota als Hofgeistlicher hervor. De la Mota, ein Mann von hoher Kultur, war einer, der Karls „burgundische Erziehung", sein Eindringen in den burgundischen „Mikrokosmos" förderte, das ihn später zum Verständnis des Makrokosmos des Weltreiches führen sollte. Diese Begriffe sind zugleich mit der Gestalt des Herrn von Chièvres verbunden.

Sehr zu Recht betonen alle Biographen Karls, daß sich seine frühe Erziehung im Geist des burgundischen Hofes vollzog, in dessen ritterlich-spätmittelalterlicher Tradition. Nicht zu bezweifeln ist, daß die burgundische Erziehung Karls ganzes Leben beeinflußte, dieses weit über die Jugend des Prinzen hinaus geprägt hat.

Hier soll dieser bestimmende Einfluß von Karls burgundischer Jugend in einer zusätzlichen Dimension dargestellt werden, weshalb denn gerade Burgund von so entscheidender Bedeutung für den Lebenslauf des Kaisers sein sollte.

In diesen neuen Dimensionen erblickt man, welche spezifische Rolle dabei Burgund zukam: Im Geist der ritterlichen Tugenden erzogen, welche den prunkvollen Hof des Urgroßvaters Karls des Kühnen charakterisierten, kannte sich der junge Karl in dem Mäander des höfischen Protokolls gut aus; er wurde zum hervorragenden Reiter, Fechter und Jäger. So weit, so gut. Doch hätte der Jüngling solche Fähigkeiten auch dann erwerben können, wenn ihm eine Erziehung an einem anderen, zum Beispiel an dem nicht minder glanzvollen französischen Hof zuteil geworden wäre! Das zukunftsweisende Spezifikum von Burgund ist somit anderswo zu erblicken.

Ein Schlüssel zum Verständnis von Karls „politischer" und „persönlicher" Biographie ist nämlich der Umstand, daß er einen klaren Überblick über all seine Herrschaftsgebiete erlangen konnte, was Raum und Zeit, Ethnikum, Traditionen und Verfassung anbelangt, und daß er es verstand, die Geschicke der heterogenen Territorien systematisch zu lenken, die unterschiedlichen Interessen zu koordinieren. Denn der souveräne Überblick über das riesige kunterbunte Herrschaftsgebiet, die Kunst des überlegenen synthetischen Denkens waren eben die außergewöhnlichen Begabungen Karls, welchen er nicht zuletzt seine historische Größe zu verdanken hatte.

Das intellektuelle Rüstzeug zur Bewältigung seiner Aufgaben im Weltreich besaß also der Jüngling. Das Rüstzeug zu schmieden, gelang ihm, weil er sich in jungen Jahren mit einer Problematik quasi im Kleinformat vertraut machte, welche in ihrer Vielschichtigkeit, ihrer Komplexität, in ihrem auf den ersten Blick als schier unübersichtlich anmutenden Wesen mit der späteren Lebensaufgabe des Regierens über das Weltreich durchaus vergleichbar war:

Burgund, das bunt zusammengewürfelte, territorial nicht zusammenhängende, wesensfremde Gebiet, das – den feudal geprägten romanischen Süden im Kernland, um Dijon, und den bürgerlich-urbanen hochentwikkelten germanischen Norden in den Niederlanden umfassende – Herrschaftsgefüge Karls des Kühnen diente als „Exerzierfeld", das sich zur Vorbereitung Karls für seine Aufgabe als Herrscher über ein Weltreich besonders eignete. Karls allmählich erworbene Vertrautheit mit dem burgundischen Mikrokosmos eröffnete ihm den Weg, über welchen er bald zum Verständnis der Aufgaben im Weltmaßstab vorstoßen konnte. Schon das Verständnis der Details, der Unsicherheiten, der Tücken, der verfassungsrechtlichen Fallen im burgundischen Mikrokosmos setzte überdurchschnittliche Intelligenz, wie mit Pflichtbewußtsein verbundenes lebhaftes Interesse für all diese Fragen voraus. Verstand es der Knabe z. B. nur, zwischen Rechten und Verpflichtungen, seinen protokollarischen Handlungen in der Eigenschaft als Herzog von Burgund, als Herrscher über die Freigrafschaft Burgund mit Besançon, oder denjenigen als Graf von Flandern zu differenzieren, so bewies dies nicht nur eine allgemeine Begabung und exzellente Aufnahmefähigkeit. Vielmehr zeugte dieser vom Knaben erworbene Überblick von systematischer Denkweise, von einem klaren, selektiven Intellekt! Auch davon, daß er Formalitäten wenn nicht genoß, so ihnen doch nicht abhold war.

Im Laufe der frühen Erziehung Karls, in dem aufnahmefähigen Alter von sieben bis fünfzehn Jahren, war es schier unvermeidlich, daß ihm seine Rechte und Verpflichtungen in der Struktur der tatsächlichen und der virtuellen burgundischen Besitzungen nach allen Regeln der Kunst beigebracht wurden. Darauf konnte man schon wegen Karls persönlicher Amtshandlungen im zarten Alter nicht verzichten. Das Kind geriet früh in den Strudel des Protokolls:

Am 24. Februar 1507 beteiligte er sich in Löwen am Festessen zu Ehren der Tante Margarete von Habsburg, angereist zur Übernahme der Würde der Regentin der Niederlande.

Davon, wie früh und wie intensiv Karl in das komplizierte Verfassungswesen seiner diversen burgundischen Herrschaftsgebiete eingeführt wurde, zeugen das Auftreten und die Rede des Siebenjährigen vor den Generalständen der Niederlande am 19. Juli 1507. Chièvres veranlaßte das Kind zu diesem Akt, und es ist einerseits zwar nicht anzunehmen, daß Karl alle konstitutionellen Zusammenhänge bereits in diesem Alter durchdringen konnte. Andererseits handelte es sich jedoch auch nicht darum, daß Karl einen vorgeschriebenen Text ohne jegliches Verständnis einfach „nachgebetet" hat.

Am 19. Juli 1507 nimmt so richtig „das historische Leben Karls des V. seinen Anfang" (de Cadenas y Vicent, S. 66): „Der König ist tot, es lebe ‚monseigneur'", ertönt es in der Versammlung der Generalstände der Niederlande zu Mecheln. Gestorben war (1506) Karls Vater, Philipp der Schöne, Regent von Kastilien, Graf von Flandern. Auch die letztere Würde hatte der Knabe geerbt. Er wird zum Herrscher der Niederlande ausgerufen.

Am 6. Februar 1509 empfängt Karl in Brüssel den Hosenbandorden im Beisein des Kaisers. Am 17. Februar 1509 schenkt Kaiser Maximilian seiner Tochter Margarete mit Zustimmung seines Enkels Karl die Territorien der Grafschaften Artois, Burgund (nicht identisch mit dem Herzogtum Burgund) und eine Reihe anderer Territorien. Die Schenkungen werden vom Kaiser, wieder mit Zustimmung seines Enkels Karl, am 20. Februar 1509 ratifiziert. Am 25. Februar 1509 legt Karl in seiner Eigenschaft als Herzog von Burgund in Gent den feierlichen Eid auf die Achtung der Privilegien seiner Vaterstadt ab. Es sollte (1540) noch ein trauriges Nachspiel geben.

Welche Akzente der einer bestimmten politischen Richtung, nämlich dem Bündnis mit Frankreich, folgende Herr von Chièvres als Karls Präzeptor setzte, wenn er den jungen Fürsten durch das verfassungsrechtliche

Dickicht der nominellen und tatsächlichen burgundischen Herrschaftsgebiete führte, mag historisch hochinteressant sein; dies beschäftigt uns
indes nicht an dieser Stelle, wo es darum geht, wie der Verstand des
Knaben unter einem bestimmten Aspekt geschliffen worden ist. Wie tendenziös auch immer wurden Karl durch Chièvres, der aus altem burgundischen Adelsgeschlecht stammte, all die Spitzfindigkeiten im burgundischen Herrschaftsgefüge mit Erfolg beigebracht. Anders konnte es gar
nicht geschehen, es sei denn, der Knabe wäre mittelmäßig begabt, eventuell dümmlich und damit uninteressiert, etwa wie einst so manche
Merowingerfürsten, bloß eine Marionette seiner Tutoren gewesen.

Zur Biographie gehört zwangsläufig eine Schilderung dessen, was
unter dem Namen „Burgund" besonders in die frühe, aber auch in die
gesamte Lebensgeschichte Karls V. eingegangen ist und diese sonderbarer-
weise bis zuletzt geprägt hat. So ist es unumgänglich, daß der Leser einen
Blick auf jenes „Flickwerk" von historischer Dimension, fürwahr einen
Flickenteppich, wirft, was die Geschichte unter der vagen Bezeichnung
„Burgund" versteht.

Das Herrschaftsgebiet von Karls Urgroßvater, Karls des Kühnen, ist als
fester geographischer Begriff nicht zu erfassen. Das Kernland um Dijon
bildete das Herzogtum Burgund; an dieses grenzte die „Freigrafschaft
Burgund" um Besançon. Dann umfaßte die schier unübersichtliche historische Karte von Burgund Territorien im „Norden", die meistens unter der
sehr unpräzisen Bezeichnung Flandern genannt werden. Die kleine „Grafschaft Flandern" war nur ein Teil davon. Ein Hinweis etwa auf das Territorium der heutigen Beneluxstaaten könnte uns schon näher an den fluiden
Begriff, Flandern unter Karl dem Kühnen, heranführen. Dieser Herzog von
Burgund war nun darum bemüht, all diese Territorien in einem Staat,
einem „Königreich Burgund", zu vereinen, welcher geographisch an das
nach der Teilung von Karls des Großen Reich 843 entstandene ephemere
Staatsgebilde Lothars I. erinnerte: ein schmaler Gebietsstreifen vom
Süden über das Kernland Dijon, über Luxemburg, über das heutige Belgien
und die Niederlande bis Friesland im Norden.

Mit dem frühen Tod Karls des Kühnen wurde dieser waghalsige Plan
vereitelt, das eigentliche Herzogtum Burgund um Dijon fiel sofort an
Frankreich. Karl, rechtmäßiger Herzog von Burgund, Karl, der „Burgunder", hat dieses Gebiet nie betreten!

Weitere Mißverständnisse sind dadurch entstanden, daß oft von den –
in Spanien, wie wir sehen werden, höchst unbeliebten – „burgundischen

Beratern" des jungen Karl gesprochen wird oder von seiner „flämischen Umgebung". Da ist mit Pirenne zu differenzieren, der vom Terminus „Burgunder aus Burgund" regelmäßigen Gebrauch machte. Das heißt, man kann „Burgunder" und „Flamen" nicht etwa über einen Kamm scheren. Die „eigentlichen Burgunder" sind nur Persönlichkeiten, wie Chièvres par excellence, die aus dem burgundischen Kernland hervorgegangen sind: Diese Politiker waren nicht nur in Spanien, sondern bereits in Flandern unwillkommen! Und weiter, es wäre irreführend, von „Flamen" zu sprechen, wenn von frankophonen Wallonen die Rede ist! Der Klarheit halber wird, wenn es um Persönlichkeiten geht, die nicht aus dem burgundischen Kernland, sondern etwa vom Gebiet der heutigen Beneluxstaaten stammten, sehr vereinfacht, von „Niederländern" gesprochen, denn der Begriff „Niederlande" umfaßte bis ins späte 17. Jahrhundert sowohl die heutigen Niederlande als auch das heutige zweisprachige Belgien.

Verhalfen dem Knaben seine außerordentliche Begabung, sein klarer Intellekt mit Chièvres' Vermittlung allmählich zum Verständnis all der Spitzfindigkeiten, mit welchen er als Herzog von Burgund konfrontiert wurde, so erschöpfte sich Karls Alltag doch keineswegs nur im Beten und im Lernen.

Kaum neun Jahre alt, geht Karl am 2. März 1509 bei Ertvelde zum ersten Mal auf die Pirsch. Die Jagd gehört nunmehr zum Alltag des Knaben. Am selben Tag erlegte er gleich zwei Hirsche und einen Eber. Die Jagd auf Schwarzwild in Flandern wird er allerdings 1514 verbieten, aus welchen Gründen auch immer. Fürwahr, der Knabe, über dessen körperliche Ertüchtigung jeder Art sich Großvater Maximilian besonders freuen wird, geht häufig auf die Jagd. Die Jagd, ohne Zweifel eine echte Lieblingsbeschäftigung Karls von der frühen Jugend an bis zum Lebensabend.

Karl begeisterte sich für das Turnier ebenso wie für die Jagd, was Reitkunst und den Umgang mit bestimmten Waffen voraussetzte. Er beteiligte sich häufig an Turnieren sowohl in Schranken als auch im offenen Feld, er saß fest im Sattel. Ohnedies ein geübter und ausdauernder Läufer, blieb Karl auch zu Fuß nicht zurück; er übte sich erfolgreich im klassischen Fechten, er führte die Klinge souverän. Später, in Spanien, soll er sich sogar im Stierkampf geübt haben, sicherlich nicht nur aus sportlichem Eifer.

Wie groß die Treffsicherheit Karls beim Jagen mit Pfeil und Bogen oder mit der Büchse war, wissen wir nicht genau. Bei den Handfeuerwaffen, deren Gebrauch sich zu jener Zeit erst entwickelte, hielt sich seine Treffsicherheit aus objektiven, d. h. aus technischen Gründen in Grenzen.

Was die Zeit bis zu Karls Aufbruch nach Spanien (1517) angeht, wurde oft betont, daß der mächtige Herr von Chièvres, dessen politischer und persönlicher Einfluß Karls Frühzeit prägte, gerne gesehen habe, wenn Karl jagte, sich an Turnieren beteiligte oder sich sonst amüsierte, damit er von Staatsgeschäften abgelenkt sei; diese seien ja bei Chièvres gut aufgehoben. Wie dem auch sei, uns beschäftigt hier Karls sportliche Betätigung vorerst deswegen, weil sie die körperliche Disziplin durch eisernen Willen förderte. Dadurch konnte sich der Prinz auf den enormen Kräfteverbrauch vorbereiten, welchen ihm die exemplarische Wahrnehmung seiner vielschichtigen Verpflichtungen als Herrscher abverlangen wird. Im Alter von 13 Jahren nimmt dann Karl selbständige politische Handlungen wahr: Am 13. Oktober 1513 vereinbart er in Tournai mit Heinrich VIII. von England eine spätere Heirat zwischen ihm und der englischen Königstochter Maria. Zur Vermählung kommt es dann nicht: Die spätere Königin von England, Maria die Blutige, wird in ferner Zukunft Karls Sohn Philipp II. heiraten. Karl geht in einzelnen Fragen auf Kollisionskurs mit der Regentin Margarete, die, im ständigen Widerstreit zwischen Ferdinand von Aragon und dem von Chièvres dominierten burgundischen Hof lavierend, diesmal dem Druck des Königs nachgibt und einen prominenten spanischen Emigranten verhaften läßt: Don Juan Manuel wird am 17. Februar 1513 in die Feste von Vilverde gebracht. Bereits am 20. Februar protestiert Karl im Namen des Ordens vom Goldenen Vlies, dem der spanische Grande angehört, gegen die Willkür, sehr zum Unbehagen von Margarete. Der Streit endet mit dem Kompromiß: Don Juan Manuel, Ferdinands Intimfeind, kann sich nach Wien begeben. Im Dienst Karls wird er sich später als profilierter Diplomat bewähren.

Es ist freilich nicht Karls frühe intellektuelle Reife, sondern vielmehr ein politisches Ränkespiel, wodurch ein im Leben Karls so entscheidender Akt herbeigeführt wurde: Am 5. Januar 1515 wird er in Brüssel feierlich für volljährig erklärt, zuerst nur mit Wirkung für die burgundischen Territorien, denn in Spanien lebte noch Großvater Ferdinand der Katholische.

Die Regie führte Chièvres, dem es weniger um die Mündigkeit Karls als darum ging, die Vormundschaft seiner politischen Rivalin Margarete von Österreich über den Prinzen zu beenden. Da die Vormundschaft durch die Tante im Namen ihres Vaters ausgeübt wurde, bedurfte es zur Emanzipation der Zustimmung des Kaisers. Da Maximilian wiederum unter ständiger Geldnot litt, wurde dessen Placet regelrecht erkauft: 140.000 Florine wurden dem Kaiser „für seine Billigung der Emanzipation seines Enkels zugesprochen" (de Cadenas y Vicent, S. 92).

Allerdings gerieten die Ereignisse auch in Spanien bald ins Rollen: Angesichts der langwierigen Krankheit König Ferdinands sollte für den dann am 23. Januar 1516 auch erfolgten Fall des Todes wie folgt vorgesorgt werden:

Am 1. Oktober 1515 wurde Adrian von Utrecht beauftragt, sich nach Spanien zu begeben und dort unmittelbar nach dem Tod von König Ferdinand die Regentschaft zu übernehmen. Der König hat nämlich über seine Nachfolge widersprüchlich verfügt und nicht davon abgelassen, Karls jüngeren Bruder Ferdinand zumindest die Regentschaft über Spanien zu übertragen. Adrian nun, die honorige Persönlichkeit, welche sich zur Durchführung einer solch delikaten Mission eignete, sollte die verfassungsmäßige Kontinuität wahren, bis Karl, der legitime Erbe der spanischen Krone, neben seiner behinderten Mutter den Thron besteigen konnte. Die Erbfolge ergab sich aus dieser Vorgeschichte: Johanna, geboren 1479, ist als ältestes überlebendes Kind der Katholischen Könige 1502 von den Ständen, den Cortes, zusammen mit ihrem Gemahl, dem Habsburger Philipp dem Schönen als Erbin der vereinigten spanischen Königreiche anerkannt worden. Nach dem frühen Tod Philipps wurde Johanna zur Alleinerbin. Wegen ihrer Regierungsunfähigkeit sollte sie jedoch das Erbe auch nach dem Tod des Königs nur nominell antreten. Regent in Kastilien wurde der große, betagte Staatsmann Kardinal Francisco Ximénez de Cisneros, Erzbischof von Toledo, in Aragon der Erzbischof von Saragossa. Adrian von Utrecht ist wiederum von Karl, dem Herzog von Burgund, zugleich gemeinsam mit seiner Mutter Erbe der Kronen von Spanien zum Regenten ernannt worden! Es lag nicht zuletzt an der Toleranz Adrians, aber auch am staatsmännischen Geschick von Kardinal Cisneros, daß ein Arrangement für die Zeit bis zum effektiven Regierungsantritt Karls gefunden wurde.

Ehe wir den Jüngling auf seinem Weg in sein spanisches Reich begleiten, wenden wir uns der glücklosen Johanna zu. „Juana la Loca" kann anders als Johanna die Wahnsinnige schwerlich übersetzt werden, doch klingt das spanische Adjektiv weniger dramatisch; „loco" kann zum Beispiel auch „närrisch" bedeuten. Wenn aber Johannas „Wahnsinn", wie man meinen soll, zu relativieren ist, so sicher nicht in diese Richtung. Ganz im Gegenteil, Schwermut war die wichtigste Komponente in ihrem aus den Fugen geratenen Gemüt. Von „schwerer Melancholie" ist auch des öfteren die Rede, wo allerdings aus dem folgenden Grund Vorsicht geboten ist. Leider kommt in den Beschreibungen von Karls Persönlichkeit das Wort „melancholisch" viel zu häufig vor, womit man sich, wie wir sehen werden, keineswegs einverstanden erklären kann. Schwerfälligkeit bei Entschlüssen, allzu lange Überlegung, auf Selbstdisziplin zurückzuführendes Schweigen bei vielen Gelegenheiten sind mit Melancholie nicht gleichbedeutend. Die Stellung der eher zu verneinenden Frage, ob Karl von Natur aus ein „Aktionsmensch" war, ist müßig. Daß er es geworden ist, kann wiederum nicht bestritten werden, er mußte es „von Amts wegen" werden. Und melancholische Aktionsmenschen gibt es eben nicht.

So kann die Frage der Vererbung angesichts von Johannas tatsächlichen Perioden der Melancholie erst gar nicht auftauchen. Allerdings dominierte die Schwermut das frühe Krankheitsbild Johannas nicht. Pathologische Eifersucht gegenüber ihrem oft abwesenden, wohl leichtlebigen Ehemann, verbunden mit Hysterie, extreme Verzweiflung nach dessen plötzlichem Tod, unkontrolliertes Verhalten, Ausbrüche – solche Symptome wichen allmählich der Schwermut, zumal im Verlauf von Johannas jahrzehntelangem Leben in der Isolation; die Königin, sie ist es zeitlebens geblieben, starb 1555!

Die Quellenlage ist, was Johannas Leben in der Abgeschiedenheit von Tordesillas anbelangt, naturgemäß karg; dennoch soll man eine dauerhafte Umnachtung verneinen, wobei eine die Isolation Johannas bestimmende Regierungsfähigkeit außer Zweifel steht. Karl hat seine Mutter übrigens nicht bloß voller Respekt behandelt, er hat nicht nur für sie gesorgt, er hat sie gelegentlich auch ernsthaft zu Rate gezogen.

Die in den Niederlanden aufwachsenden Geschwister wurden früh voneinander getrennt. Relativ lange beisammen blieben nur die beiden ältesten, Eleonore, geboren 1498, und Karl.

Isabella wurde 1514 mit König Christian II. von Dänemark in Brüssel durch „Handschuhehe", das heißt, ohne Gegenwart beider Verlobten, getraut und 1515 zu ihrem Gemahl nach Kopenhagen gebracht. Maria, Karls Lieblingsschwester, spätere Königin von Ungarn und dann als Regentin der Niederlande Karls scharfsinnige Beraterin, siedelte 1514 zu ihrem Großvater Maximilian nach Österreich über.

Ferdinand und Katharina, Karls jüngste Schwester, sind von König Ferdinand in Spanien erzogen worden. Von einer Beziehung Karls oder seiner

Geschwister zu ihrer Mutter konnte in deren früherem Kindesalter keine Rede sein, war doch Johanna stets auf Reisen. Erwähnenswert ist allerdings ein historisch umstrittener Brief des knapp vierjährigen Karl an seinen Großvater Ferdinand: Am 10. Januar 1504 soll das Kind nach dieser Überlieferung die Gegenwart seiner Mutter angemahnt haben. Eine intensive Sehnsucht nach der Mutter war mehr als natürlich, doch kann das Schreiben, wenn es denn tatsächlich existiert hat, nicht als eigenständige Handlung des Knaben aufgefaßt werden.

Zeitgenossen beschreiben das Äußere des 15- bis 16jährigen: Wohlproportionierter Körperbau, mittlere Statur, eher schlank; durch die starke, aber feine Nase und den auffallend nach vorne ragenden Unterkiefer charakterisierte Gesichtszüge. Aus den Augen des Prinzen konnten die Anwesenden nicht viel herauslesen, und so zog so mancher Nichtwohlgesonnene falsche Schlüsse über seinen Charakter. Schön war Karl nicht, sein Erscheinungsbild entbehrte jedoch schon in dem Alter nicht einer äußeren Würde.

Es wird über die gebrechliche Gesundheit Karls in der Kindheit berichtet. Der Knabe war blaß, oft unpäßlich, auf den Spuren von Gossart spricht Pirenne gar von Krankheiten, deren epileptischer Charakter nicht als zweifelhaft erschien, (Band III, S. 82). Demgegenüber sind sich alle Quellen darüber einig, daß der Appetit des jungen Prinzen nicht nur gut, sondern übermäßig war. In der Tat, Völlerei, Karls einziges Laster, begleitete ihn bis zum Lebensabend.

Kann man sich schwer ein authentisches Bild über den Gesundheitszustand des Knaben verschaffen, so kann man doch ohne Zweifel folgendes festhalten: Unterstellt, Karl sei in der Kindheit in der Tat kränklich gewesen, so bedurfte es erst recht großer Überwindung, eiserner Selbstdisziplin, gepaart mit außergewöhnlicher Willensstärke, wenn der Knabe all die Kraft für seine intensive körperliche Ertüchtigung bei Jagd, Turnieren und sonstigem Sport aufbrachte. Und was die ausufernden Eßgewohnheiten über Karls ganzes Leben anbelangt: Verlangte denn nicht, über den Sport hinaus, die überdurchschnittliche körperliche und intellektuelle Anstrengung, schon bald mit ständigem Reisen unter den damaligen Bedingungen, mit den immensen Regierungsaufgaben, eine recht kräftige Ernährung?!

KAPITEL II

Der junge Herrscher

Am 14. März 1516 wurde Karl in der Kathedrale St. Gudule zu Brüssel im Anschluß an eine Todesfeier für König Ferdinand zum König von Kastilien und Aragon „proklamiert". Das heißt, er trug fortan den Königstitel, doch konnte der Jüngling als tatsächlicher Herrscher über seine spanischen Königreiche erst auftreten, wenn er spanischen Boden betrat. Und dies erfolgte recht spät: im September 1517!

Das faktische Interregnum dauerte also viel zu lange, allerdings sorgte Kardinal Cisneros für die Kontinuität in der Regierungsgewalt als Regent und bemühte sich zugleich um die Anerkennung einer eindeutigen Erbfolge: Alleinerbin der Kronen von Kastilien und Aragon war Königin Johanna, Witwe des kurzlebigen Königs Philipp I., des Schönen, doch wurde ihre wie auch immer geartete Regierungsunfähigkeit allgemein erkannt. Infolgedessen sollte die Herrschaft in die Hände ihres ältesten Sohnes Karl übergehen. Damit wurde aber Karl nicht automatisch zum König. In seinem Testament vom 22. Januar 1516 bestätigte Ferdinand die Alleinherrschaft seiner Tochter Johanna und bestellte Enkel Karl zum „Gobernador general", praktisch zum Reichsverweser. Bis zuletzt – am Tag darauf schloß Ferdinand die Augen – hätte der katholische König dem zweitgeborenen Sohn Johannas, dem Infanten und späteren Kaiser Ferdinand, den Weg zum Thron gern zumindest offengehalten.

Gerade erst in Reims zum König gesalbt, bevorzugte auch Franz I. von Frankreich (1515–1547) einen König Ferdinand in Spanien, anstatt von Karl, in dem der Franzose früh seinen Rivalen fürs Leben erkannte – freilich schon aufgrund von Karls dynastisch vorgezeichneten Erwartungen einer überragenden Machtposition in Europa. So streckte Franz seine Fühler nach Spanien aus und pflegte zu Ferdinand „suspekte Beziehungen" (Pirenne, Bd. III, S. 86).

Auf den jüngeren Bruder, oder besser gesagt, auf Ferdinands Umgebung, sollte bis zur effektiven Übernahme der Macht in Spanien durch Karl ein scharfes Auge geworfen werden. Noch kurz bevor Karl sich dorthin einschiffte, am 7. September 1517, warnte er Ferdinand vor Intriganten in seiner Gefolgschaft und schrieb gleichzeitig auch Cisneros und Adrian, indem er sie anwies, Maßnahmen gegen diese Männer im Umfeld von Ferdinand zu ergreifen. Umgaben den in Spanien aufgewachsenen und dort sehr beliebten jüngeren Bruder Intrigen diverser politischer Kreise, die ihn als Herrscher sehen und Karl verdrängen wollten, so muß man Ferdinand selbst Gerechtigkeit widerfahren lassen und ihm selbst stete Loyalität bescheinigen: Es gibt keine Anzeichen dafür, daß der junge Ferdinand den Versuchungen erlegen wäre. Er war einerseits keineswegs der passive Mensch ohne eigene Ambitionen, doch durften ihn brüderliche Zuneigung und dynastische Solidarität und Disziplin davon ferngehalten haben, sich Machtgelüsten auf Karls Kosten hinzugeben. Der späte Zeitpunkt des Übersetzens nach Spanien wird von den Historikern unterschiedlich erklärt. In jedem Fall gab es mannigfaltige Gründe, wenn die Reise trotz ihrer offensichtlichen Dringlichkeit über eineinhalb Jahre hinausgezögert wurde.

Auf der praktischen Ebene galt es, eine königliche Flotte zusammenzustellen und zu finanzieren. Keine leichte Sache. Mit Schiffen allein war es nicht getan; ein perfekt, der burgundischen Tradition entsprechend eher perfektionistisch organisierter Hofstaat sollte auf die Iberische Halbinsel übersetzen. Durch Prunk war Macht zu demonstrieren; allerdings stellte sich dann heraus, daß das glanzvolle Auftreten von Karls Höflingen hier nur Mißbehagen erzeugte. Außenpolitisch war viel zu tun: Noch gab Chièvres' frankophile Diplomatie den Ausschlag. Noch agierte da Herzog Karl von Burgund – nicht Carlos von Spanien, der den ewigen Widerstreit mit dem nördlichen Nachbarn miterben sollte.

Mit Frankreich wurde also eine Vereinbarung getroffen, wonach Karl Charlotte, die Tochter von König Franz, mit Neapel als Mitgift heiraten sollte. Dieser Vertrag von Noyon (13. August 1516) sah die Vermählung der Königstochter im Säuglingsalter mit dem sechzehnjährigen Karl vor, was man ebensowenig ernst nahm wie die Bereitschaft Frankreichs, den

Anspruch auf das umstrittene Königreich Neapel aufzugeben. Nicht viel mehr echte politische Substanz hatte die bald darauf folgende glänzend gefeierte Verständigung mit England. Unmittelbaren, nicht zu unterschätzenden materiellen Vorteil konnte Karl allerdings für sich verbuchen: Dank eines ansehnlichen Darlehens der Briten konnte die teure Seereise nach Spanien besser finanziert werden.

Etwas mehr als die feierlich beschworenen Verträge zwischen den Monarchen fiel, zumindest aus der Sicht der burgundischen Politik, die Erneuerung der Mitgliedschaft im Orden des Goldenen Vlieses im Spätherbst 1516 ins Gewicht. Da konnte Karl durch die Aufnahme in den Orden klare Akzente setzen: politische, keineswegs nur protokollarische. Fünfzehn freie Plätze sollten besetzt werden, dies reichte jedoch nicht aus. Die Palette ist mit der erweiterten Macht von Burgund breiter geworden. Fremde Herrscher und spanische Granden sollten aufgenommen werden, somit wurde die pontifikale Zustimmung zur Erhöhung der Zahl der Ordensritter beantragt. Die Könige von Frankreich, Portugal und Ungarn, zehn namentlich noch nicht genannte Spanier und freilich auch burgundische Persönlichkeiten, Anton und Philipp von Croy aus Chièvres' Familie, wurden zu Rittern des Goldenen Vlieses. Auch Charles de Lannoy, später siegreicher General von Kaiser Karl. Die Zugehörigkeit zum Orden und die damit verbundene Verpflichtung zur Treue und zur Solidarität nahmen sie allesamt recht ernst. Nur dem König von Frankreich sagt man nach, daß er davon nicht zu viel hielt. Franz ahnte wohl, daß die unerbittlichen Fakten der Sicherheitspolitik, die geographische Lage seines Reiches im Würgegriff nunmehr habsburgisch regierter Staaten, wenig Platz für ritterliches Ethos übrig ließen. Eine Episode aus der Zeit vor der Spanienfahrt eignet sich zu einem Einblick in den Vorgang von Karls politischem Erwachen, in sein dynastisches Bewußtsein, seinen Charakter zu dieser frühen Periode, wo er oft zu Unrecht als schläfrig in die Welt blickender, ja gelangweilter Sechzehnjähriger dargestellt wird, als ein Werkzeug Chièvres ohnedies:

Karls ältere Schwester Eleonore, vom Bruder geschätzt und geliebt, empfand eine echte Leidenschaft für den charmanten Pfalzgrafen Friedrich, den späteren Kurfürsten Friedrich II. von der Pfalz. Die Liebschaft wurde durch einen abgefangenen Brief des jungen Mannes enttarnt, und es stellte sich heraus, daß die beiden eine Ehe anstrebten. Da schritt Karl ein, trennte die Liebenden voneinander und bewog die Achtzehnjährige zu einer späteren Heirat mit dem alten König Manuel I. von Portugal. Es ging

Karl nicht darum, daß Eleonore ihre Jungfräulichkeit eingebüßt hatte. Es interessierte sich da nicht der Tugendbold, vielmehr der Hüter der dynastischen Disziplin: Die Hand von Königstöchtern stand den Herrscherhäusern und allein ihnen zur Verfügung, eine Rücksicht auf Gefühle war ausgeschlossen, übrigens auch noch Jahrhunderte danach. Noch war Kaiser Maximilian und nicht Karl Oberhaupt des Hauses Habsburg. Indem der Siebzehnjährige sich sogar gegen Chièvres durchsetzend resolut handelte, bewies er Eigeninitiative und Energie, auch wenn seine Härte bei romantischen Seelen auf alles andere als auf Sympathie stößt. Wir werden sehen, daß sich Karl schnell zu einer Herrscherpersönlichkeit entwickelte. Davon sollten bald Handlungen auf welthistorischer Bühne zeugen, so die in Vergessenheit geratene Aktion im Interesse der Kaiserkrönung von Großvater Maximilian, kurz vor dessen Tod.

Endlich, am 8. September 1517, setzte die königliche Flotte Segel in Vlissingen: 40 Schiffe, Karl, Schwester Eleonore, Chièvres und die burgundische Elite beinahe vollzählig an Bord. Am 18. wurde die asturische Küste gesichtet, doch ging Karl mit seiner Gefolgschaft nicht an der vorgesehenen Stelle an Land; wegen Navigationsschwierigkeiten wurde sie verfehlt, und die Landung erfolgte mehr als 100 Meilen weiter westlich, bei Villaviciosa. Dort hielt die Bevölkerung die Flotte erst für ein feindliches Geschwader, nur dank von Schreien, „Ihr Spanier, es ist der König!", und der Sicht von Standarten mit dem Wappen von Kastilien konnte sie sich von der wahren Identität der eleganten Schiffe überzeugen.

Ihre Gastfreundschaft bekundeten die Spanier am 21. September mit einem improvisierten Stierkampf, ansonsten hatten sie ihrem König in der kargen Landschaft, fern von Großstädten, wenig zu bieten: keine akzeptablen Unterkünfte, keine guten Verkehrsmittel, nicht einmal genug Pferde. Rauhes Gebirge, rauhes Herbstklima, mangelnde Bequemlichkeit beim Weiterreisen und bei den Übernachtungen, das waren die ersten Eindrücke. Selbst der an körperliche Strapazen gewöhnte Karl erkrankte; über zwei Wochen hütete er das Krankenbett.

Ihren König empfingen die Spanier mit spontaner Herzlichkeit, die nur französisch parlierende vornehme Gesellschaft mißfiel ihnen um so eher. In ihrer Ablehnung waren sich die Landbevölkerung und die politische Klasse einig. Indem Karl die „Nordlichter" bei der Besetzung von Spitzenpositionen bevorzugte, rief er Zorn und Widerwillen hervor. Spanien wünschte sich einen König, der die Landessprache beherrschte, sowie eine Regierung aus Kastiliern und Aragonesen.

Am 5. November besuchte Karl seine Mutter in Tordesillas, nahe Valladolid. Über die erste Begegnung von Mutter und Sohn nach zwölf Jahren ist wenig bekannt, da Karl auf einem Treffen unter vier Augen bestand. Nur Chièvres war kurz zugegen. Er pries vor Johanna die herrscherischen Qualitäten des Sohnes, in dessen Händen die Macht im Staat gut aufgehoben war. Niemand zweifelt daran, daß Karl seiner Mutter diesmal und stets auch danach mit äußerster Reverenz und Herzlichkeit begegnete. Er soll sie mehrfach um Rat gebeten haben. Karl war sich der Tatsache bewußt, daß Johanna rechtmäßige Herrscherin war und blieb. In ihrem kleinen Hofstaat zu Tordesillas hat er sie nicht isoliert. Vater Ferdinand hatte diese Art der Unterbringung Johannas verordnet, er hatte dies zu verantworten. Allerdings änderte Karl die Lage nicht mehr.

Zur ersten Begegnung mit dem jüngeren Bruder kam es eine Woche später in der Ortschaft Mojados. „Von diesem Augenblick an wurde Ferdinand zum aufrichtigsten, loyalsten und gehorsamsten Gefährten" Karls, schreibt de Cadenas y Vicent (S. 110).

Realität ist: Ein Herz und eine Seele waren die beiden Brüder zwar nicht, es ist aber auch nach Ferdinands Abreise in die Niederlande am 23. Mai 1518 und dann nach einer späteren minutiösen territorialen Teilung der Macht, die wir kennenlernen werden, niemals zu einer echten, tiefen Loyalitätskrise zwischen ihnen gekommen, trotz Verstimmungen und mancher Kontroversen – was Wunder – über vier lange Jahrzehnte!

Seit der Landung am 19. September 1517 waren zwei Monate verstrichen, ehe Karls reisender Hofstaat zur Ruhe kam. Am 18. November hielt Karl seinen pompösen Einzug in Valladolid; der Zug war an Prunk nicht zu überbieten. Karl und seine Burgunder hatten die Anstrengungen der Reise überwunden; sie haben Tritt gefaßt. Über die nächsten zwei Monate, die Karl in Valladolid verbrachte, folgte ein Turnier dem anderen. Die Kastilier konnten die hervorragende Reitkunst ihres Königs und seinen souveränen Umgang mit den Waffen bewundern. Es wäre ihnen aber noch lieber gewesen, hätte Karl Fortschritte beim Erlernen der Landessprache gemacht, und dies ließ noch auf sich warten.

Man staunt, daß Männer mit exzellentem politischen Instinkt, wie der junge Karl und der alte Fuchs Chièvres, eine so eklatante Taktlosigkeit, ja eine schallende Ohrfeige ins Gesicht der Spanier zuließen, wie die Bestellung eines Fremden zum Vorsitzenden der kastilischen Ständeversammlung!

Der burgundische Großkanzler Jean de Sauvage wurde von Karl beauftragt, die Cortes Anfang Februar 1518 in Valladolid zu eröffnen, was vehemente Empörung hervorrief. Sauvage wurde als Präsident abgelehnt; die Versammlung bestand darauf, daß Karl erst den Eid auf die Gesetze von Kastilien leistet, was auch geschah, und nur danach als König anerkannt wird. Karl sollte gleichzeitig auch schwören, Ausländer nicht zu Würdenträgern zu ernennen, und diesem Wunsch der Cortes kam der König, zwar nur in einer verschwommenen Form, ebenfalls nach. So wurden Königin Johanna und König Carlos I. am 7. Februar 1518 feierlich als rechtmäßige Herrscher anerkannt, Karl nahm die Huldigung der Granden und des Klerus entgegen.

Die Zusammensetzung der Cortes von Valladolid gestattet einen Einblick in das Wesen der Ständeversammlung: 1518 entsandten die 18 Städte Kastiliens je zwei Vertreter: die *procuradores*. Zehn Prälaten vertraten den Klerus, 48 Aristokraten den Hochadel. Die Cortes im engeren Sinn bildeten nur die Abgeordneten der Städte, die anderen Stände gehörten ihr organisch nicht an. Nun galt es, die verfassungsrechtliche Legitimierung auch im anderen spanischen Königreich zu vollziehen. Aragón im weiteren Sinn umfaßte drei Königreiche: das Königreich Aragón im engeren Sinn mit Saragossa als Hauptstadt, Katalonien (Barcelona) und das Königreich Valencia.

Am 23. März verließ Karl Valladolid; bevor er sich am 10. Mai nach Saragossa begab, ging er auf Reisen in verschiedene Gebiete Kastiliens und recht viel auf die Jagd.

Der Umstand aber, daß der junge König sein Lieblingsvergnügen nunmehr auch in den spanischen Revieren auskostete, darf nicht darüber hinwegtäuschen, daß ihn doch die Staatsgeschäfte über alles beschäftigten. Er widmete sich den Alltagsgeschäften. So bereitete er gesetzgeberische Akte im Interesse der Wahrung des Holzbestandes vor: Verbot von Abholzen in gewissen Regionen, Gebot des Aufforstens in anderen. Mehr noch, in manchen Handlungen des Achtzehnjährigen pulsierte Weltgeschichte: Am 26. März 1518 unterzeichnete Karl eine Vereinbarung mit dem portugiesischen Seefahrer Fernando de Magellanes (Magalhães) über eine See-Expedition. In seiner portugiesischen Heimat konnte sich Magellanes, der dann unter dem Namen Magellan in die Geschichte einging, nicht mit seinem Vorhaben durchsetzen, die Molukken vom Westen zu erreichen. Bei dem kosmographisch immerhin hochinteressierten Karl aber fand er Gehör. Ansonsten zeugt die Unterstützung des tollkühnen und kostspieligen Experiments von staatsmännischem Denken: Phantasiereichtum, Risikofreude und Großzügigkeit bei der Finanzierung ungewisser Projekte mögen Herrschertugenden sein; dieser entbehrte Karl jedoch, sie widersprachen geradezu seiner abwiegenden, eher übervorsichtigen Denkweise. So dürfte er sich des Magellanschen Planes angenommen haben, weil er die Tragweite des Versuchs erkannte, die Südwestpassage nach Ostindien zu finden.

Der König gewährte am 17. April 1518 Privilegien den Erben von Magellan; er ernannte ihn und seinen Gefährten de Faleiro am 22. Mai zu Kapitänen. Eine Flotte von fünf Schiffen wurde gerüstet, sie segelte am 10. August 1519 von Sevilla in den Südwesten. Im Oktober 1520 durchquerten vier Schiffe den seitdem Magellanstraße genannten, von furchtbaren Stürmen durchpeitschten 600 km langen Kanal zwischen der Südspitze des südamerikanischen Kontinents und dem Feuerland. Über den Pazifik segelnd erreichte Maghellan die Philippinen. Der Beweis, daß die Erde rund ist, wurde nunmehr vom Weltumsegler erbracht! Bevor der tragische Held in einem Scharmützel mit feindlichen Eingeborenen fiel, erlebte er noch, daß sich ein befreundeter Häuptling und dessen Frau als Don Carlos und Doña Juana taufen ließen.

Nicht so direkt mit dem Namen und dem einsamen staatsmännischen Entschluß Karls, wie das Unternehmen Magellans, ist die gleichzeitige Eroberung von Mexiko durch Hernán Cortés verbunden. Immerhin wurde dieser berühmteste der Konquistadoren von Karl V. gefördert und zum Statthalter und Generalkapitän der eroberten Provinzen ernannt. Noch 1541 befand sich Cortés an Bord der Invasionsflotte Karls bei Algier.

Im Kernland seines kleineren Königreiches verbrachte Karl ein Dreivierteljahr. Die aragonesischen Cortes nahmen ihre Arbeit am 20. Mai 1518 in Saragossa auf. Am 29. Mai leisteten die Abgeordneten den Eid auf Königin Johanna und König Carlos. Einerseits hatte Karl aus seinen Fehlern gelernt, welche er und seine Niederländer in Kastilien gemacht haben. Er hütete sich davor, die Aragonesen etwa mit Ausländern zu brüskieren, die ihnen in der Versammlung aufgezwungen worden wären. Auch hatte er sich ein wenig an den Stil der spanischen Politiker gewöhnt. Andererseits verärgerte die Spanier schon die bloße Anwesenheit der „Nordlichter" in ihrem Land, aus denen der Hofstaat ihres Königs auch weiterhin bestand. Man bezichtigte sie nicht zu Unrecht der Arroganz; auch der Vorwurf der Korruption und der Habsucht traf manche Burgunder zu Recht. Die Rivalität zwischen Kastiliern und Aragonesen irritierte wiederum den König, er brachte dafür kein richtiges Verständnis auf. Der lange Aufenthalt in Saragossa war auch auf kleinliche Kontroversen über Formfragen zurückzuführen, welche den Aragonesen auf dem Herzen lagen. Allerdings mied Karl sowohl in Kastilien als auch in Saragossa oder später in Barcelona, während der Sitzungsperiode der katalanischen Cortes, brutale Eingriffe in die Beratungen oder die Rechte der Stände. Alles in allem zeigte er viel Geduld, so verweilte Karl in Barcelona vom 16. Februar 1519 bis Ende des Jahres, und alles in allem konnte der junge König Erfolge im Umgang mit den Spaniern erzielen.

Man betrachtete ihn nicht mehr so mißtrauisch, wie anfangs als einen „fremden Monarchen, der gekommen ist, um das Land mit seiner ausländischen Gefolgschaft zu regieren". Karl gewöhnte sich allmählich an das Klima und an die Landschaft. Aus seinem Aufenthalt auf der Halbinsel, der bis zum 20. Mai 1520 dauern sollte, kam Karl zwar nicht als „Spanier", aber „spanischer" hervor, als damals bei seiner Landung an den Klippen Asturiens. Karl fand die Verbindung zu Spanien nicht nur durch das Kennenlernen der Landschaft und nicht nur über die Pfade der Politik: Er verliebte sich in eine Dame aus dem Hofstaat von Germaine de Foix, der zweiten Gemahlin König Ferdinands, und es wird über eine im Kindesalter gestorbene Tochter berichtet, die aus dieser Romanze hervorging.

Inzwischen nahm die Weltgeschichte ihren Lauf. Eine bevorstehende Kaiserwahl nach dem Ableben von Maximilian I. beschäftigte Europa schon, bevor Karls Großvater am 12. Januar 1519 dann seine Augen schloß. Die Kandidatur von Karl, dem zukünftigen Oberhaupt des Hauses Habsburg, war vorgezeichnet. Maximilian selbst war bemüht, die Wahlchancen seines Enkels dadurch zu verbessern, daß er, der „nur" gewählter Kaiser und vom Papst nicht gekrönt war, seine Krönung doch noch durchsetzen und für die spätere Wahl Karls durch die Kurfürsten seine Autorität als gekrönter Kaiser in die Waagschale werfen wollte.

Es mag als eine durch die Ereignisse überholte Episode erscheinen, und deswegen in Vergessenheit geraten sein, daß Karl Ende 1518 aus Spanien eine zielbewußte diplomatische Offensive führte, um die Krönung des greisen Großvaters zu erreichen. Hier wird darauf aufmerksam gemacht, weil wir die Handlungen Karls sorgsam beobachten: Wann, wie und in welcher Sache verhielt er sich souverän, wo legte er echte Selbständigkeit bereits in jungen Jahren an den Tag?

Papst Leo X. wollte die Kaiserkandidatur Franz' I. von Frankreich unterstützen und schob die Sache der Krönung Maximilians auf die lange

Bank. In solchen Fällen „bildet man zuerst einmal einen Ausschuß". So berief der Pontifex ein Gremium aus acht Kardinälen, das zu prüfen hatte, ob und wie Maximilian in Trient durch einen päpstlichen Legaten gekrönt werden könnte. Dem gebrechlichen alten Mann sollte die Reise nach Rom, der Heerzug nach Italien, gemäß dem Brauch mittelalterlicher deutscher Caesaren, die ihrer Kaiserkrönung mit ihrer Armee Nachdruck verliehen, erspart bleiben.

Karl beauftragte nun einen Sonderbotschafter, Don Luis Carroz, das Vorhaben vor Ort zu fördern. Er richtete aus Saragossa in den letzten Dezembertagen 1518 mit allen Künsten der Diplomatie je nach den einzelnen Persönlichkeiten differenziert formulierte Briefe an die acht Kardinäle: Sie möchten den positiven Ausgang der Untersuchung und damit die Sache der Krönung tatkräftig fördern und Karls Emissär, der bei den Kardinälen persönlich argumentierte, volles Vertrauen schenken. Die Briefe gingen unter anderem an die Kardinäle Cornaro, d'Aragona, de Santa Cruz und Farnese, den späteren Papst Paul III., der in Karls politischem Leben eine wichtige, aber auch kontroverse Rolle spielen sollte.

Aber es war zu spät, Maximilian verschied am 12. Januar 1519, und so ging die potentielle welthistorische Bedeutung der Sache unter. Doch betrachten wir Karls Gebaren: Chièvres und seine Burgunder – wie auch die Spanier – berührte die Krönung des greisen Habsburgers nur sehr mittelbar: Kein anderer als Karl selbst konnte da initiativ werden, diesen – im Endeffekt zwar ephemeren – Auftritt auf die Bühne der Weltgeschichte inszenieren, ihn nach allen Regeln der diplomatischen Kunst in die Wege leiten, auch wenn Karl den weisen Rat von Mercurino Gattinara eingeholt hat. Als dominierende Persönlichkeit unter den Beratern Karls im dritten Jahrzehnt seines Lebens wird uns Gattinara viel beschäftigen.

Zunächst werfen wir aber einen Blick auf die unmittelbare Umgebung Karls vom Jahre 1516 an, als das spanische Erbe kundig wurde. Sowohl nach der personellen Besetzung als auch dem Geist und der Organisation nach war Karls Hofstaat bis in die ersten Jahre in Spanien hinein burgundisch geprägt. Zunächst herrschte eine Kontinuität auch nach der Landung in Asturien im Herbst 1517. Der Herzog von Burgund blieb vorerst von denselben Personen umgeben, auch als er bereits Carlos I. von Spanien war. Die „Burgunder aus Burgund", das heißt, die frankophonen Herren aus dem burgundischen Kernland herrschten vor; zu ihnen gesellten sich einige Niederländer flämischer Muttersprache, die aber am Hof selbstverständlich auch französisch parlierten. Den Ton gab Großkämmerer Chièvres an. Seiner Verwandtschaft, der Familie de Croy, entstammten der Oberstallmeister Ferry de Croy, Herr von Roeulx, mehrere Kammerherren sowie Philipp und Anton de Croy, denen wir als neuen Rittern vom Goldenen Vlies schon begegnet sind.

Neben Chièvres und de Sauvage, der, wie wir sahen, auf so plumpe Weise zum Präsidenten der Cortes von Kastilien ernannt werden sollte, tritt Stallmeister Charles de Lannoy hervor, der später als Großmarschall und Vizekönig von Neapel Spitzenpositionen einnehmen sollte. Wenige deutsche Herren, wie Heinrich III. Graf von Nassau-Dillenburg, ein treuer Weggefährte Karls, und prominente Spanier, die am Hof lebten, rundeten das Bild ab. Von diesem Hofstaat altburgundischer Prägung, von „dieser ungeheuren, schwerfälligen und zeremoniösen Hülle, die das Leben des jungen Herrn umschloß" (Brandi, S. 45: Betrachtung einer bestimmten „burgundisch-spanischen Symbiose"), ist in historischer Perspektive vieles zu sagen. Die Sache führt uns zum Kern einer jahrhundertelangen „spanisch-niederländischen Kontroverse" zugleich:

Führt man den Gedanken der Symbiose nicht zu weit und beschränkt man ihn auf das Hofzeremoniell, so sticht ins Auge, daß Gemeinsamkeiten zwischen den burgundischen Regeln und dem spanischen Etikett zu verzeichnen sind, das den Madrider und bis ins 19. Jahrhundert gewissermaßen noch den Wiener Hof geprägt hat.

Historisch bedeutsam ist, daß die Frage der „niederländisch-spanischen Erbfeindschaft", wenn es denn eine gab, ins rechte Licht gerückt wird. Man hält sich immer nur die Bluttaten der spanischen Besatzer in den Niederlanden unter dem Statthalter Herzog von Alba in den Jahren 1567 bis 1573, also in einer Zeit nach dem Tod Karls V., vor Augen. Dieses Geschichtsbild ist mehrfach unkomplett:

Zum einen ist es unrichtig, die historische Rolle des Fernando Alvarez de Toledo, Herzog von Alba, auf sein nicht entschuldbares Schreckensregiment in den Niederlanden zu beschränken. Der militärisch begabte spanische Grande spielte in den Kriegen Karls V. sowie als Staatsmann eine zum Teil herausragende Rolle, wir werden davon noch lesen. Zum anderen, und dies ist das Wichtigste, begann die Kontroverse keineswegs mit der spanischen Okkupation der Niederlande. Vielmehr empörten sich die Spanier zutiefst, wie wir sahen, 1517 bis 1520 angesichts einer „Okkupation" zwar ganz anderer, eben unblutiger Art. Sie haßten die „überhebliche, macht- und geldgierige burgundische Clique", welche den jungen König nach Spanien begleitete. Die Verbitterung war groß und trug nicht wenig zu dem als „Comunero-Aufstand" bekannt gewordenen Bürger-krieg bei, der die Zeit nach Karls Rückkehr in den Norden 1520 prägte. Bevor aber diese beschrieben wird, wenden wir uns der Umgestaltung von Karls Hofstaat noch während seines ersten Aufenthalts in Spanien zu, die von Karls frühem staatsmännischen Spürsinn zeugt.

Die Aufnahmen in den Orden vom Goldenen Vlies galten als beson-ders empfindliches Barometer für die Gestaltung der höfischen Politik. Nun ist es durch Ordensprotokolle belegt, daß sich Karl auf dem Kapitel des Ordens zu Barcelona im März 1519 mehrfach gegen den Willen von Chièvres durchsetzte, und so wurden neun Mitglieder der spanischen Aristokratie zu Mitgliedern gewählt. Zum neuen Großkanzler wurde nach Sauvages Tod zwar kein Spanier, aber auch kein Burgunder ernannt. Gattinara war Piemontese, vor allem aber jeglicher Politik besonderer burgundischer Couleur abhold. Mehr noch, die Gesinnung des neuen Großkanzlers galt als Antipol dazu, er verkörperte einen uni-versalen Kaiser- und Reichsgedanken. Fürwahr, es war ein Glücksfall, daß Gattinara gerade in diesen Jahren an Karls Seite stand: Die Erlan-gung der Kaiserwürde durch den jungen Monarchen war nur eine Frage von kurzer Zeit.

Es zeugt wiederum von Chièvres' staatsmännischer Größe, daß er die Lage klar überblickend wußte, daß Karl jetzt einen Gattinara brauchte, und er befürwortete die Ernennung des Piemontesen. Dieser war auch ein vorbildlicher Kanzler. So beschreibt Brandi Gattinara und sein politisches Weltbild. Er war ein Kanzler von einzigartiger Präzision bei der Arbeit, unermüdlich in seiner Tätigkeit, ein routinierter Diplomat. Margarete von Österreich und Kaiser Maximilian wußten, weshalb sie ihn so hoch geschätzt haben.

Zu einer Neuorganisation des Hofstaates, verbunden mit der Einrich-tung des Regierungsapparates in Spanien, kam es erst nach Karls Rück-kehr 1522 und nachdem sich die Wogen geglättet haben. Denn inzwischen wütete in Spanien ein Bürgerkrieg, mit welchem an Blutvergießen nur der von 1936 bis 1939 verglichen werden kann. Allerdings gibt es, was die politischen Wesenszüge beider tragischer Vorgänge anbelangt, wenig Parallelen, auch wenn man die offensichtlichen Unterschiede der Epo-chen berücksichtigt. Das bedeutet in erster Linie, daß sich Bemühungen von Historikern als fruchtlos erweisen, den „Comunero-Aufstand" von 1520 bis 1522 als eine Art frühe bürgerliche Revolution und damit gleich als einen wie auch immer verstandenen Vorläufer von Ereignissen des

20. Jahrhunderts darzustellen. Über die Wesenszüge des Bürgerkrieges sind sich die Historiker übrigens bis heute nicht ganz im klaren. Die Ereignisse, über die es eine umfangreiche Literatur gibt, sollen hier nur skizziert werden, weil sie in Karls politischer Gedankenwelt keinen zentralen Platz einnahmen. Gänzlich auf die Kaiserwürde fixiert, verließ Karl Spanien, als die Bewegung bereits angelaufen war. Der Aufstand erreichte seinen Höhepunkt während seiner Abwesenheit; der kritischeste Punkt war längst überschritten, die Bewegung militärisch niedergeschlagen, als Karl als Kaiser 1522 zurückkehrte. Bald danach sollten Ruhe, Ordnung und Versöhnung einkehren.

Geographisch konzentrierte sich der Aufstand der Städte – der „Kommunen", deswegen „Comunero-Bewegung" – auf das kastilische Kernland. In Südspanien und im Königreich Aragon im engeren Sinne blieb es ruhig. Der Aufstand war alles andere als ein Bauernaufstand; schon gar nicht war er antiroyalistisch. Dem König warf man die burgundische Fremdherrschaft auch danach vor, als sich diese einigermaßen gemildert hatte. Vor allem erbosten sich die Spanier aber wegen Karls Abwesenheit: „Der König gehört in sein Land und nicht anderswohin, selbst wenn er nunmehr Kaiser ist." 1520 frohlockten erst nur wenige Spanier ob der enormen Autorität ihres Königs, ob seines weltweiten Machtzuwachses als Kaiser, was Spanien zugute kommen sollte: „Spanien, dank seines Königs, der zugleich Kaiser ist, als eigentlicher Mittelpunkt eines Imperiums", diesen Gedanken, diesen neuen Stolz nannte man später die „Imperialisation Spaniens".

Eine Devise der Aufständischen war: „Es lebe Carlos, Tod dem Chièvres!" Den „Comuneros" ging es einerseits um die Ausweitung der Machtbefugnisse der Städte, um die Legalisierung ihrer neuen Stellung durch den guten König und gleichzeitig um die „Hispanisation" ihres Herrschers. Dieser sollte sich im Land aufhalten, ordentlich Spanisch lernen, seine Regierung aus Spaniern zusammensetzen, „iberisch" heiraten, das heißt, sich mit keiner französischen oder englischen, vielmehr mit der portugiesischen Königstochter vermählen. Das Aufbegehren gegen die schwere Steuerlast einte vorerst alle politischen Kräfte. In der nationalen Sache waren sie sich ohnehin einig.

Die Aristokratie tat nichts. Die Magnaten wandten sich erst gegen die „Comuneros", als sich die Spitze der Bewegung des in den Städten regierenden kleinen Adels und der Bürger gegen sie richtete. Bluttaten, Übergriffe der Aufständischen taten das übrige.

Karl berief noch die Cortes von Kastilien nach La Coruña, bevor er Spanien am 20. Mai 1520 verließ. Es ist niemandem entgangen, mit welcher Hast der König diese „Pflichtübung" erfüllte, wie sehr es ihm – wie immer während der Sitzungsperioden der Ständeversammlung – hauptsächlich nur darum ging, durch die Cortes Steuern bewilligen zu lassen.

Zum Regenten während seiner Abwesenheit ernannte Karl Adrian von Utrecht, die denkbar unglücklichste Wahl. Der vergeistigte Theologe konnte gegen die Bewegung, die bald zum bewaffneten Aufstand wurde, nichts ausrichten.

Am 29. Juni 1520 wurde von den rebellierenden Städten in Avila eine „Heilige Junta" ins Leben gerufen, von Königsberger als eine „eigentlich revolutionäre Regierung" charakterisiert. Diese schrieb die „nationalen" Ansprüche an den König, die Senkung der Steuern und eben ihre Vorstellungen über ihre Beteiligung an der Regierungsgewalt, eine Machtfülle der Städte, auf ihre Fahne.

An der Spitze des bewaffneten Aufstands stand ein Adliger, der charismatische Führer Juan de Padilla. Er war kein „spanischer Florian Geyer", er befehligte keine Bauernhaufen, vielmehr relativ geordnete Streitkräfte, deren Rückgrat Bürger und Männer aus dem niederen Adel bildeten. Padilla betrieb auch „große Politik", indem er nach der Eroberung von Tordesillas Königin Johanna dort zum Handeln im Sinn der Aufständischen bewegen und von ihr Unterschriften unter königliche Dekrete gewinnen wollte. Doch vergebens: Aus reiner Passivität, aus Solidarität ihrem „mitregierenden" Sohn Karl gegenüber, aus Angst oder einfach aus momentaner Unfähigkeit? – wer weiß! – tat Johanna nichts, worum sie Padilla ersuchte.

Im Königreich Valencia, Teil von Aragon, wütete ein Aufstand ganz anderer, radikalerer Art, in der Historie als „Germania" bekannt. Germanus bedeutet auf Latein: Bruder, die alten Germanen haben sich so nie bezeichnet, sie führten jeweils den Namen ihres Stammes. In der Stadt Valencia nun, wo die Zünfte den Ausschlag gaben, lehnte sich eine kleinbürgerliche „Bruderschaft" (Germania) gegen den Adel auf. Von den Waffen der Zünfte, die sie ursprünglich legal für die Zwecke der Bekämpfung der Piraten trugen, wurde in diesem Streit reichlich Gebrauch gemacht. Antiroyalistisch war diese Bewegung womöglich noch weniger als die der Comuneros. Für die Germania war die königliche Macht der Inbegriff des Guten; was von Karl auch gebührend anerkannt wurde. Die Comunero-

und die Germania-Bewegung hatten nicht gemeinsame Sache gemacht. Ihr Kollaps erfolgte allerdings mehr oder weniger parallel.

Aus der Fülle von Veröffentlichungen moderner Historiker zitieren wir Pierre Chainu (L'Espagne de Charles Quint, Band I, S. 242), ohne daß dies der Weisheit letzter Schluß wäre: Die Comunidad, so nennt der Verfasser die Comunero-Bewegung, „ist äußerst heterogen. Man kann in ihr keine revolutionäre Bewegung sehen, welche in eine Klassenfront organisiert ist. Die Bewegung ist fiskusfeindlich, fremdenfeindlich, national, ... sie mobilisiert beinahe die gesamte städtische Gemeinschaft ... Das politische Ideal der Comunidad ist vergangenheitsbezogen", gemeint wird die Nostalgie nach den „guten alten Zeiten" der Katholischen Könige.

Während seiner historischen Reise im Norden wurde Karl auf dem laufenden gehalten. Er handelte schnell. Dessen bewußt, daß es dem Regenten Adrian unzumutbar war, der Lage Herr zu werden, und daß nun Spanier und keine anderen das Ruder zu ergreifen hatten, ernannte er im September 1520 den Konnetabel von Kastilien, Don Iñigo de Velasco, und den Admiral Don Fadrique Enriquez de Guzmán zu Mitregenten; eine kluge Maßnahme, zugleich ein radikaler Schritt zur „Hispanisation" der Regierungsgewalt.

Mit harter Hand organisierte der Konnetabel die Regierungstruppen im Laufe des Winters und konnte das Heer von Padilla am 23. April 1521 bei Villalar am Duero entscheidend schlagen. Padilla wurde am 24. April hingerichtet; die Bewegung brach zusammen.

Karl sollte nach seiner Rückkehr gegenüber den niedergeschlagenen Comuneros und der Germania im Prinzip Milde walten lassen. Am 2. November 1522 verkündete er in Villadolid einerseits eine Generalamnestie, andererseits nahm er aber davon 290 Rädelsführer aus. Zu massenhaften Exekutionen kam es im Endeffekt nicht. Die spanischen Aufstände von 1520 bis 1522 blieben der Gedankenwelt Karls relativ fern, wie er sich mit Spanien damals noch nicht so recht verbunden fühlte. Hier kann man ein gewisses prinzipielles Verhalten Karls bei Repressionen erblicken: Milde zeigte er eher dort, wo ihm Unruhen fern lagen. Dafür griff er hart durch, wo ihm gesetzeswidrige Akte der Gewalt ins Fleisch schnitten: Nach einem Aufstand mußte Gent, seine Geburtsstadt, wo er sich so recht zu Hause fühlte, 1540 ein Blutgericht des zutiefst Verletzten über sich ergehen lassen.

KAPITEL III

Karl V. und die Schicksalsjahre von 1519 bis 1522

Zufall und auch nicht Zufall – dieses Zusammentreffen von Ereignissen weltgeschichtlicher Dimension innerhalb weniger Jahre! Fürwahr, in jener kurzen Zeit marschierte die Geschichte im Eiltempo: der Tod Kaiser Maximilians Anfang 1519, die Wahl Karls zum Kaiser im Juni desselben Jahres; Cortés tritt den Marsch in das Herz Mexikos an (August 1519); Maghellan segelt aus Spanien in Karls Auftrag zur Umrundung des Erdballs (September 1519); Karl landet in den Niederlanden (1. Juni 1520); der gewählte Kaiser wird in Aachen zum König gekrönt (Oktober 1520); Kaiser Karl eröffnet seinen ersten Reichstag (Januar 1521); erste Erbteilung: Karl tritt die österreichischen Erbländer an Ferdinand ab (Februar 1521); Martin Luther wird zum Reichstag bei Zusicherung freien Geleits geladen (März 1521); Luther tritt vor dem Reichstag in Worms auf (18. bis 19. April 1521); Karl respektiert das freie Geleit für Luther (26. April), nachdem er sein unerschütterliches Festhalten am katholischen Glauben wider die Ketzerei feierlich verkündet hatte (19. April 1521); Tod von Chièvres (Mai 1521); Krieg mit Frankreich (2. Hälfte 1521); definitive Erbteilung zwischen Karl und Ferdinand, Statthalter des Kaisers in den österreichischen Erbländern und anderen Territorien (Januar bis Februar 1522); Wahl Adrians von Utrecht, des Präzeptors von Karl, als Hadrian VI. zum Papst (9. Januar 1522); Niederlage der Franzosen in der Schlacht von Bicocca (29. August 1522); Karl kehrt nach Spanien zurück (Juli 1522). Die

Ereignisse in Spanien, die wir bereits kennengelernt haben, sowie prunk-
volle Akte, wie Karls Begegnungen mit Heinrich VIII., die zu keinen Er-
gebnissen von Dauer führten, enthält diese Aufzählung nicht.

Die Historiographie hat dies alles weitgehend, vielleicht „allzusehr"
aufgearbeitet. Mit neuen Daten kann die Geschichte dieser Schicksals-
jahre kaum noch ergänzt werden. So ist, von Luthers Rolle gar nicht zu
sprechen, der Vorgang der Kaiserwahl lückenlos belegt:

„Franz I. von Frankreich hatte gute bis bessere Chancen, gewählt zu
werden, doch Karl ließ die Kurfürsten dank Fuggerscher Darlehen beste-
chen und gewann die Wahl." Dies ist eine vereinfachte, nur zum Teil richtige Überlieferung. Blicken wir weg von Details der „Bestechung", davon,
daß Fugger nur einen Teil der Gelder zur Verfügung stellte, daß unter dem
Verhalten der einzelnen Kurfürsten zu differenzieren ist etc. Dafür sollen
einige Akzente um die einzelnen Bewerber anders gesetzt werden: Sicherlich standen die Chancen von Franz I. anfangs vordergründig gut, wenn
man die päpstliche Unterstützung des Franzosen und die Arithmetik der
Wahlstimmen berücksichtigt. Sicherlich wurde Karl von niemandem als
„Deutscher" betrachtet, beherrschte er doch die Sprache nicht, hatte er
doch deutschen Boden noch nie zuvor betreten.

War aber Karl kein „Deutscher", so war Franz von Frankreich in jedem
Fall ein Fremder, ein Herrscher über ein machthungriges Reich, dem
„deutschen Wesen" so fremd wie irgend möglich. 1519 war das tödliche
Kräftemessen zwischen den Häusern Valois und Habsburg bereits vorgezeichnet. Im Jahrzehnt bis 1529 wurde es dann auch ausgefochten: Der
Kampf der französischen Valois gegen jenes Haus Habsburg, das seit 1438
ununterbrochen den Kaiser gestellt hat. Als Vertreter und Oberhaupt dieser Dynastie mußte doch Karl im Endeffekt Kaiser werden, auch wenn er
nicht deutsch parlierte, auch wenn ihm eine fremde Erziehung zuteil
wurde, auch wenn der Neunzehnjährige noch nicht über die Erfahrungen
verfügte, wie sein um sechs Jahre älterer Rivale: Ein Hauptargument der
französischen Propaganda gegen den jungen Habsburger. Man soll doch
annehmen, daß bei der Stimmabgabe der sieben Kurfürsten schließlich all
dies den Ausschlag geben mußte, auch ohne Rücksicht auf habsburgische
oder reichlich ausgeschüttete französische „Bestechungsgelder".

Mit scharfen Konturen erkennt man die Denkweise Karls bei seiner
Reaktion auf eine Kandidatur ganz anderer Art: Um die Wahl des Franzosen mit allen Mitteln zu verhindern und um zugleich die Kaiserkrone für
die Dynastie zu bewahren, schickte sich Margarete von Österreich in den

Niederlanden an, Ferdinands Kandidatur für die Kaiserwürde zu betreiben. Dezidiert lehnte Karl das ab, ohne Zweifel auch aus persönlichem Ehrgeiz, gleichzeitig aber von differenzierten dynastischen Überlegungen ausgehend: Kein anderer als er selbst soll Kaiser werden. Zum Wohl des Hauses Habsburg ist die Macht über all die Länder, das Reich und zugleich auch Spanien, in einer Hand zu konzentrieren. Jede Maßnahme, welche auf eine Kandidatur Ferdinands hindeutet, ist rückgängig zu machen. Der jüngere Bruder darf gar nicht nach Deutschland kommen, so unterrichtete Karl seine Tante Margarete schriftlich und über seinen Sondergesandten Beautain. Dann aber, wenn seine Wahl bereits stattgefunden hat, wenn die Kaiserkrone für das Haupt des Hauses Habsburg gesichert ist, soll Ferdinand zum römischen König gewählt werden, soll er durch Erbfolge, wenn auch nicht uneingeschränkt, Herr über die österreichischen Erblande werden. Dies war Karls Konzept.

Nicht minder folgerichtig als zu einer Kandidatur Ferdinands 1519 sollte dann Karl 1521 an die Luther-Frage herangehen, deren Bedeutung er erblickte, wenn auch nicht in ihrer geschichtsträchtigen Dimension. Zu jenem Zeitpunkt war diese noch für niemanden erkennbar.

Der junge Kaiser verwarf jede Art von Ketzerei ohne Wenn und Aber, wobei er diesen Begriff keineswegs relativierte. Sein Manifest vom 19. April 1521 zeugt davon. Der gläubige Katholik war zugleich burgundischer Ritter: kein Widerspruch. Ehrenmann Karl respektierte das Luther zugesicherte freie Geleit mit letzter Konsequenz, trotz massiven Drucks so mancher Berater. Auch war es für Karl unvorstellbar, seine soeben erst erlangte Kaiserwürde gleich mit einem flagranten Wortbruch zu befrachten.

Was nun die Kaiserwahl anbelangt, wurde nach dem Scheitern der Kandidatur von Franz I. der allgemeines Ansehen genießende Kurfürst von Sachsen, Friedrich der Weise, im ersten Wahlgang mit Stimmenmehrheit gewählt (17. Juni 1519). Doch strebte der Sachse die Kaiserwürde nicht an und verzichtete. Friedrich befürwortete die Wahl Karls und stimmte dann auch für ihn, als sich das Kurfürstenkollegium schließlich in Frankfurt für „Karl von Österreich" aussprach und ihn einstimmig zum Kaiser des „Römischen Reiches" wählte. Es war der 28. Juni 1519, Karl konnte die frohe Botschaft in Barcelona bereits am 6. Juli in Empfang nehmen. Der Eilbote überbrachte eine inoffizielle Nachricht, die feierliche Mitteilung über seine Wahl erhielt er erst im August. Den gesamten heißen Sommer 1519 verbrachte Karl in der Hafenstadt, wo mediterrane

Brisen die Temperaturen etwas herabdrückten. Vom Erhalt der Kunde über seine Wahl sollte noch fast ein Jahr vergehen, bis Karl aus Spanien in nördliche Gefilde aufbrach.

Am 20. Mai 1520 setzte Karl mit einer stolzen Flotte von 100 Schiffen in La Coruña Segel. Ein kurzer Besuch bei Heinrich VIII. und seiner ersten Frau, Katharina von Aragon, Karls Tante, führte ihn nach England. Er landete bereits am 26. Mai in Dover. Seit dem 28. Juni 1519 gewählter Kaiser, warf er seine neue Autorität bei dieser kurzen (26. bis 31. Mai) und bei der späteren längeren (26. Mai bis 6. Juli 1522) Begegnung mit dem ehrgeizigen, oft unberechenbaren Tudor in die Waagschale. Auch in seiner Englandpolitik ging es Karl um Frankreich. Indes zeigte es sich über die nächsten Jahrzehnte, daß Karl im Inselreich kein Gegengewicht zum Erbfeind, geschweige denn einen verläßlichen Alliierten finden konnte. Opportunistisch verbündete sich Heinrich VIII. einmal mit dem Kaiser (1522, 1544), einmal mit Franz I. (1527), einmal kokettierte er nur, so 1526 eben mit den Franzosen, 1535 mit dem Schmalkaldischen Bund.

Nichts ist charakteristischer für Heinrichs Schaukelpolitik als seine Agenda im Frühjahr 1520: Kaum setzte Karls Flotte am letzten Maitag von England nach Flandern über, da durchquerte auch Heinrich den Kanal, um mit Franz I. wochenlange Feste zu feiern, deren Prunk und Raffinesse selbst das burgundische Protokoll in den Schatten stellten, und freilich, um über Freundschaft und Waffenbrüderschaft zu verhandeln. Dann sieht er – bereits am 10. Juli! – auf dem Kontinent Karl wieder. Am 14. Juli unterzeichnet er mit dem Kaiser den Vertrag von Calais über ein Bündnis. Heinrich von England war eben von keinem modernen Außenminister an Reisediplomatie und an Doppelzüngigkeit zu überbieten.

Nun begleiten wir den jungen Kaiser auf seinem Weg, der ihn nach seiner Landung in Vlissingen am 1. Juni 1520 in die Niederlande und dann nach Deutschland führte.

Gànze viereinhalb Monate verweilte Karl in den Niederlanden, wo er die Regierungsgeschäfte mit der ihm eigenen Systematik wahrnahm. So übersandte er regelmäßig Instruktionen nach Spanien zur effizienten Bekämpfung des Comunero-Aufstandes, der aber seine Freude über die Kaiserwürde kaum trüben konnte. Karl hielt sich in seiner Geburtsstadt Gent, in Brügge, in Brüssel und in anderen Städten auf, die ihn allesamt an seine frühen Jahre erinnerten. In Mecheln, wo Karl die längste Zeit seiner Kindheit verbracht hatte, versammelten sich am 20. September 1520 die Generalstände der Niederlande. Nicht weniger als eine knappe Million

Golddukaten billigten sie ihrem „Karl von Gent" zu, der jetzt im Begriff war, den Gipfel seiner Macht zu erklimmen. Die Krönung zögerte sich hinaus, weil Karl darauf bestand, diese in der Stadt Karls des Großen und nicht anderswo durchzuführen, und Aachen war von der Pest heimgesucht. So brauchte man Geduld, bis die Seuche abgeklungen war. Aus Maastricht kommend betrat Karl am 22. Oktober 1520 erstmalig deutschen Boden bei Aachen, wo die Krönungszeremonie am Tag danach stattfand.

Mit Karls Person – und zugleich mit Deutschland! – verbunden ist ein Ereignis der gleichen Tage, als Karl deutschen Boden betrat und in Aachen gekrönt wurde, was sich, im wahrsten Sinne des Wortes, am anderen Ende der Welt abspielte:

Es war die ureigene Entscheidung Karls, des ansonsten übervorsichtigen, sparsamen, allem Abenteuerlichen abgeneigten jungen Königs von Spanien, den portugiesischen Seefahrer Magellan in spanische Dienste zu übernehmen und seine geplante Umsegelung der Erde zu finanzieren.

Magellan segelte ins Ungewisse. Ins völlig Ungewisse? Am 21. Oktober 1520 erreichte seine kleine Flotte eine Meerenge. Der italienische Chronist Antonio Pigafetta, selbst an Bord, Verfasser des Augenzeugenberichts über die Fahrt Magellans, berichtet: „... unser Anführer hatte Kunde, daß er durch eine sonderbare verborgene Meerenge hindurchsteuern müsse, welche er auf einer ... von einem ausgezeichneten Cosmographen Martino di Beoemia angefertigten Seekarte gesehen hatte."

Man höre und staune: Es war Magellan nicht verborgen, daß es die Meerenge gab, welche vom Atlantischen in einen anderen Ozean führte, welche später dann seinen Namen tragen sollte. Es stand ihm eine Seekarte zur Verfügung, die kein anderer erstellt hatte als Martin Behaim, der deutsche Kosmograph, dessen Andenken der „Erdapfel", der erste erhaltene Globus, verkündet. Zeitgenössische Quellen belegen mehrfach, daß Magellan sich durch eine Seekarte Martin Behaims leiten ließ, als er nach der Meerenge an der südlichen patagonischen Küste suchte und fündig wurde. In seiner Biographie des Nürnbergers liefert Armin Brandt eine brillante Beschreibung des Zusammenhangs zwischen Behaims Hinweis auf die südwestliche Überfahrt und Magellans Reiseverlauf.

Das Zusammentreffen von Karls Ankunft im Reich, seiner Krönung und der Einfahrt Maghellans in die Meerenge ist symbolträchtig. Symbolträchtig, wenngleich flagrant anachronistisch, ist auch der Bericht von

Johannes Müller, des berühmten Nürnberger Stadthistorikers, über den „Ritterschlag" des 1507 (!) verstorbenen Behaim durch Kaiser Karl! Das Zitat zeigt nämlich, wie sehr die großen Entdeckungsfahrten stets mit der Person von Karl V. in Verbindung gebracht worden sind: „Bei Zeiten Kaiser Karls V. hat gelebt Martin Behaim, ist ein berühmter und erfahrener Mathematicus und Astronomus gewest und hat durch Hülff solcher Kunst von Spanien aus etliche zuvor unbekannte Inseln gefunden, derowegen er von der kaiserlichen Majestät zum Ritter geschlagen worden, welche ihm auch das Zeugnis geben, daß er der weitgewandertste Bürger im Reiche wäre ...‟

Martin Luther war Untertan des Kaisers und hatte ihm zu gehorchen. Spiegelbildlich zu den Ratschlägen an Karl, das freie Geleit an den Reformator zu mißachten, fehlte es nicht an Mahnungen, daß Luther der Ladung trotzen, sich nicht nach Worms begeben, sein Leben nicht aufs Spiel setzen sollte.

Doch da standen sich zwei in ihrem Wesen so grundverschiedene Männer gegenüber, zugleich beide Männer aus echtem Schrot und Korn. Wortbruch und Unehrenhaftigkeit auf der kaiserlichen, Furcht, verbunden mit dem Versagen des Gehorsams auf Luthers Seite waren von vornherein ausgeschlossen. Der Vorgang, der Weltgeschichte machte, ist uns allen bekannt:

Der Kaiser, ein überzeugter und dezidierter Gegner jeder Abweichung vom katholischen Glauben, war trotzdem nicht bereit, einen Deutschen zu verurteilen, ohne ihn gehört zu haben. War es dabei auch Neugier, der Wunsch, diesem Mann Auge in Auge zu begegnen? Noch im subjektiven, im psychologischen Bereich wäre festzustellen, daß sich auch nach der Begegnung zu Worms keine Art von Intimfeindschaft, auch keine Haßliebe zwischen Karl und Luther entwickelte; aber auch kein „ritterlicher" Respekt gegenüber dem tapferen (Luther) und dem würdevollen Gegner (Kaiser Karl). Daß Luther von Natur aus kaisertreu war und daß Luthers Mut und Standhaftigkeit Karl auf irgendeine Weise doch imponierten, dies mag der „kleinste gemeinsame Nenner" gewesen sein.

Luthers Rede vor dem Reichstag, in welcher er seine Weigerung, zu widerrufen, begründete, endete nicht so, wie es die allgemeine Überlieferung kennt: „Hier stehe ich, ich kann nicht anders." Vielmehr lautete sie: „Solange ich nicht durch die Heilige Schrift oder klare Vernunft widerlegt werde, kann und will ich nichts widerrufen, da gegen das Gewissen zu handeln beschwerlich und gefährlich ist. Gott helfe mir. Amen."

Maria von Ungarn (1505–1558). Die Schwester Karls V. war die Nachfolgerin ihrer Tante Margarete als Statthalterin der Niederlande. Gemälde von Tizian aus 1548. Paris, Musée des Arts Decoratifs.

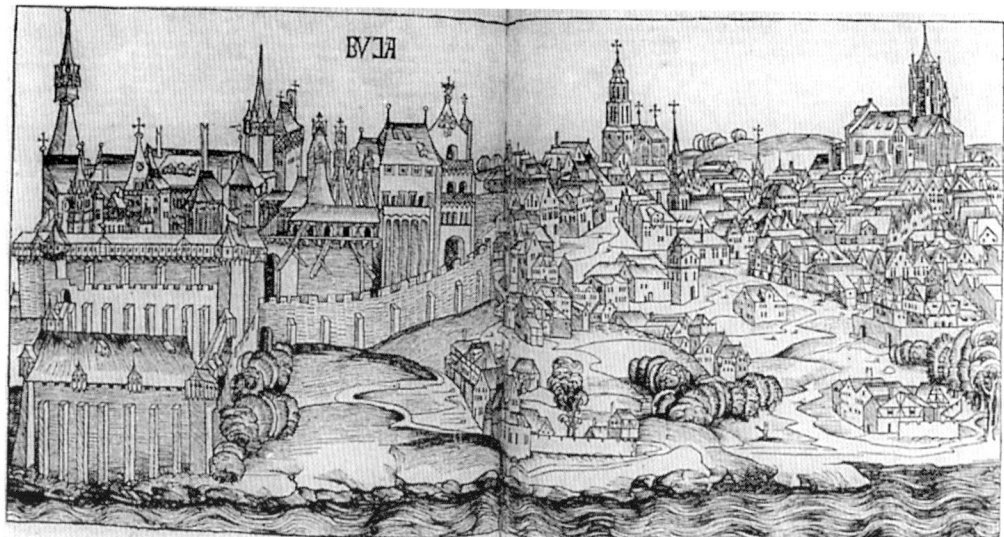

Wien, Budapest und Prag (von oben). Holzschnitt aus Hartmann Schedels „Liber chronicorum", 1493. ÖNB, Wien.

Eine Krönung, die nie stattgefunden hat, nämlich die Philipps des Schönen zum König von Kastilien; aus Weißkunig.
ÖNB, Wien.

Die österreichisch-ungarische „Doppelhochzeit", besser Verlöbnis, vom 22. 7. 1515 in Wien: Die Kinder Philipps des Schönen, Ferdinand und Maria, werden mit den Kindern Wladislaws von Böhmen und Ungarn, Ludwig und Anna, vermählt. Durch die wechselseitige Erbeinsetzung wurde damit die Grundlage für die habsburgische Herrschaft in Ungarn und Böhmen gelegt. Holzschnitt von Albrecht Dürer.
Archiv Verlag Styria, Graz.

Philipp der Schöne (links), umgeben von den Wappen des Hauses Österreich, und Margarete von Österreich, umgeben von den Wappen Burgunds. ÖNB, Wien.

Die Kinder Philipps und Johannas: Ferdinand, Karl, Eleonore, Isabella, Maria und Katharina. Meister der St. Jorisgilde, Museo de Santa Cruz, Toledo (verschollen). Instituto Mas, Barcelona.

Margarete von Österreich (1480–1530), die Tante Karls V. und Statthalterin der Niederlande, als hl. Magdalena. Gemälde von Bernard von Orley. Bayerische Staatsgemäldesammlungen München.

Johanna der Wahnsinnigen schrieb man einen großen Teil der „Schuld" an der erblichen Schizophrenie im Haus Habsburg zu. Diese historisierende Darstellung betont die Fixierung auf den Leichnam ihres Mannes Philipp des Schönen. ÖNB, Wien.

Johanna von Kastilien, die „Wahnsinnge" (1479–1555), die Mutter Karls V. Sammlung Thyssen-Bornemisza, Lugano.

Kopf der Bronzestatue Philipps des Schönen (1478–1506), des Vaters Karls V. Hofkirche in Innsbruck.

Die Familie Kaiser Maximilians I. (1459–1519) mit seinen Enkeln Ferdinand und Karl (vorne links). Rechts hinten Maximilians Sohn Philipp und Tochter Margarete. Gemälde von Bernhard Strigel. KHM, Wien.

Luther ist angehört worden. Zu einem persönlichen Disput mit dem Kaiser kam es nicht. Karls selektiver Intellekt und frühe staatsmännische Größe führten zu einer dreidimensionalen Behandlung der Frage:

Auf der Ebene der Ehre respektierte er Luthers freies Geleit.

Auf der Ebene des Glaubens blieb Karl unnachgiebig und tat dies bereits am 19. April 1521 kund. Er verfaßte ein Manifest für den Reichstag, ein klassisches Dokument seines religiösen Bekenntnisses, unlösbar von dem dynastischen Sendungsbewußtsein. Karl beschwor seine Ahnen: „Ich stamme ab von …", so begann das Manifest.

Auf der Ebene der Reichspolitik fügte sich Karl V. der „Wahlkapitulation". „Kapitulation" bedeutete, zumal wenn es um bedeutsame Urkunden schlechthin, um feierliche Versprechen von Herrschern vor ihrer Krönung oder um Verträge zwischen Monarchen der Frühen Neuzeit ging, um Dokumente, welche sich in Artikel oder „Kapitel" gliederten. Karl hatte die Wahlkapitulation in Barcelona ratifiziert, als er 1519 offiziell Kunde über seine Wahl zum Kaiser erhielt. Jetzt beschwor er nach seiner Ankunft in Aachen am 22. Oktober 1520 die Bedingungen: Insbesondere wird der gewählte Kaiser das Reich gegen die Gefahren einer Fremdherrschaft, auch im Inneren, schützen, so keinen Reichstag außerhalb der Reichsgrenzen einberufen, in Reichs- und Hofämter nur geborene Deutsche ernennen, bei allen Reichshandlungen, in allen Urkunden keine andere als die deutsche oder die lateinische Sprache gebrauchen und selbstverständlich kein ausländisches Militär einführen.

Bei aller immenser Autorität, welche sich aus der Kaiserwürde ableitete, welche aber auch die Person des Herrschers ausstrahlte, hatte sich Karl stets der Mehrheit des Reichstages zu fügen. Im Kapitel, welches spezifisch der Reichspolitik gewidmet ist, erfahren wir, welchen dornigen Weg da der Kaiser zu gehen hatte. Der Kaiser verließ Worms am 31. Mai 1521. Eine zehntägige Reise führte ihn nicht in die Tiefe Deutschlands; dafür konnte er, stromabwärts, erst bis Mainz, dann nach Koblenz und Köln reisend, die herrliche Flußlandschaft bewundern. Bereits am 11. Juni begab er sich von Aachen nach Maastricht.

In den Niederlanden verweilte Karl dann fast über ein Jahr, allerdings ein ereignisreiches. Der Krieg mit Frankreich überschattete die übrigen Angelegenheiten, ohne sie zu verdrängen. Die bewaffnete Auseinandersetzung begann mit Stellvertreterkriegen: Robert III., Graf von der Mark, Herr von Sedan, und Karl von Geldern, ewiger Freund der Franzosen, griffen im Norden zu den Waffen, im Süden eröffnete der Erbprinz von

Navarra die Feindseligkeiten im Auftrag von Franz I. Chièvres, dem Bannerträger der Frankophilie, in Worms am 28. Mai 1521 von der Pest dahingerafft, blieb es nicht erspart, die Bedrohung eines Großkampfes zwischen dem Kaiser und Franz I. schmerzhaft zu verspüren. Erleben sollte er die zwei Feldschlachten (1522, 1525) nicht mehr.

Zu einem offenen Krieg eskalierten die Kämpfe – in erster Linie Belagerungen – in der zweiten Hälfte des Jahres 1521. Bei Mézières erlitten die kaiserlichen Truppen eine ihrer seltenen Niederlagen, Heinrich von Nassau-Dillenburg, gestützt durch Franz von Sickingen (!), ist an der Belagerung der Stadt im September gescheitert.

Die Scharte konnte Karl bei Tournai an der Schelde auswetzen. Ein kaiserliches Heer – vornehmlich Niederländer – belagerte die von mächtigen Befestigungsanlagen umgebene, durch „die schönste Artillerie der Welt" (Pirenne, Band III, S. 93) geschützte Stadt, Tournai mußte am 3. Dezember 1521 kapitulieren.

Während der Belagerung, Ende Oktober bis Anfang Dezember 1521, bezog Karl Quartier in Oudenaarde. Dort erlebte er eine romantische Liebschaft mit Johanna van der Gheenst, der Tochter eines Handwerkers aus dem naheliegenden Dorf Nukerke. Das Mädchen gebar im August 1522 eine Tochter, die auf den Namen von Karls Tante Margarete, der Regentin der Niederlande, getauft wurde und dann als Margarete von Parma in der dynastischen Politik Karls eine nicht unbedeutende Rolle spielen sollte.

Wir werden ihr noch begegnen. Für ihre Mutter sorgte Karl und gewährte ihr am 1. August 1522 eine Leibrente von 80 Florinen.

In der Bündnispolitik ist an der Schwelle der allmählich zu einem großen Krieg eskalierenden Auseinandersetzung mit Frankreich nichts Dauerhaftes zu vermerken. Man berichtet mit Nachdruck über die Kehrtwende von Papst Leo X.: Der vorher ausgesprochen frankophile Pontifex, Befürworter einer Wahl Franz' I. zum Kaiser, rang sich zu einem Bündnis mit dem Kaiser durch und unterzeichnete die Urkunde über die Allianz am 28. Mai 1521 in aller Form. Die Ursache des Frontwechsels des Medici-Papstes zu ergründen, ist gewiß höchst interessant. Für die Umkehr des Bündnisses wurden Leo X. beträchtliche Vorteile in Italien zugesichert, für den Kirchenstaat, für das Haus Medici. Doch: Am 1. Dezember desselben Jahres starb der Papst, und seine Verpflichtungen banden naturgemäß seinen Nachfolger nicht, der kein anderer war als Adrian von Utrecht, Karls Präzeptor und Spitzendiplomat.

Jedoch war das Pontifikat Hadrians VI. – eine Seltenheit, daß ein Papst seinen eigenen Taufnamen als Oberhirte behielt – von geringer Dauer: Am 14. Februar 1522 vom Kardinalskollegium gewählt, kam Adrian in Rom, aus Spanien kommend, erst am 29. August an; die Tiara empfing er am 1. September 1522. Sicherlich schloß sich der Papst, keineswegs ein Werkzeug des Kaisers, der seine Wahl nicht betrieben, sie vielmehr mit Überraschung erfahren hat, am 30. August 1523 einem Bündnis des Kaisers mit Venedig gegen Franz I. an. Aber: Genau zwei Wochen danach war Hadrian VI. tot. Von eher symbolischem Interesse ist da der Umstand, daß der Lehrer eines Kaisers auf dem Thron Petri saß. So etwas hat es unter grundverschiedenen historischen Bedingungen um die Jahrtausendwende gegeben: Ein anderer gelehrter Papst, Sylvester II. (Gerbert von Aurillac, 999 bis 1003) war Erzieher von Kaiser Otto III. gewesen, und das Zusammenwirken von Präzeptor und Discipulus – von Papst und Kaiser – erwies sich als äußerst fruchtbar, so bei der Genese christlicher Königreiche in Ungarn und Polen. Solche Folgen zeitigte das Entstehen des „Zweigespanns" Karl – Hadrian, wenn es denn eines war, nicht. Und England, der andere potentielle Bündnispartner gegen den Erzrivalen Frankreich? Bevor Karl V. am 26. Mai 1522 Flandern verließ, um in sein spanisches Königreich zurückzukehren, hatte er einen „Abstecher" nach England nach allen Regeln der Kunst diplomatisch vorbereitet. Der Besuch auf der Insel dauerte knapp sechs Wochen. Es wurde gefeiert, getafelt, getanzt und gejagt; Karl und Heinrich verstanden sich blendend – menschlich und politisch an der Oberfläche. Es wurde am 16. Juni 1522 ein offensiver Bündnisvertrag gegen Frankreich geschlossen. Der gemeinsame Großangriff sollte 1524 erfolgen. Doch wurde nichts daraus, und wir werden sehen, wenn wir dem Verlauf von Karls ewigen Franzosenkriegen folgen, daß Heinrich seinen wechselnden Bündnispartnern ebensowenig die Treue hielt wie seinen wechselnden Gemahlinnen.

KAPITEL IV

Ferner Schlachtenlärm: Sieg über Frankreich

Den Kaiser haben wir am 6. Juli 1522 verlassen, als er sich in Southampton einschiffte, um nach Spanien zurückzukehren. Am 15. Juli ging er in Santander an Land.

Wie lange schenkte er seinem „Bündnispartner" Heinrich VIII. Vertrauen? Wann erkannte er in ihm den unsicheren Kantonisten? Wohl nicht sehr früh, wohl nicht früh genug. Karl, der Übervorsichtige, der Umsichtige, war nicht von der Krankheit des überzogenen Mißtrauens geschlagen. Blickt man in die Geschichte, so könnte man behaupten, zu viel Mißtrauen sei gefährlicher für den Argwöhnischen – Paradebeispiel Stalin mit seinen „Säuberungen" – als zu viel Vertrauen.

Vertrauen gegenüber anderen kann man nicht nur aus der Großmut, sondern auch aus der Selbstherrlichkeit schöpfen, meistens aus mehreren Quellen: Dem Kaiser Karl V. dürften seine tiefe Religiosität, sein dynastisches Sendungsbewußtsein in vielen Fällen zur Vertrauensschöpfung verholfen haben. Die ereignisreichen, krisengeplagten knappen drei Jahre in Spanien von 1517 bis 1520, die Fülle der zu bewältigenden schwerwiegenden Probleme im Norden von 1520 bis 1522 ließen Karl, was Wunder, keine Zeit für Aufbauarbeit, für Organisation auf dem politischen, auf dem verfassungsrechtlichen, dem militärischen Gebiet und auf der Ebene der Finanzen, wo er dann über seine gesamte lange Regierungszeit mit den schwierigsten Problemen konfrontiert wurde.

Ebensowenig eignete sich die Zeit von 1520 bis 1522 dazu, daß Karls Konzept der „universalen Monarchie", die Kaiseridee ausreift. Gestützt –

aber nicht gelebt! – vom Denker Gattinara, dem herausragenden Berater im dritten Jahrzehnt seines Lebens, wird sich Karl der Errichtung seiner Denkgebäude ruhiger widmen können als zuvor. Die jetzt folgenden sieben „spanischen Jahre" konnte Karl Fragen des friedlichen Aufbaus widmen, wobei er allerdings auch von 1522 bis 1529 gefährliche Klippen zu umsegeln hatte: In der Außenpolitik, nicht in der spanischen Innenpolitik. Denn nach dem Abflauen der Comunero-Unruhen und nach seiner Rückkehr genoß Karl Ruhe und Popularität. Es wurde ihm Loyalität bis zur Hingabe von Spanien entgegengebracht, das nun seinen König „zurück hatte". Man freute sich auf den jungen Herrscher, den die Kaiserkrone zierte: Auf ihn konnten die stolzen Spanier besonders stolz sein.

Die „spanische" Zeit, die „Aufbauperiode", das wirtschaftliche Gefüge der iberischen Halbinsel, wo Karl 1526 mit Isabella von Portugal in einer menschlich nicht weniger glücklichen als dynastisch günstigen Ehe vereint war, werden wir im nächsten Kapitel ausführlich behandeln. Ebenso wird uns das Phänomen einer „Hispanisation" Karls beschäftigen. Der Erbteilung mit Ferdinand, welche Karl noch vor seiner Rückkehr nach Spanien mit glücklicher Hand vollzogen hatte, wird unsere besondere Aufmerksamkeit im Zusammenhang mit der Reichspolitik und der Türkengefahr gewidmet.

In diesem Kapitel folgen wir Karl erst „auf dem Kriegspfad", welchen die kaiserlichen Streitkräfte in seinem Auftrag beschritten haben, ohne daß der Herrscher selbst den entscheidenden norditalienischen Kriegsschauplatz je betreten hätte. Die geschichtsträchtigen militärischen Entwicklungen werden denn auch nur in dem Maße skizziert, in welchem sie Karls Lebenslauf im engeren Sinn berühren.

Karls vier Kriege mit Frankreich (1521–525, 1526–1529, 1536–1538, 1542–1544) waren größtenteils Zermürbungs- oder Belagerungskämpfe; zwei große Feldschlachten sind zu verzeichnen. Beide entfielen auf den ersten Krieg, beide wurden in der Lombardei geschlagen; in beiden standen die Franzosen mit ihren schweizerischen Söldnern den Spaniern und den deutschen Landsknechten gegenüber; in beiden Schlachten siegten die Kaiserlichen. Am 27. April 1522, der Kaiser hielt sich noch in Brüssel auf, erlitten die Franzosen eine blutige Niederlage bei Bicocca.

Die zweite Schlacht, die von Pavia, machte Welt- und Militärgeschichte. Geschlagen wurde sie am 24. Februar 1525, am 25. Geburtstag von Karl. Zwischen den beiden Waffengängen gewann der Kaiser jedoch eine unblutige Schlacht durch den Frontwechsel des Karl von Bourbon: Der Konnetabel von Frankreich, höchster Würdenträger, erster im Hochadel und mit dem Königshaus verwandt, kehrte Franz I. den Rücken und stellte seine Dienste 1523 Karl V. zur Verfügung. Bis zu seinem Tod 1527 bekleidete Bourbon höchste Kommandostellen. Was seine Motive für den Wechsel ins kaiserliche Lager anbelangte, so spielte eine entscheidende, wenn auch nicht die einzige Rolle der vermögensrechtliche Streit zwischen Karl von Bourbon und der Dynastie, wo es um das Eigentum immenser Ländereien ging. Bourbon drohte die Beschlagnahme seiner Güter kraft Richterspruchs. Er stand seit 1519 in offenem Kontakt zu Karl V., was zu jenem Zeitpunkt völlig normal war, eingedenk der Spitzenposition des Herzogs im europäischen Hochadel, wenn auch der Bemerkung des Biographen von Franz I., Jacquart (S. 137), nicht zuzustimmen ist, wonach der Herzog mit Karl „d'égal à égal" verkehren konnte. Wie dem auch sei, Karls Augenmerk fiel auf die getrübten Beziehungen Bourbons mit seinem König. Karl erwies sich, freilich von seiner überragenden Stellung und Autorität ausgehend, zugleich aber auch durch diplomatisches Geschick, als Meister beim Anziehen von Schlüsselpersönlichkeiten in sein Lager. Zweimal gelang ihm dies innerhalb der christlichen Welt: Es waren Karl von Bourbon und Andrea Doria. Über diese Grenze hinaus scheiterte er, wir werden uns mit dem „Fall Barbarossa" vertraut machen. Die Chronisten, auch Augenzeugen, haben die Schlacht von Pavia recht detailliert beschrieben, doch zum Teil widersprüchlich. Es war Karls Heer, welches da den Sieg davontrug, Karls Schlacht war es nicht. Im fernen Spanien gab sich der Kaiser düsteren, nach seiner Art immer sauber geordneten Gedanken über die brennenden Probleme seines Reiches hin; auf dem italienischen Kriegsschauplatz erwartete er eher Schlimmes: zahlenmäßig und von der Ausrüstung her ein überlegener Feind, viel zu wenig Geld für die Auszahlung des Soldes im kaiserlichen Heer.

Übernehmen wir Zahlen und einige Sätze aus der Schilderung des offiziellen spanischen Militärhistorikers General José Almirante: Das von König Franz I. befehligte französische Heer zählte um die 33.000 Mann, darunter 7000 Franzosen, 8000 Schweizer, 6000 Italiener, 5000 Deutsche. Es verfügte über 55 Schlachtgeschütze und über 32 Belagerungsgeschütze. Denn Franz belagerte seit Herbst 1524 die Festung Pavia, eine Schlüsselposition in der Lombardei, allerdings ohne Erfolg. Über die Bresche, welche die Artillerie geschlagen hatte, bliesen die Franzosen am 7. November 1524 zum Sturm, doch der Großangriff scheiterte am heroischen Widerstand der 6000 Mann starken kaiserlichen Besatzung unter dem Kommando von Antonio Leyva, einem von Karls fähigsten Generalen.

Das heranrückende kaiserliche Heer zählte etwa 19.000 Mann. „... mit kleiner und schlechter Artillerie", schreibt Almirante (Band II, S. 53), wohl ein wenig untertreibend. Es war ein Entsatzheer: Die Schlacht von Pavia war eine der vier großen Schlachten der Weltgeschichte, welche als Dreiertreffen der Belagerer, der Verteidiger einer Festung und eines Entsatzheeres ausgefochten wurde: Alesia (52 v. Chr.), wo der Belagerer Caesar zum Belagerten wurde, doch das gallische Entsatzheer bezwang, Belgrad (1456), wo das mit einer Donauflotille herbeigeführte christliche Entsatzheer gemeinsam mit der Garnison Sultan Mehmed II. besiegte, eben Pavia 1525 – und die Befreiungsschlacht von Wien am Kahlenberg 1683.

Die Lehre für Pavia ist, daß die Belagerer dem Zweifrontenkampf in sämtlichen Fällen, bis auf Alesia, nicht gewachsen waren. Nur ein Caesar, Vorbild für Kaiser Karl V., verstand es, sowohl gegen den Ausbruch der gallischen Garnison als auch zugleich den Attacken des Entsatzheeres von außen zu widerstehen und zu siegen. Karl V. war in Pavia nicht zugegen, er kannte aber seinen Caesar, er konnte die Gemengelage im nachhinein gut beurteilen und mit Genugtuung registrieren, daß Franz I. eben kein Caesar war und im Zweifrontenkampf unterlag. König Franz I. war kein schlechter Heerführer, doch waren ihm Karls Generale taktisch weit überlegen. Diese standen vor Pavia unter Zugzwang: Auf sich allein gestellt konnte sich Pavia nicht ewig halten, und genügend Geld für die Auszahlung des Soldes stand ihnen auch nicht zur Verfügung: So waren sie gezwungen, eher früher als später zuzuschlagen. Die Effizienz der zahlenmäßig schwächeren kaiserlichen Armee – wenn man die Verteidiger von Pavia mitzählt, knappe 25.000 Mann – war ihren talentierten Generalen sowie den herausragenden kriegerischen Tugenden der spanischen Infanterie und der deutschen Landsknechte zu verdanken. Die Waffentechnik und die Kriegskunst der spanischen Arkebusiers war nicht zu übertreffen.

Die Spitze der Generalität bestand aus Charles de Lannoy, Vizekönig von Neapel, Fernando Marchese Pescara, dann dem deutschen Landsknechtführer Georg von Frundsberg sowie dem prominenten Überläufer Karl von Bourbon. Unter dem Kommando des Nikolaus von Salm kämpfte ein Kontingent leichter österreichischer Reiterei mit.

Geländekenntnis ist ein elementares Postulat der Taktik. Nördlich von Pavia erstreckte sich der sogenannte Park von Mirabello, ein großes, durch Mauerwerk geschütztes Gelände zum Vergnügen und Entspannen der Herzöge von Mailand bestimmt. Der linke Flügel der französischen Armee stand im Park; ihre Generale vertrauten auf die Umfriedung und sorgten nicht für Deckung noch für Wachsamkeit.

Keine Wache, keine Trommel zum Alarmschlagen. Mit anderen Worten, der linke Flügel war entblößt; obendrein verdeckte die hohe Mauer vor den Franzosen alles, was sich außerhalb abspielte: Eine Einladung an die Kaiserlichen, an dieser Stelle anzugreifen. „In der stürmischen Nacht konnte Pescara dank mühsamer Arbeit, bis hin zum wahrscheinlichen Gebrauch des Rammbocks zwei Tore von 80 oder 90 Meter Breite in der Mauer öffnen, ohne gehört zu werden" (Almirante, S. 53).

Durch die Breschen marschierten die kaiserlichen Truppen lautlos und, dank der Verdeckung ihrer glitzernden Waffen getarnt, unbemerkt in den Park hinein. Die Überraschung war perfekt. Zu spät aufgeschreckt, eröffneten die Franzosen das Feuer aus allen Rohren. Der Effekt der Kanonade wird von den Militärhistorikern unterschiedlich eingeschätzt. Wie dem auch sei, Franz setzte noch im Morgengrauen seine formidable schwere Kavallerie ein. Dieser konnten die Kaiserlichen erst nicht widerstehen. Der König stürmte voran und tötete mit eigener Hand den Kommandanten der spanischen leichten Reiterei, die er zerstreute. Es war 8 Uhr morgens: Dieser 24. Februar 1525 war der 25. Geburtstag Karls V.

Wie so oft in den Gefechten des Späten Mittelalters und der Frühen Neuzeit stieß die schwere Kavallerie nach spektakulären Erfolgen bald auf die feindliche Infanterie, und die Attacke geriet ins Stocken. Die spanischen Arkebusen fügten Roß und Reiter tödliche Wunden zu. Es kam zum blutigen Nahkampf. Inzwischen hatte eine kleine spanische Truppe die Stellungen der französischen Artillerie in kühnem Handstreich eingenommen. Zu diesem Zeitpunkt attackierte Leyva mit seiner Garnison von der Burg aus. Der Zweifrontenkampf ging für die Franzosen um so eher verloren, als Franz den fatalen taktischen Fehler beging, sich mit seinen Reitern viel zu weit von der französischen Infanterie zu entfernen, die ihm vielleicht noch aus der Bredouille geholfen hätte.

Franz und viele seiner Reiter, ihrer Pferde beraubt, die verwundet darniederlagen, lieferten den feindlichen Infanteristen einen ebenso heroischen wie hoffnungslosen Kampf. Der König wurde in seiner Rüstung erkannt und unter Umständen gefangengenommen, deren Details sehr unterschiedlich beschrieben werden. Dies liegt daran, daß der Ruhm, den König von Frankreich entwaffnet zu haben, alle Burgunder und Deutsche, Österreicher und Spanier für sich beanspruchen wollten. Wahrscheinlich waren es die Spanier. Dem Namen von Juan de Aldana, der Franz den Degen abgenommen haben dürfte, werden wir später noch begegnen. In jedem Fall kam Vizekönig Lannoy die Ehre zu, Franz in Sicherheit zu bringen. Eine Art von Freundschaft sollte sich zwischen den beiden Männern entwickeln. Im Gewahrsam von Lannoys Neapolitanern wurde der König voller Respekt behandelt, zugleich aber streng überwacht. Er wurde erst in der Lombardei, dann in Neapel gefangengehalten. Im Mai 1525 sollte Franz nach Spanien überführt werden. Ein starkes französisches Geschwader sollte den König auf hoher See befreien, was Franz anfangs auch wünschte, dann aber ausschlug: Er erhoffte sich einen überwältigenden Erfolg für den Friedensschluß dank persönlicher Begegnungen mit dem Kaiser!

Der eloquente Franzose glaubte unerschüttert an seine eigene Faszination und daran, daß er den Kaiser mit dem Feuerwerk seiner Rede beeindrucken könne. Der Romantiker auf der einen, der kühle Rechner auf der anderen Seite? Nicht ohne gallische Selbstkritik gibt der Biograph von Franz, Jacquart, die traditionelle Darstellung seiner Landsleute wieder. „Man stellt ... dem Idealismus des Ritterkönigs, der an seine Verführungskunst und sein Überzeugungsvermögen glaubt, der kühlen Hartnäckigkeit eines gefühllosen Gefängniswärters mit dem Temperament eines kalkulierenden Krämers entgegen." Dann fügt Jacquart zur Verstellungskunst von Franz hinzu, der in Madrid Friedenskonditionen akzeptierte, wohl wissend, daß er sie nicht einhalten wird, sobald er wieder französischen Boden betritt. „Man kann staunen ob der Blauäugigkeit des Kaisers angesichts der feierlichen Eidesbezeugungen von Franz – und dies im Jahrhundert von Machiavelli" (S. 169).

Wer war denn da der Romantiker? Wohl eher Karl, der christliche Ritter, Römerkenner und Römerbewunderer zugleich, der den Renaissancefürsten Franz etwa mit dem Konsul Regulus verwechselte: Während des ersten Punischen Krieges in Gefangenschaft geraten, verließ der Römer Karthago, sein Ehrenwort verpfändend, daß er wiederkehren würde, falls er in Rom keine für die Punier günstigen Friedensbedingungen sichern kann. Regulus kehrte zurück, in den sicheren Tod.

Doch erst ein Blick auf Karls Stil und Temperament zum Zeitpunkt, als ihn in Madrid die frohe Botschaft über Pavia, am 10. März 1525, erreichte. Ein spätes, aber fürstliches Geschenk zu seinem 25. Geburtstag. Tante Margarete von Habsburg weinte vor Freude, als sie in Flandern die Kunde über den Sieg erhielt. Freudentränen vergoß auch Heinrich VIII., Karls Noch-Verbündeter – bald wechselte er dann über in die französische Allianz –, als ihm über die Schlacht berichtet wurde.

Und Karl V., dessen Heer für ihn den Sieg davontrug? Als er Lannoys Kurier empfing, blieb er in Gegenwart des Hofes und der Botschafter kühl und würdevoll. Er zog sich zurück zum Gebet und dankte Gott. Kein Freudenfeuer, kein Dankgottesdienst. Vielleicht ging es nicht nur um Karls schlichten Stil. Vielmehr ließ sich der Kaiser nicht feiern, weil Pavia nicht seine Schlacht war; er war nicht zugegen, er focht nicht mit. Die heißersehnte Feuertaufe sollte er erst später erleben.

In der Zwischenzeit bis zum Friedensschluß in Madrid am 15. Januar 1526 weigerte sich Karl monatelang, Franz zu treffen, wohl auch auf Anraten seiner Umgebung, welche Franzens Faszination nicht weniger fürchtete als der Franzose selbst daran glaubte. Dann erkrankte Franz im September 1525, dem Anschein nach tödlich, worauf sich Karl zur Begegnung durchrang. Es gab Umarmungen und Tränen. Doch der Patient erholte sich, und es kam zu langen Verhandlungen, hart geführt von beiden Seiten. Der Zankapfel war das Herzogtum Burgund, das Karl, als Erbe Karls des Kühnen, unter allen Umständen einforderte, und das Franz nicht bereit war herauszurücken. In den Verzicht auf Ansprüche im ewig umkämpften Italien (noch 1859 kreuzten Österreicher und Franzosen die Schwerter in der Lombardei) willigte Franz ein.

Das Wesentliche bestand darin, daß es Karl V. ablehnte, den französischen Staat, der ihm militärisch zu Füßen lag, zu vernichten und das Königreich Frankreich zu zerstückeln. Hart, wie die Bedingungen des Friedens von Madrid waren, schloß der Kaiser eine Pax Carolina, ein auf Mäßigung basierendes Vertragswerk. Sicherlich hatte Karl in seinen Ländern alle Hände voll zu tun, wie wir sehen werden. Luther und die Folgen des Bauernkrieges – wenn man sie denn in einem Atemzug nennen kann – sind nur ein Beispiel, wenn auch ein Herausragendes, neben der wachsenden Türkengefahr. Doch durfte letzten Endes staatsmännische Weisheit, verbunden mit christlicher Solidarität, den Ausschlag gegeben haben, als der Kaiser den geschlagenen Feind nicht vernichtete. Auf dem Weg seiner weiteren Auseinandersetzungen mit dem Kaiser – und der christlichen Solidarität? – werden wir König Franz I. sogleich begleiten.

KAPITEL V

Karl V. und der Teufelspakt Frankreichs mit den Türken

Lange bevor es zur Kontaktaufnahme zwischen Franz I. und dem Sultan gekommen war, um die Konsequenzen aus der langfristigen Interessengemeinschaft beider Herrscher im Vorgehen gegen den gemeinsamen Feind zu ziehen, erkannte Karl mit scharfem Blick die heranziehende Gefahr eines franko-osmanischen Zusammenspiels. Darauf ist aus dem Brief des Kaisers an seinen Vertrauten aus der Jugendzeit, Poupet de la Chaux, vom 25. August 1522 zu schließen: Die Johanniterfeste Rhodos focht ihren Endkampf gegen die Türken, der König von Frankreich stellte seine Hilfe in Aussicht, hielt aber sein Versprechen nicht. Da schöpfte Karl Verdacht: Kümmerte sich der Franzose überhaupt um christliche Solidarität? Schwebten ihm nicht vielmehr die Interessen der Osmanen vor?

Doch erst Pavia und die Gefangenschaft von Franz I. lösten den Verzweiflungsakt eines Hilferufes an den Sultan aus. Es war Franzens Geheimbotschaft, welche schließlich die jahrhundertelange Spaltung des christlichen Europa und den Einzug des Osmanischen Reiches in das europäische Bündnissystem zur Folge hatte. Von der Erkenntnis der unabwendbaren militärischen Überlegenheit Kaiser Karls über Frankreich ausgehend, sah Franz keinen anderen Ausweg als eine dauerhafte französisch-osmanische Allianz, wodurch der Kaiser zum Zweifrontenkrieg gezwungen werden sollte.

Gemäß dem Prinzip „Die Feinde meiner Feinde sind meine Freunde" handelnd, streckte der „allerchristlichste König" – dies war die offizielle Bezeichnung der Könige der Franzosen – seine Hand zur Verbrüderung mit dem Sultan aus. Aus der Gefangenschaft in Madrid sandte Franz eine Geheimbotschaft an Suleiman. In der Schuhsohle eines Vertrauensmannes soll ein Kassiber geschmuggelt worden sein. Mündlich vorgetragen wurden die Vorschläge des Königs von Johann Frangipani, einem ungarischen Edelmann italienischer Abstammung. Suleiman empfing Frangipani persönlich und gab ihm ein Schreiben an König Franz mit, das überliefert ist: „Du Franz, König des Landes Frankreich, hast durch Deinen treuen Agenten Frangipani einen Brief an meine Pforte, die Zufluchtstätte der Souveräne, geschickt und ihm zugleich einige mündliche Mitteilungen aufgetragen. Du tust mir zu wissen, daß Dein Feind sich Deines Landes bemächtigt hat und daß Du gegenwärtig im Gefängnisse bist, und verlangst Schutz und Hülfe zu Deiner Befreiung. Ich habe von Allem, was am Ende meines Thrones, der Welt Zuflucht, niedergelegt worden ist, vollständige Kenntnis genommen. Es ist kein Wunder, daß Herrscher Niederlagen erleiden und in Gefangenschaft fallen. Fasse also Muth und lasse Dich nicht zu Boden werfen. Unsere ruhmreichen Vorfahren und unsere erlauchten Ahnen haben niemals aufgehört, Kriege zu führen, um den Feind niederzuschlagen und Länder zu erobern. Auch wir sind ihren Fußstapfen gefolgt und haben zu jeder Zeit Provinzen und Schlösser erobert. Tag und Nacht steht unser Streitroß gesattelt, und wir sind mit unserem Schlachtschwerte umgürtet."

Franz' I. Mutter, Louise von Savoyen, entsandte eine Delegation zum Großherrn. Diese trug einen Brief mit sich, nicht ohne kostbare Geschenke, darunter einen Rubin, den Franz bei Pavia getragen haben soll, goldenen Kandelabern, viel Bargeld. Doch unterwegs in Bosnien wurden die Gesandten, von wem auch immer, überfallen, ausgeraubt und ermordet, das französische Angebot eines Bündnisses mit dem Padischah wurde am Wiener Hof ruchbar. Es ist kennzeichnend für Karls Verhalten gegenüber einem gefangenen Monarchen, daß er, der später die Allianz Frankreichs mit der Pforte propagandistisch folgerichtig gegen Franz nutzte, bei den Verhandlungen über einen Friedensvertrag mit Frankreich von der Kunde über den geplanten „Teufelspakt" noch keinen Gebrauch machte.

Das Tragische, das Verhängnisvolle in den Beziehungen zwischen Karl V. und Franz I. war ja, daß der Kaiser bei der Beurteilung der Bedrohungsängste des Franzosen von ganz anderen Prämissen ausging und diese

Befürchtungen nicht nachvollzog. Als Karl seinen Blick auf die Landkarte warf – für Kartographie hatte er stets ein besonderes Interesse! –, hatte er eine geographische Umklammerung Frankreichs durch kaiserliche Gebiete keineswegs übersehen. Karl betrachtete jedoch den Umstand, daß Frankreich im Südwesten an Spanien, im Norden an die Niederlande, im Westen an das Reich, im Südosten, sprich: Italien, an Gebiete grenzte, welche der Kaiser ebenfalls kontrollierte, nicht als eine sicherheitspolitische und militärische Angelegenheit, sondern eben nur als eine geographische Gegebenheit. Der Kaiser hegte nämlich nicht die Absicht, die Lage zu nützen, um eine gigantische Cannae-Schlacht gegen Frankreich zu schlagen.

Die objektiven Voraussetzungen für einen großangelegten, konzentrierten Vernichtungsschlag gegen Frankreich waren rein geographisch gegeben, militärisch aber nicht: Die Truppen, welche dazu erforderlich waren, gewiß nicht weniger als 120.000 Mann, standen dem Kaiser weder zur Verfügung, noch war ihr Einsatz finanzierbar. Beispiele aus den Franzosenkriegen zeigten, daß die Kosten für eine 50.000-Mann-Armee viel Kopfzerbrechen verursachten. Und was die subjektiven Faktoren anbelangt, hat Karl eine gigantische Kesselschlacht nie gewollt und auch nicht geplant. Vielmehr hat er Zeichen gesetzt durch das Madrider Friedensdiktat.

Die Vernichtung des französischen Staates bzw. die Zerstückelung Frankreichs war Karls Absicht nicht. Er dachte nicht in den Kategorien englischer Könige des Hoch- und Spätmittelalters. Die traditionelle burgundische Linie in seiner Politik während Franzens Gefangenschaft verfolgend, und gerade dies, den Verzicht auf das Herzogtum Burgund, lehnte Karl ab. Und für Franz war es manifest, daß der Gegner mit dem Griff nach Dijon zu tief in das Fleisch seines Staates geschnitten hätte.

Diese Befürchtung verstand Karl, mehr aber auch nicht: Die Vernichtungsängste angesichts einer tödlichen habsburgischen Umklammerung konnte der Kaiser eben nicht nachvollziehen, und deshalb hielt er die Verbrüderung des Königs mit den Ungläubigen für einen Verrat an der christlichen Staatenwelt, als diabolisches Bündnis, das selbst durch einen Selbsterhaltungswillen nicht zu rechtfertigen war. Französischerseits muß man wiederum einräumen, daß die Furcht vor dem verhängnisvollen Würgegriff von Frankreichs Gegnern auch dann nicht unbegründet war, wenn man in Paris an Karls ehrlicher Absicht nicht zweifelte. Man dachte weiter. Herrscher kommen und gehen, die Geographie ändert sich nicht. Die Vorhaben von Karls Nachfolgern und ihrer Regierungen waren nicht im voraus berechenbar. So gehorchte die französische Politik bis Anfang des 18. Jahrhunderts dem Gebot, aus der habsburgischen Umklammerung auszubrechen, wenn nicht ausschließlich durch das Zusammenspiel mit dem Osmanischen Reich, dann auch durch andere Allianzen, wie der Verbindung zu deutschen protestantischen Fürsten. Diese waren die Konstanten der französischen Politik schon zu Lebzeiten Karls.

Nun wurde in der Folge vom ersten dramatischen Gedankenaustausch zwischen Franz und der Pforte die osmanisch-französische Freundschaft allmählich zur Konstante der Weltpolitik, doch ist klarzustellen, daß Franz I. und Suleiman kein formelles Bündnis im militärischen Sinn vereinbarten. Kein Beistandspakt wurde unterzeichnet. Eine formelle Allianz mit den „Ungläubigen" gegen Kaiser Karl V., den obersten Schirmherrn der Christenheit, konnte sich Franz weder damals noch später leisten. Es wurde vielmehr ein umfassendes Vertragswerk verhandelt. Der Abschluß wurde durch Suleimans Perserkriege noch verzögert. Erst 1536 lag der Vertragstext vor: Der König und der Sultan schlossen Frieden und Freundschaft. Sie räumten den Untertanen ihrer Reiche gegenseitige Freizügigkeit im Personenverkehr und im Handel ein. Der Sultan sicherte den Untertanen des Königs eine eigene Gerichtsbarkeit in Zivil- und Strafsachen und freie Ausübung ihrer christlichen Religion auf osmanischem Territorium zu, ein bedeutsames einseitiges Zugeständnis. Alle sich in türkischer Sklaverei befindlichen Franzosen kamen sofort frei. Weitgehende Zusammenarbeit in der Schiffahrt wurde ebenfalls vereinbart. Dies soll der erste französisch-osmanische Freundschaftsvertrag gewesen sein; er enthielt jedoch keine Bündnisklausel. Die Unterzeichnung einer Urkunde 1536 ist nicht belegt, welche etwa den koordinierten diplomatischen und militärischen Einsatz gegen den gemeinsamen Feind, Kaiser Karl V., zum Gegenstand gehabt hätte.

Im Frühjahr 1536 kannte Karl den französisch-osmanischen Vertragsentwurf ganz gewiß nicht. Es hat aber symbolischen Wert, wenn die einzigartige Rede des Kaisers vor dem Papst und dem Kardinalskollegium, das Hohelied auf die Einheit der Christenheit, trotz des Ausscherens des Königs von Frankreich, ebenfalls auf das Jahr 1536 entfiel. Die Rede vom Ostermontag 1536, wo Karl die Gegnerschaft Franz' I. zum Heiligen Römischen Reich mit bitteren Worten und zugleich mit ausgestreckter Hand zum Frieden geißelte, werden wir noch tangieren.

Die Beziehungen zwischen Frankreich und der Pforte wurden nun im Verlauf eines langwierigen Prozesses zu einer faktischen Allianz – ohne formellen Bündnisvertrag – ausgebaut. Das Verhältnis war nicht immer ungetrübt, aber das Zusammenspiel funktionierte in der Auseinandersetzung mit Karl V. Der französische Botschafter an der Pforte, Codignac, brachte es auf den Punkt, auf recht klare und zugleich undiplomatische Weise, im Streit mit Großwesir Rustem 1556: „Ihr bildet Euch wohl ein, daß Ihr Ofen und andere Burgen in Ungarn mit Euren Waffen erobert habt? Da seid Ihr aber in einem großen Irrtum: Nur uns habt Ihr es zu verdanken. Denn wenn nicht jene Zwistigkeiten und unaufhörlichen Kriege zwischen unseren und den spanischen Königen stattgefunden hätten, so würdet Ihr, weit entfernt, euch jener Städte zu bemächtigen, vor Karl V. kaum in Konstantinopel sicher gewesen sein." Das war der Zweifrontenkrieg für das Haus Habsburg. Zur dramatischen Schlacht, etwa zum Großkampf zwischen dem Feldheer des Kaisers einerseits und den franko-osmanischen Verbündeten andererseits, ist es nie gekommen, und dies in erster Linie aus militärischen Gründen: Keine der beiden Mächte war in der Lage, einen entscheidenden Schlag zu führen. Es herrschte ein Kräftegleichgewicht zwischen den Reichen Karls und Suleimans.

Mit dem effektiv zustande gekommenen französisch-türkischen Bündnis ist die spärliche Korrespondenz zwischen dem Schah von Persien und Karl nicht zu vergleichen. Zum einen lag da die Initiative auf der moslemischen Seite. Zum anderen hatte der schleppende Briefwechsel keine echten Folgen. Im Oktober 1518 schrieb Ismail Sofi an Karl, es versteht sich, in der lateinischen diplomatischen Sprache, einen Brief, in welchem der persische Erbfeind der Osmanen zum gemeinsamen Krieg gegen die Türken aufrief (Lanz, Band I, S. 52, Brief Nr. 29). In ähnlichem Sinn wandte sich der Perserkönig übrigens auch an Ludwig II. von Ungarn, nur hatte dort der christliche König durch die Entsendung eines Agenten nach Persien den ersten Schritt getan. Der Brief an Karl war über die übliche Courtoisie hinaus äußerst freundlich. Er enthielt sogar Elogen auf das Christentum als solches! Die schiitischen Moslems Persiens standen freilich mit den sunnitischen Osmanen in ständigem, durch Machtpolitik bedingtem Krieg, geprägt jedoch auch durch eine giftige religiöse Gehässigkeit, mit welcher die katholisch-protestantische Kontroverse selbst in heißesten Phasen der Religionskriege nicht zu vergleichen war. Nur die Methode erinnerte an den Vorstoß von König Franz in Konstantinopel: „Über den Kopf des Feindes hinausgreifend dessen Feind in der Ferne anzusprechen." Nach der Überlieferung erreichte der Brief des Schahs Karl erst 1524! Die Antwort des Kaisers erfolgte am 25. August 1525. Sie war, versehentlich oder nicht, an Schah Ismail Sofi gerichtet, der aber schon seit 1523 tot war. Der Kaiser achtete in diesem sehr freundlich formulierten, zugleich eleganten Schreiben darauf, daß er sich nicht festlegt in der Sache einer Zusammenarbeit mit dem schiitischen Herrscher (Lanz, Band I, S. 168, Brief Nr. b 75). Letzten Endes verlief die Sache im Sand.

KAPITEL VI

Sieben Jahre auf festem iberischen Boden: 1522 bis 1529

Bilanz ziehend, registrierte Kaiser Karl V. die Zahl seiner großen Reisen 1555 in seiner dramatischen Brüsseler Abdankungsrede: „Neunmal war ich in Deutschland, sechsmal reiste ich nach Spanien, siebenmal nach Italien, zehnmal hierher nach Flandern, viermal in Friedenszeiten oder im Krieg überschritt ich die französische Grenze, zweimal war ich in England, zweimal zog ich gegen Afrika." Ein klar definierbarer Lebensabschnitt des Kaisers war zugleich der längste kontinuierliche Aufenthalt in einem seiner Länder: 1522 bis 1529 in Spanien. Der Monarch verbrachte diese Jahre des dritten Jahrzehnts seines Lebens, eine Zeit, wo er nach der turbulenten Periode von 1517 bis 1522 erstmals die notwendige Ruhe für das Regieren fand, in der geschlossenen Welt des „iberischen Subkontinents".

Er hatte den kategorischen Imperativ erkannt, daß sich der König von Spanien auf der Halbinsel aufhalten mußte. Dies erwarteten von ihm alle politischen Kräfte der spanischen Königreiche Kastilien und des wiederum aus mehreren Teilen bestehenden Aragón. Allesamt waren sie kompromißlos in ihrer Erwartung. Die Kaiserwürde in allen Ehren, der König von Spanien hatte in „estos Reinos", „in diesen Königreichen", wie es liebevoll und zugleich nicht ohne Stolz hieß, zu leben und nicht in Deutschland, nicht in Italien und schon gar nicht in Flandern; dies war auch der Wunsch seiner Untertanen. Daß der König die Landessprache –

„el Castellano" – erlernte, war eine Selbstverständlichkeit. Daß er womöglich keine dynastische Ehe außerhalb der Halbinsel schloß, war zwar nicht zwingend für Karl, doch erwarteten die Spanier von ihm, daß er „die portugiesische Ehe" eingeht und keine fremde Braut aus borealen Gefilden ins Land holt.

Solche waren die – eigentlich einfachen – Hauptgründe für die lange „spanische Periode" im Leben des jungen Herrschers. Man muß sie nachvollziehen, um sich nicht in die sterilen Überlegungen betreffend Karls „Einstufung" zu verstricken: Ist nun Karl „zum Spanier, zum Spanier allein, geworden", den „nichts anderes als die Belange Spaniens interessierten"? Da soll man Brandi folgen, dem auch in Spanien hochgeschätzten deutschen Großmeister der Karlforschung, den spanische Historiker ansonsten wegen einer zu kargen Darstellung der spanischen Entwicklungen oder wegen der lückenhaften Aufarbeitung von Karls Finanzwesen und dergleichen kritisieren (so z. B. Carande, Band I, S. X).

„Den Kaiser römisch oder spanisch zu nennen oder ihn als kühlen Rechner hinzustellen, ist ganz unzulänglich. Unlöslich hingen ihm sein weltliches und geistliches Amt mit verwandter Helligkeit ineinander, die Verpflichtung gegenüber den Ahnen, das Hochgefühl des Souveräns und Lehnsherrn, universales Kaisertum und hergebrachte weltumfassende Orthodoxie." Legitim ist allerdings die konstruktive Fragestellung über eine „Hispanisierung" Karls, wiederum durch spanische Geschichtsschreiber, welche damit nicht etwa die Abkoppelung des Kaisers von allem Nichtspanischen, sondern vielmehr einen durch den langen Aufenthalt bedingten Vorgang meinen: Wie sich der Herrscher an Spanien gewöhnte: An Land und Leute, an Sprache und Klima, an politische Strukturen und Spielarten und zugleich an Zeremoniell, Kleidung und Eßgewohnheiten, an einheimische Reit- und Zugpferde, an das Straßenwesen, von der ihm geliebten spanischen Musik gar nicht zu reden, die gerade zu seiner Regierungszeit eine Hochblüte erlebte.

Diese „Hispanisierung" beschäftigt, was Wunder, zeitgenössische Chronisten, wie moderne spanische Historiker, allesamt stolz auf „ihren Carlos", den König von Spanien, den sie nur zu gern Kaiser – César, Emperador – nennen. Parallel mit Karls „Hispanisierung" ist nämlich von einer „Imperialisierung" Spaniens die Rede, was etwa folgendes bedeutet: Kastilier wie Aragonesen, Andalusier wie Kantabrier waren von Stolz erfüllt, weil ihr König zugleich Kaiser, der mächtigste Herrscher in der christlichen Welt war; weil Karl sein spanisches Königreich, dank seiner eigenen imperialen Macht, dem Höhepunkt seiner politischen und militärischen Geschichte zuführte. Dieser Stolz erfüllte auch diejenigen, die so manche negative Auswirkungen der Kombination spanischer Königswürde mit der Herrschaft des Monarchen über so mannigfaltige Territorien des Erdballs erkannten: Negative Folgen auf dem überaus wichtigen wirtschaftlich-finanziellen Gebiet, Vorgänge, welche uns ebenfalls beschäftigen müssen.

„Draußen" in Europa tobten Kriege, die Weltgeschichte nahm gerade in diesen zwanziger Jahren ihren schnellen Lauf, und Karl ließ seinen gebührenden Einfluß auf sie gelten – eben von Spanien aus agierend. Über den französischen Krieg – und Frieden –, über die „Allianz" von Franz I. mit dem Sultan, haben wir in den Kapiteln IV und V gelesen. Den Sacco di Roma (1527) werden wir im nächsten Kapitel tangieren.

Der deutsche Bauernkrieg ließ Karl selbstverständlich nicht gleichgültig, er brauste aber dafür viel zu schnell vorüber, als daß der Kaiser ihn von Spanien aus hätte direkt beeinflussen können. Luther, die Etablierung der Reformation und die Reichspolitik werden uns in den Kapiteln XIII und XIV beschäftigen.

Der am burgundischen Mikrokosmos geschulte Karl (Kapitel I) handelte, nunmehr in das etwas reifere Alter seiner zwanziger Jahre gelangt, systematisch im Makrokosmos seiner Herrschaftsgebiete. Sehen konnte man den Taktstock des großen Kapellmeisters allerdings nur auf seiner Halbinsel, wo er planmäßig umherreiste, von Cortes zu Cortes, von Stadt zu Stadt, zum Handeln vor Ort, zum gegenseitigen Kennenlernen.

Karls neue Landsleute

Spanien war für das 16. Jahrhundert ein relativ bevölkerungsreiches Land. Für Karls Regierungszeit beruhen die Daten auf Rückschlüssen, auf Schätzungen der sachkundigen Historiker, weil der erste einigermaßen zuverlässige allgemeine Zensus aus dem Jahr 1591 stammt. Jedoch: Entbehren die Schätzungen der demographisch bewanderten Historiker der Präzision, so vermitteln sie auf der anderen Seite ein klares Bild über die Größenordnung.

Die Daten aus dem Königreich Kastilien sind noch am sichersten. Sie wurden 1829 von Tomas Gonzáles in seinem 400 Seiten starken Werk zusammengestellt („Zensus der Bevölkerung der Provinzen der Krone von Kastilien im 16. Jahrhundert"). Der Verfasser zog auch Schlüsse über den Rest der Halbinsel. An diesen Daten wird seitdem pausenlos gearbeitet, sie wurden teilweise korrigiert, sie geben aber im großen und ganzen auch heute den Ausschlag. Sie beruhen nämlich auch auf zeitgenössischen Teilerhebungen – schon aus den Jahren 1530 und 1541 –, welche für die Zeit zu den besten nach europäischem Maßstab gehören: Kein geringes Indiz für den Entwicklungsgrad eines Landes. Doch nun zu den Zahlen: Kastilien umfaßte 378.000 qkm, die Fläche der gesamten Halbinsel beträgt 580.000 qkm. Es entfielen auf Aragón rund 100.000, auf Navarra 12.000 und auf Portugal 90.000 qkm.

Die Bevölkerungszahl von Kastilien – des Königreichs auf 65,2 Prozent der Gesamtfläche – kann für Karls Regierungszeit im Durchschnitt auf 6,910.000 beziffert werden, was 72,8 Prozent der Bevölkerung der Halbinsel entspricht. Auf Aragon entfielen etwa 1,180.000, auf Portugal 1,250.000 Einwohner. Somit war die Bevölkerungsdichte in Kastilien am größten: 18,2 Einwohner je qkm.

„Dank des Übergewichts von Kastilien, im Zentrum der Halbinsel, war das Spanien Karls V. weitgehend kontinental", so resümiert Chaunu (Band I, S. 86), ein Verfasser, der die Daten eingehend untersucht und die überragende Bedeutung Kastiliens für die Gestaltung der Innen- und auch der Außenpolitik des gesamten Königreichs Spanien unter Karl V. primär aus dem quantitativen Element, der großen Bevölkerungszahl ableitet und besonders betont. Man soll aber gleich hinzufügen, daß die mediterrane, damit weitgehend auf das italienische Festland und die großen Inseln ausgerichtete außen- und militärpolitische Tradition des viel kleineren Aragón in Karls Handeln eine über die Proportion der Fläche dieses Königreiches weit hinausreichende Bedeutung erlangte.

Wirft man einen Blick auf Karls Reiserouten und Reiseziele innerhalb von Spanien, so ist die Statistik über die größeren Städte, welche er wiederholt besuchte und wo er sich länger aufhielt, von besonderem Interesse: Nach den Daten von 1530 ist Sevilla die größte Stadt mit rd. 45.400 Einwohnern – zwar keine Metropole, doch eine bedeutende Großstadt für damalige Maßstäbe. Ihr folgen Valladolid (rund 38.000 Einwohner), Cordoba (33.000), Toledo (32.000). Salamanca hatte 13.000, Burgos 8600, Madrid nur 4000 Einwohner! Zu Karls Zeiten gab es in Spanien noch keinen festen Regierungssitz, keine Hauptstadt. Auch nachdem Philipp II. Madrid zu seiner Hauptstadt machte, blieb es, nach Daten aus dem Jahr 1591, mit seinen 37.500 Einwohnern weit hinter Sevilla (90.000) oder Toledo (54.600) zurück.

Ein Blick in die Arbeit der Cortes

Selbst in Westeuropa überwog die Zahl der Landbevölkerung dann und noch viel später, bis in die Zeit der Industriellen Revolution. Allerdings ist der Stellenwert der Städte im keineswegs hochentwickelten Spanien des 16. Jahrhunderts bemerkenswert! Ihre politische Bedeutung zeigte sich schon durch den Comunero-Aufstand. Nicht zuletzt dank ihrer starken Vertretung in den Cortes behaupteten sie ihre Stellung über Karls Regierungszeit. Ihre Bedeutung für Handel und Gewerbe werden wir bei der weltwirtschaftlichen Übersicht in Kapitel XI würdigen.

Die Cortes waren keine Volksvertretungen, keine Parlamente im heutigen Sinn, solche gab es damals überhaupt nicht. Das „Parlament von Paris" nahm vor allem gerichtliche Funktionen wahr. Man bezeichnet die Cortes am besten als Ständeversammlungen, die in Spanien freilich Besonderheiten aufwiesen. Hinzu kam noch der Partikularismus: Die Cortes von Aragon umfaßten vier Stände, während in Kastilien die 18 Städte das Sagen hatten: Eine ganz spezifische Einrichtung im 16. Jahrhundert, wenn man zum Beispiel bedenkt, wie der „Dritte Stand" noch zur Zeit der Französischen Revolution um seine Stellung ringen mußte! Die „General-Cortes", welche Klerus, Hochadel, Landadel und Städte umfaßten, wurden in Kastilien 1537/38 einberufen.

Sehr vereinfacht beschreibt man die Funktion der Cortes durch ihre Doppelrolle: Bewilligung von Geldmitteln für den Fiskus auf der einen, Vortragen von Anliegen, Beschwerden („Gravamina") und sonstigem auf der anderen Seite. Die Persönlichkeit des Herrschers war da sehr bestimmend für die jeweiligen Wechselwirkungen. Natürlich ging es dem König primär um die Geldquellen, den Ständen um die Erfüllung ihrer mannigfaltigen Wünsche. Doch gingen die häufigen, oft langwierigen Sitzungsperioden nicht etwa so vonstatten, daß der Herrscher sich die Gravamina gelangweilt oder aber ungeduldig anhörte, um anschließend alles zu versprechen – wenig einzuhalten – und dann die Geldschraube kräftig anzuziehen. So etwas hätte weder dem Anstandsgefühl Karls noch überhaupt dem Naturell des bedächtigen, stets sorgfältig überlegenden Monarchen entsprochen. Eine wichtige Komponente war da Karls ausgeprägtes Bestreben, die politische Klasse Spaniens und dadurch auch die Gesamtheit seiner Untertanen kennenzulernen – wenn man so will, ein Faktor von Karls „Hispanisierung".

Fürwahr, die Aussage der Beschwerden war für den Herrscher – und ist für den Historiker – eine reichhaltige, eine einzigartige Quelle für das Kennenlernen der Probleme im Lande, der Lebensweise der Spanier zu jener Zeit. Die Eingaben reichten von Beschwerden über Mißstände in der Verwaltung und im Justizwesen bis hin zu Vorschlägen zur Bewaffnung von Handelsschiffen für die Verteidigung gegen die Piraten; nach der heutigen parlamentarischen Systematik und Terminologie ging es einerseits um „Gesetzesinitiativen" und andererseits um „Interpellationen" (Fragestunden). Da schlugen kastilische Abgeordnete die Kodifikation des Gewohnheitsrechts und der Verordnungen vor (Petition Nr. 56 aus dem Jahr 1523). Da forderten andere, daß die Quellen zur spanischen Geschichte zusammengefaßt und neu ediert werden. Dem Zeitgenossen Florián de Ocampo, der „28 Jahre lang über die Geschichte Spaniens geschrieben hat", sollte eine Rente von 400 Dukaten gewährt werden. Auf Lehrstühle der Universitäten von Salamanca und Valladolid möge man keine Professoren auf Lebenszeit berufen. Auf einen gewissen Amadis wird aufmerksam gemacht. Dieser Verfasser schrieb Bücher voller „Lügen und Eitelkeiten", welche die Jugend korrumpierten; solche Schriften sollen verboten, sie sollen nie mehr gedruckt werden. Trägern der im Ausland leicht erworbenen akademischen Titel möge keine Steuerfreiheit gewährt werden: Dieses Privileg stehe nur den Absolventen von Salamanca, Valladolid und Bologna zu. Das Scharlatanenwesen sei zu bekämpfen; leider seien viele „Ärzte" einfach „idiotische Ignoranten". Der Luxus nach burgundischem Modell wird verdammt. Man kehre zur traditionellen, weniger kostspieligen kastilischen Mode zurück. Die Abgeordneten beklagten immer wieder die Armut der Landbevölkerung, nicht ohne emphatischen Hinweis auf die schwere Steuerlast.

Durch seine im großen und ganzen ersprießliche Zusammenarbeit mit den Cortes, durch Anhörung und gegebenenfalls Gewährung der Wünsche wurde Karl allerdings nicht zum „konstitutionellen Monarchen" – ein Anachronismus für seine Zeit – oder zum gütigen, sanften Landesvater. Doch respektierte er die Stellung der Ständeversammlungen im Gefüge seiner spanischen Königreiche und handelte nach seinen eigenen Prinzipien: Sich alles anhören, sich jede Entscheidung wohl überlegen – und Gerechtigkeit walten lassen. Dies stets bei souveräner Wahrung seiner alles überragenden Würde, hoch schwebend über der Versammlung. Während der gesamten Regierungszeit Karls wurden die kastilischen Cortes fünfzehnmal, die aragonischen sechsmal einberufen. Alle waren sich der gegenseitigen Abhängigkeit zwischen dem Monarchen und den Ständen bewußt. Die Stände schätzten die Gelegenheit, ihre Probleme, ihre

Beschwerden vorzutragen, sie schätzten das Verhalten des Königs, der ihre Anliegen keineswegs ignorierte. Und Karl brauchte das Votum der Cortes über die Zurverfügungstellung von finanziellen Mitteln, er brauchte es in seiner chronischen, bitteren Geldnot. Die ungewöhnliche Häufigkeit der Einberufung der kastilischen Stände führte auch Merriman, nicht zu Unrecht, auf „die Geldnöte des Kaisers, angesichts der Finanzierung seiner Kriege zu Lande und zu Wasser" zurück (S. 114). Die teuren Kriege brachten freilich alle christlichen Fürsten der Frühen Neuzeit in Verlegenheit; neue Technik forderte schon immer viel Geld, und da waren die nach 1500 massenhaft eingesetzten Feuerwaffen keine Ausnahme. Kanonen gießen kostete eben viel mehr, als Schwerter und Rüstung zu schmieden. Was das Fortifikationswesen anbelangt, so nahm es auch gerade zu Karls Zeiten enormen Aufschwung – es war eben ein Zyklus der Militärgeschichte, wenn die defensiven Faktoren in den Vordergrund rückten. Und der zeitgemäße Burgenbau war äußerst kostspielig.

Denkt man an den Umgang Karls V. mit den Ständen, mit Adel und Klerus, mit Vertretern der Städte, an Begegnungen mit Menschen in Spanien überhaupt, so weiß man den besonderen Umstand zu würdigen, daß die Staatsräson in diesem Fall eine Lage schuf, die sich auch auf der rein menschlichen Ebene als die Günstigste erwies. Zwar gab es in gewissen Augenblicken Zweifel daran, welche Folgen denn die Rochade beim Überwechseln Karls nach Spanien und Ferdinands aus Spanien nach den Niederlanden und dann schließlich nach Österreich letzten Endes haben kann. Karls Entscheidung, sich als Kaiser bald in sein spanisches Königreich zu begeben und die faktische Ausübung der Macht in östlichen Herrschaftsgebieten und insbesondere in den habsburgischen Erblanden dem jüngeren Bruder zu überlassen, gehorchte durchaus dem Gebot der gesamten politischen Konstellation und damit der Staatsräson – und zugleich war es, was die menschliche Komponente anbelangt, ein richtiger Entschluß: Der von einem „gewissen Geselligkeitstrieb" geprägte Ferdinand, so seine Biographin Sutter-Fichtner (S. 36), der zur Heiterkeit und Gemütlichkeit neigende jüngere Bruder, hätte es in Spanien nicht leicht gehabt. Unter den unnahbaren spanischen Granden war Karl der richtige Mann – während Ferdinand in Österreich schon besser aufgehoben war! Hat Karl diese Imponderabilien erkannt, und wenn ja, dann eben wann? Vor seiner Entscheidung über Ferdinands Entsendung nach Österreich? Oder erst nachdem er die Spanier besser kennenlernte? Der extrovertierte Maximilian I. hätte eine solche

Erkenntnis schon längst ausgeplaudert; vom verschlossenen Karl war so etwas nie und nimmer zu erfahren.

Karls Regierungsapparat

Der Kaiser war kein großer Neuerer, tat sich aber als systematisch vorgehender, guter Organisator hervor: Er erkannte die Notwendigkeit, den Regierungsapparat, der zur Zeit der Isabella von Kastilien und Ferdinands von Aragón vorbildlich funktioniert hatte, nach den Wirren und dem faktischen Interregnum der letzten Jahre zu konsolidieren. 1526 wurde der traditionsreiche spanische Staatsrat von Karl nunmehr mit der erweiterten Aufgabe wiederbelebt, „die wichtigsten Regierungsangelegenheiten von Spanien und Deutschland zu erörtern". Mulhacen nennt (S. 30) unter seinen Mitgliedern der Reihenfolge nach die Herzöge von Alba und Béjar, den Großkanzler Gattinara, den Erzbischof von Toledo, Karls Jugendfreund und langjährigen, treuen Mitstreiter, den Grafen Heinrich III. von Nassau-Dillenburg, sowie die Bischöfe von Osma und Jaén. Heinrich III. von Nassau-Dillenburg wurde freilich von halsstarrigen Kastiliern als Inbegriff des „bösen Fremdlings", des „Flamen", betrachtet und immer wieder angefeindet.

Der Rat von Kastilien oder Königliche Rat war mit Angelegenheiten außerhalb Iberiens nicht befaßt. Sein langjähriger Vorsitzender war der berühmte Erzbischof von Toledo, Juan Pardo de Tavera, aus kastilischem Urgestein. Aragón hatte seinen eigenen Rat, den Rat von Aragón, der sich hauptsächlich als oberstes Justizorgan profilierte. Nicht von ungefähr hieß das Beratungsorgan, das für Angelegenheiten der Niederlande zuständig war, „Privater Rat" (Consejo Privado). Dort wurden nur die Angelegenheiten des Geburtslandes von Karl erörtert.

Unter den Beratern und herausragenden Heerführern Karls V. begegnen wir also dem Herzog von Alba. Uns beschäftigt das – nicht unwichtige – Wirken von Alba in der politischen und militärischen Biographie des Kaisers, das viel weniger bekannt ist als das – nicht unrichtige – Bild des blutrünstigen Greises, des grausamen Peinigers der Niederlande, des Exekutors des Grafen von Egmont, dessen Tragödie durch Goethe verewigt wurde. Es ist da eigentlich kein Widerspruch im langen Leben des Herzogs aufzulösen: Klassischer Vertreter des spanischen Hochadels wie kein anderer, war Alba ein brillanter General, der sich bei Tunis (1535), Algier (1541) und bei Mühlberg (1547) an der Spitze von spanischen Infanterieeinheiten verdient gemacht hat. Er war nicht nur Truppenführer, sondern vielmehr auch Heeresorganisator, wenn nicht militärischer Denker; bei der Verwirklichung der Heeresreform Karls 1534, welche dank der Organisation der *tercios* in die Militärgeschichte einging, was wir in Kapitel VIII kennenlernen werden, wirkte Alba schöpferisch mit. Nur ein Beispiel: Alba baute den Gebrauch von Handfeuerwaffen aus, indem er zwölf Musketiere jeder Kompanie zuteilte. Über Reformen in der Taktik hinaus „tat sich der große Herzog von Alba in der Umsetzung und Umschreibung der Strategie der Abnutzung hervor, welche jener Epoche eigen war" (Larrazábal, S. 282). Lange nach Karls Tod wurde Alba mit einem Heer in die Niederlande geschickt, um den Aufstand der Bevölkerung zu unterdrücken. Während seiner Statthalterschaft (1567–1573) befleckte er seinen Namen durch überzogene blutige Vergeltung und rücksichtslose Unterdrückung.

In Karls Regierungsapparat gab es auch einen Kriegsrat, dem die Koordinierung der militärischen Maßnahmen oblag. Der Kriegsrat hatte zwei Abteilungen, eine für das Heer und eine für die Kriegsmarine. Da der Staatsrat, der Rat von Kastilien, der Rat von Aragon sowie die oberste Finanzverwaltung ebenfalls mit militärischen Angelegenheiten befaßt waren, gab es auch Überschneidungen und „Kompetenzkonflikte", zum Beispiel in Fragen der Gerichtsbarkeit. Da schaltete sich der Herrscher als Schlichter ein. Überhaupt, das letzte Wort hatte der Kaiser in all diesen Gremien. Die Minister sprachen ihn als „Eure geheiligte Kaiserliche Majestät" an. Lange vorbei war die Zeit von Karls erstem Aufenthalt auf der Halbinsel (1517–1520), als der Jüngling von manchen Würdenträgern oder Abgeordneten der Cortes betont nicht als Majestät angesprochen wurde. Damit wurde auf seine damalige Rolle als „zweiter im Staate" neben Königin Johanna hingewiesen, der die Anrede „Majestät" allein zugestanden habe. Eine so umfassende, sich auch auf die mittlere Ebene erstreckende Verwaltungsreform wie Ferdinand, führte Karl nicht durch; letztere fand auch in Spanien Anerkennung: „Der Verwaltungsapparat Österreichs war der Perfekteste" in seiner Zeit, betont Larrazábal (S. 284).

Ständig unterwegs

Da sich Karl bereits in frühester Jugend dafür entschieden hatte, die Herausforderung der Bewältigung der Sisyphusarbeit anzunehmen, welche auf ihn durch die Vielzahl und Vielfalt seiner Herrschaftsgebiete zukam, bestand sein Leben fast ausschließlich nur aus der Wahrnehmung von Staatsgeschäften, eben seiner Tätigkeit im Makrokosmos des Weltreichs. Er wurde zwangsläufig zum Sklaven seiner Aufgaben, er opferte sich für seine dynastische, religiöse Mission auf. Inwieweit es ihm an Ausspannen im Privatleben lag, war eher eine theoretische Frage; er hatte keine Wahl: Dem Kaiser blieb kaum Zeit für sein Privatleben übrig. So wurde die Zeiteinteilung, was wunder, zu einem entscheidenden Problem, bei der Fülle der Aufgaben zu einem schier unlösbaren Problem.

Karl wußte, daß er sich nicht allen Detailfragen widmen konnte. Der Verzicht darauf fiel ihm schwer, war er doch allem Oberflächlichen abhold: Die Präzision war eine seiner Grundeigenschaften. So war ein Rationalisieren seiner Tätigkeiten und der Zeit, die dafür zur Verfügung stand, der Schlüssel zur Lösung seiner Aufgaben. Beim entscheidenden Zeitfaktor soll man nicht vergessen, daß die Reisen – nicht nur Fernreisen, sondern auch Fahrten auf den Plateaus Spaniens – mit einem Zeit- und Energieaufwand verbunden waren, welche man sich in der Moderne gar nicht vorstellen kann. Bei den damaligen Straßenverhältnissen konnten politische Besprechungen mit Mitreisenden eher nur ausnahmsweise stattfinden. Im Sattel oder in der Sänfte konnte Karl keine Schriftstücke lesen. Schreibarbeiten kamen naturgemäß auch nicht in Betracht, und es ist auch nicht überliefert, daß der Kaiser unterwegs systematisch Korrespondenz erledigt hätte, etwa wie sein Idol Caesar, der die Kommentare zum Gallischen Krieg – wie wir bereits wissen, Karls beliebteste Lektüre – oft im Sattel diktiert hatte.

Eine lückenlose Übersicht über die endlosen Reisen Karls vermittelt das Werk über die „Itinerarios" (Cadenas y Vicent), Tag für Tag, bis 1557: Die Einsicht in die systematische Darstellung ist geradezu erschreckend. Eine Kostprobe folgt am Ende dieses Kapitels. Karl war ständig unterwegs. Er konnte sich seiner täglichen Arbeit relativ selten in Ruhe widmen, immer nur bei längeren Aufenthalten an einem Ort. Abgesehen von wenigen Zeitabschnitten oder manchmal von Tagen, als sich Karl zum Gebet in ein Kloster zurückzog, gehorchte das gesamte Reiseprogramm der Notwendigkeit der Staatsgeschäfte, weiß Gott nicht irgendwelcher Reiselust.

Karl und Spaniens Universitäten

Die Genese und der erste Höhenflug der Universitäten entfiel europaweit auf das Hochmittelalter, nicht auf die Hochrenaissance. Das frühe spanische Hochschulwesen läßt sich sehen. An der Spitze stand – und steht noch heute! – Salamanca, gegründet um 1200 durch Alfons IX. von Léon-Galicien, einem Königreich, das später zu Kastilien gehörte. Die

Universität von Valladolid in Altkastilien war ursprünglich eine städtische Gründung. König Alfons X. von Kastilien-León gewährte seinen Professoren und Studenten 1262 Steuerfreiheit. In Neukastilien entstand später die brillante Universität von Alcalá de Henares.

Außerhalb von Kastilien entstanden im Hoch- und Spätmittelalter die Universitäten von Lérida (1300), Huesca (1354), Saragossa und Valencia, um nur einige unter den großen Namen zu nennen. Zu Granada, erst seit 1492 zu Kastilien gehörig, entstand dann eine Universität, deren Grundstein Karl V. gelegt hat. Die spanischen Universitäten genossen eine Autonomie, die jedoch durch den Staat und die Kirche eingeschränkt war. Seitens des Staates waren sowohl der König als auch die Cortes zuständig. Auf der kirchlichen Ebene hatte der örtlich zuständige Bischof das Sagen, doch strebten die Hochschulen eine unmittelbare Kompetenz des Papstes an. Die Geldmittel stellte in der Regel die Kirche, nicht der Staat zur Verfügung. Manchmal wurden die Universitäten selbst zur Kasse gebeten, meistens für die Zwecke der Landesverteidigung. 1529 spendete Salamanca 3000 Dukaten für die Verteidigung der Nordgrenze. An der Spitze standen der Rektor, der Universitätsrat und der „Maestrescuela", etwa dem Kanzler der Universität gleich.

Karl schenkte den Universitäten besondere Aufmerksamkeit, und es sind, noch mehr als königliche Verwaltungsakte, seine Bemühungen um den Ausbau der Fakultäten hervorzuheben: Wäre Karl der einseitig orientierte Frömmler gewesen, als welchen sich ihn manche vorstellen, so hätte er wohl die Übermacht der theologischen Fakultäten angestrebt und die anderen verdrängt. Ohne von seinem tiefen katholischen Glauben, der Grundlage allen Handelns, abzurücken, kümmerte sich Karl V. um das Studium der Medizin, der Sprachen, der Philosophie und einiger Naturwissenschaften: ein Beispiel für seine Regierungskunst – und sein Einfühlungsvermögen! Der Kaiser berücksichtigte die Verfassung, die „Spielregeln", die Notwendigkeiten, in all den Ländern unter seiner Herrschaft und der verschiedenen Institutionen. Ein selektives Hirn, wie kein anderes; scharf differenzierend in der enormen Breite seines Reiches; in der Tiefe der Inhalte.

Nun einige von Karls Verfügungen: 1523 schaffte er Ordnung im Gebiet der akademischen Grade. Auf Antrag der Cortes von Valladolid setzt der Kaiser Maßstäbe für den Erwerb des Grades eines Magisters oder eines Doktors; er bestimmt, wie Mißbräuche – Tragen falscher oder unverdienter Titel – zu bestrafen sind. 1524 verbietet Karl willkürliche Änderungen der angekündigten Vorlesungszeiten in Salamanca, falls die Plenarsitzung des Universitätsrates nicht zugestimmt hat. Für Valladolid bestimmt der Kaiser den Sankt-Lukas-Tag (18. Oktober) als Semesterbeginn. Zum Ende des Semesters sind die Professoren verpflichtet, den Lehrstoff noch einmal zusammenzufassen.

Im Fall von Granada baut Karl in seiner Verordnung an den Erzbischof von Granada 1526 direkt auf das Zusammenwirken mit der Kirche bei der Organisation der Universität auf: Gründer und Schirmherr ist der König. Er wird in Rom die entsprechenden Bullen und Breven gemeinsam mit dem Erzbischof von Granada beantragen. Der Papst verabschiedete die Bulle 1531. Danach können alle Fakultäten geschaffen und sämtliche akademischen Grade erteilt werden. Auch ein „Studium generale" wird vorgesehen, was etwa mit dem heutigen Gymnasium mit Recht auf die Ausstellung von Reifezeugnissen vergleichbar ist.

In der Universität von Granada – Karls ureigener Schöpfung – trägt der Kaiser auch um die theologische Fakultät Sorge, was Wunder, dort geht es auch um die delikate Frage einer echten Christianisierung der getauften Mauren: 1526 wird vorgeschrieben, daß zwei Professoren aus dem Domkapitel und weitere zwei aus den Reihen der Priester der „Königlichen Kapelle" (capilla real) zu lesen haben.

Eine Universität von Barcelona sollte schon 1450 eingerichtet werden, doch das entsprechende königliche und päpstliche Privileg bestand nur auf dem Papier. 1533, bei seinem nächsten Spanienaufenthalt, hat Karl dann das Privileg wiederholt und die Grundsteinlegung (1536) ermöglicht. Valladolid galt als besonderes Problem, war doch die große Universität ursprünglich eine städtische Institution. Könige und Päpste griffen im 14. und 15. Jahrhundert ein. Eine Zeitlang waren sämtliche Fakultäten – bis auf die theologische! – zugelassen. Ordnung schuf nur der junge Karl, indem er die Konfusion der Zuständigkeiten aus der Welt schaffte (1517–1523). Die Statuten wurden vom Kaiser dann 1545 ergänzt und erneut bestätigt. Zu Saragossa gab es nur eine Fakultät, bis die Stadt durch die Cortes von Monzon 1542 an Karl herantrat, der dann die Erweiterung des Unterrichts gleich Salamanca, Valladolid und Lérida verfügte und der Universität das Recht der Promotion einräumte. Es war üblich, Universitätsstatuten auf das Niveau der Privilegien von Spitzenhochschulen zu erheben beziehungsweise nach deren Modell zu gestalten: Eine Art „Meistbegünstigungsklausel", hier im nichtkommerziellen Bereich. Nach den gleichen Prinzipien wurde der Lehrbetrieb der Universität von Granada auf dem Niveau der Universitäten von Salamanca und Alcalá sowie Bologna und Paris organisiert. Das Studium generale wurde in Toledo von Papst Leo X. 1520 gegründet – Karl war gerade abwesend – und dann vom Kaiser 1529 bestätigt. Gilbert berichtet auch über eine Anzahl weiterer Gründungen (S. 487).

Der große Humanist und der Großinquisitor

Es ist Karls Verdienst, wenngleich nur mittelbar, daß in Spanien unter seiner Herrschaft die Atmosphäre herrschte, mit welcher eine kulturelle Blütezeit normalerweise vereinbar ist. Ein Höhenflug von Literatur, Kunst und Musik ist nämlich kaum vorstellbar in der Stickluft einer tyrannischen Herrschaft, unter einer militant-intoleranten Regierung, bei massiven blutigen Repressionen in Religions- und Gewissensfragen, bei ausufernder inquisitioneller Verfolgung!

Kann man nun im traditionell intoleranten Spanien, unter absolutistischer Herrschaft überhaupt von einem, wenn auch hauchdünnen Liberalismus sprechen? Die Ausdrücke und Begriffe: „Liberalismus", „Dritter Weg" und „Ökumene" scheinen auf den ersten Blick fehl am Platz zu sein, sie muten anachronistisch an für das frühe 16. Jahrhundert; dennoch sollen sie hier illustrationshalber erwähnt und mit dem Namen und Geist des Erasmus von Rotterdam (1466 bis 1536) in Verbindung gebracht werden.

Typisch für Gattinaras kartesianischen Geist ist seine Klassifizierung der Schicksalsfragen der Christenheit in der frühreformatorischen Zeit. Aus seiner Korrespondenz mit Erasmus geht hervor, daß dem Großkanzler die Christenheit „in drei Teile zu zerfallen" scheine: Ein Teil schwörte blind und taub auf den römischen Papst – einerlei, ob er gut oder schlecht regiere –, ein Teil hielte ebenso hartnäckig zu Luther. Beiden fehlte es, so Gattinara in einem Brief an Erasmus 1527, an eigenem Urteil, ihr Lob sei Schande und ihre Schmähung Ehre. Die dritte Gruppe suche nichts als die Ehre Gottes und das Wohl des Staates, entgehe freilich um so weniger der Verleumdung; sie stehe in treuer Bewunderung zu Erasmus (dazu siehe Brandi, S. 214).

Als Erasmusbewunderer, wenn nicht -anhänger, war Gattinara in Karls Spanien in guter Gesellschaft! Die meisten politischen Berater des Kaisers, und, man höre und staune, des hohen Klerus, einschließlich des Großinquisitors, des Erzbischofs von Sevilla Alfonso Manrique de Lara, gehörten zu dem – freilich nicht einheitlichen oder geschlossenen – Kreis der „Erasmianer". Konnte Gattinara die Christenheit seiner Zeit – zu Recht oder zu Unrecht – „kategorisieren", so konnte er nicht – noch kann irgend jemand – Erasmus ohne falsche Vereinfachung „einstufen". In jedem Fall ist er für jedermann der Inbegriff des Humanismus. Auf der konfessionellen Ebene schaffte es Erasmus durch seine subtile Menschlichkeit und sein – unrealistisches – Harmoniebedürfnis, durch seine Schriften, einerseits Anhänger sowohl im katholischen als auch im evangelischen Lager hinter sich zu scharen und sich andererseits, wie so manche großen Geister, zwischen die Stühle zu manövrieren.

Es mag höchst bedauerlich sein, wenn die bittere historische Realität schon wenige Generationen nach Erasmus bewies, daß bei allen Schattierungen der Reformation doch kein „dritter Weg" zwischen Rom und Luther oder Calvin gefunden wurde. Jetzt befinden wir uns aber noch im Spanien der zwanziger und dreißiger Jahre des 16. Jahrhunderts, wo Karl – der den Gedanken, die deutschen und niederländischen Lutheraner in die Mutterkirche zurückzuholen noch lange danach nicht aufgab – nach einer Art von Ökumene suchte. Ihm und demjenigen Flügel des spanischen Klerus, welcher Erasmus zuneigte, schwebte eine innere Reform der Kirche vor. Ein religiöser Bruch mit Rom stand dem Kaiser, wie freilich den spanischen Prälaten, trotz der militärischen Auseinandersetzung mit dem Papst ebenso fern wie der geringste dogmatische Kompromiß mit der Reformation innerhalb von Spanien.

Als Errungenschaft galt in Spanien bereits der Umstand, daß der Name Erasmus ohne Verdammung oder Rüge überhaupt ausgesprochen werden durfte. Doch man ging viel weiter. 1527 fand in Valladolid eine regelrechte Erasmus-Diskussion statt. Der Erzbischof von Toledo, Alfonso de Fonseca, der den Infanten Philipp getauft hatte, der Großinquisitor, dem Erasmus die spanische Übersetzung seines neuen Werkes (Handbuch des christlichen Streites) widmete, der Benediktinerorden und Universitätsprofessoren bezogen ebenso „proerasmianisch" Stellung, wie freilich die weltlichen Anhänger des Humanisten. In diesem Kreis um Gattinara tat sich Alfonso de Valdés, des Großkanzlers Sekretär, hervor. Valdés handelte sich sogar die Rüge als Ketzer seitens des päpstlichen Nuntius Baldassare Castiglione ein.

Was die Inquisition anbelangt, sind alle Historiker aufgrund der Daten einig darüber, daß ihre Tätigkeit während Karls Regierungszeit „abflaute" („lull", gemäß der Encyclopaedia Britannica, Stichwort Charles V.). Eine „sanfte Inquisition" nach ihrer blutigen „Hoch-Zeit" unter Isabella von

Kastilien und Ferdinand von Aragon und vor ihrem Wüten unter Karls Nachfolger Philipp!

Und der Kaiser? Es wäre diesmal nicht zutreffend, wenn man sagte, daß er sich bedeckt hielt. Aus seiner Sympathie für Erasmus' Lehren machte er keinen Hehl, nur gab er, verständlicherweise, keine präzise Stellungnahme ab. In jedem Fall richtete er von Burgos am 14. Dezember 1527 einen von Valdés aufgesetzten, freundlichen Brief an Erasmus, wo er die „heiligste" (sanctissimo) Bemühung des Humanisten im Interesse der christlichen Welt pries.

So wehte eine frische Brise über die damals noch bewaldeten Hochebenen Kastiliens, so daß – die politisch hochinteressante Entwicklung an dieser Stelle nur aus der Sicht intellektuellen Schaffens betrachtend – Schriftsteller und Künstler schreiben und malen konnten, ohne bei jedem unkonventionellen Feder- oder Pinselstrich zwangsläufig gleich den Schnüffler der Inquisition im Nacken zu haben.

Zwei Gestalten der Renaissanceliteratur haben einen besonderen Bezug zum Kaiser: Garcilaso de la Vega (1503 bis 1536) hinterließ ein quantitativ zwar kleines, von der dichterischen Qualität her jedoch hervorragendes Werk. Dank seiner 38 Sonetten, fünf Kanzonen, seiner wenigen Elegien und Eklogen gilt er bis heute als der beste Vertreter der spanischen Renaissancelyrik und darüber hinaus als einer der größten spanischen Dichter schlechthin! Garcilaso war nun während seines kurzen Lebens Diplomat Karls V.; er lebte eine Zeitlang auch am kaiserlichen Hof. Im Waffenhandwerk tat sich der Dichter ebenfalls hervor; als Soldat des Kaisers wurde er in der Provence schwer verwundet. Der Dichter verabscheute nunmehr den Krieg, und er verschreibt sich der Liebeslyrik, wo er den Höhepunkt seines Schaffens erreicht. Nicht den grausamen, grimmigen Mars will er besingen, vielmehr die Liebesgöttin. Der Dame Doña Violenta Sanseverino huldigend schreibt er:

„Nein, ganz allein die Macht, die deiner Schönheit eigen,
Säng ich ..."
(zitiert von Litschauer, Bd. II, S. 742).

Der Name des großen Dichters wird auch in der Literaturgeschichte stets in Verbindung mit der Person Karls V. erwähnt, und zwar wird Garcilaso nicht nur als Zeitgenosse, sondern eben auch als Diplomat im Dienst des Kaisers genannt.

Der Dichter Juan Secundus war einer von Karls Sekretären am kaiserlichen Hof in Spanien und in seinem poetischen Werk ein Enthusiast und zugleich Chronist des Kaisers. Secundus schrieb auf Latein. Er war kein Spanier: Der Dichter war Sohn eines belgischen Rechtsgelehrten. Seine Gedichte begleiten – und glorifizieren – den Kaiser auch in den Jahren nach dem Spanienaufenthalt. Eine Elegie widmet er dem Friedensschluß mit Frankreich 1529, eine Ode der Kaiserkrönung zu Bologna 1530:

„Ihr Musen, besingt den großen Sohn
des Vaterlandes, den mächtigen Kaiser ..."

Den glorreichen Tunisfeldzug von 1535 wollte Juan Secundus in einem dichterischen Epos verherrlichen, das er aber wohl nicht vollendete. Nur ein Fragment ist überliefert im „Buch der Wälder". Der Dichter verherrlicht den Kaiser im üblichen pathetischen Stil der Epoche. Er läßt es sich nicht entgehen, Aeneas und Dido aus der römischen Mythologie auf den Plan zu rufen, führte doch der Feldzug von Tunis in das von Vergilius besungene Reich der legendären Königin Dido.

Anläßlich eines Geburtstages gedenkt Secundus des 24. Februar 1500, als Karl das Licht der Welt erblickte. Es war Winter in Gent, wo aber Schnee nicht häufig fällt. Doch an jenem Tag bedeckte Schnee die Stadt. Da schreibt Secundus:

„Weshalb erzeugt der Geburtstag des Kaisers
den Eindruck des Grauens mit seinem frostigen Schnee?
Weil es der Wille der Götter war, daß an jenem Tag
alles weiß schimmert."

Die Lobgesänge waren üblich für die zeitgenössische Dichtung. Der Kaiser aber, dem nichts widerlicher war, als die Schmeichelei – vor welcher er seinen Sohn Philipp am 6. Mai 1543 mit Nachdruck warnte –, wußte sehr wohl zu unterscheiden zwischen poetischen Schwärmern und aalglatten Höflingen.

Wie nichts anderes ehrt den Dichter, daß er in Spanien trotz seiner flämischen Herkunft anerkannt, ja verherrlicht wurde: „Die Spanier ließen sich vom Dichter Juan Secundus im Sinn der südländischen Herrlichkeit bis zum Extremen beeinflussen ..." (López de Toro, S. 255).

Ansonsten kann die – in der Literatur- und Kunstgeschichte einstimmig als solche erkannte und gewürdigte – kulturelle Blütezeit im Spanien der ersten Hälfte des 16. Jahrhunderts mit Karls Biographie in keine unmittelbare Verbindung gebracht werden, abgesehen freilich von einzelnen Kunstwerken, welche sich direkt an Karls Namen knüpfen; einige werden später genannt.

Als großer Mäzen trat der Kaiser nicht hervor. Nicht das Interesse, doch das Geld – und ein übertriebener persönlicher Ehrgeiz – fehlten. Als verschwenderischer Bauherr, als großzügiger Förderer von Kunst und Literatur in die Geschichte eingehen zu wollen bei gleichzeitiger zwangsläufiger Vernachlässigung wichtiger primärer staatlicher Aufgaben aus finanziellen Gründen – das war nicht Karls Sache. Dafür war er zu pflichtbewußt und zu nüchtern, wenn man unbedingt so will, zu „geizig".

So beschränkt sich der Biograph hier darauf, einige wenige große Namen, aus Literatur, Kunst und Musik, spanische Zeitgenossen Karls, zu nennen – Schlaglichter, mehr nicht: An erster Stelle wird eine Größe der spanischen Lyrik der Zeit neben Garcilaso, Frater Cristobal de Castellejo (1490 bis 1550), erwähnt, der allerdings nicht auf der Halbinsel lebte. Der archaisierende Lyriker lebte in Wiener Neustadt; er schrieb scharfe Satiren, geistliche Lieder; der Mönch Cristobal schrieb auch Liebesgedichte. Auch der größte spanische Humanist Luis Vives (1492 bis 1540) lebte im Ausland, in Flandern und in England.

Juan Boscán Almogaver (um 1492–1542) verschrieb sich der – damals europaweit einschließlich von Spanien vorherrschenden – italienischen Schule. Er schrieb Sonette, Terzinen und Kanzonen, ein begabter, aber nicht dem Inhalt nach selbständig schaffender Dichter. In der spanischen Prosa war Karls Epoche eine Blütezeit des Ritterromans, des pikaresken Romans und des Schäferromans. Eine Vielzahl von Romanen entstand zwar während Karls Regierungszeit, wobei aber die wirklich großen Namen eine spätere Epoche zieren. Spricht man von Renaissance, so beschränkt man diesen Begriff zwar nicht auf ein Land, doch man denkt, geben wir zu, in allererster Linie nur an Italien. In der Tat, sowohl auf dem Gebiet der bildenden Künste als auch der Musik herrschte der italienische Einfluß in Spanien ebenfalls vor.

In der spanischen Malerei der Epoche war der italienische Einfluß womöglich noch stärker als in der Literatur. Karl persönlich war mit einem Giganten der italienischen Malerei direkt verbunden. Die Begegnungen mit Tizian und einige Porträts von Karl entfielen nicht auf Karls „spanische Jahre"; sie werden in späteren Kapiteln gewürdigt. Die spanische Architektur brachte zu Karls Zeiten mehrere Meisterwerke hervor, so die Kathedrale von Granada par excellence. Der Bau verbindet sich mit den Namen von Enrique de Egas und Diego de Siloé (†1563), der auch als Bildhauer berühmt wurde. Der ureigene spanische platereske Stil der Renaissance schmückt Kunstwerke, welche wir in Spanien auch heute bewundern können, so Fassadendekorationen. Die Werke der Platereske – plateria bedeutet Silberschmiedekunst – wirken filigranenhaft. Und so stellt Litschauer die Verbindung zwischen der Platereske und spezifisch spanischen Charakterzügen her: „... die spanische Prachtliebe und Prunkfreude hat sich in ihr ungehemmt ausleben dürfen. Immer hat der spanische Kunstgenius etwas Originelles und Reizvolles schaffen können."

Während seiner sieben Jahre in Spanien lernte der Kaiser, zu dessen Alltag es gehörte, dem Spiel seiner Hofkapelle, der Orgel oder den Kirchenchören zu lauschen, die spanische Musik zu schätzen und zu lieben; keineswegs nur klassische oder Kirchenmusik, auch Volkslieder und Begleitmusik der populären Volkstänze.

Abschließend zählen wir Namen von spanischen Komponisten auf – allesamt Zeitgenossen Karls –, in der allgemeinen Musikgeschichte anerkannt: Bartolomé de Escobedo, Luis de Milán, Juán Bermudo, Diego Ortiz, Francisco de Salinas, Tomás de Santa María. Eine großartige Epoche, verbunden mit dem Namen Karls V.

Karls dynastische Liebesehe

Vorbildlich im Regieren – tadelfrei im Familienleben. Ein „Musterknabe"? Den ironischen Beigeschmack dieses Wortes hat Karl nicht verdient, zumindest wenn man sich seine glückliche Ehe mit der Infantin Isabella von Portugal vor Augen hält. Der junge Kaiser hatte einfach Glück, wenn Staatsräson und die so wenig steuerbaren Gefühle zweier junger Menschen zusammenfielen. Fortüne muß man haben, bei der Heirat nicht weniger als auf dem Schlachtfeld. Es ist müßig, darüber nachzudenken, wie das Verhalten des Kaisers „gewesen wäre", wenn ihm der Sprung ins Ungewisse, was jede ferngesteuerte, zumal dynastische Ehe nach der ersten persönlichen Begegnung des Brautpaares zwangsläufig bedeutet, eben nicht Liebe und Glück beschert hätte!

Berechenbar, wie er war, kann man sich vorstellen, daß Karl eine weniger liebenswerte Ehefrau toleriert, den Nachwuchs angestrebt, sich keine halboffizielle Mätresse geholt und schon gar nicht den Weg eines Heinrich VIII. beschritten hätte – der sich selbst paradoxerweise bis zuletzt als frommen, dem alten Glauben treuergebenen Menschen betrachtete.

Auf der Ebene der Staatsräson, ja in der kühlen Berechnung, war die Ehe mit Isabella das Gebot der Stunde, und dies gleich aus mehrfachen Gründen: Die politische Klasse, wie alle Spanier, erwarteten von ihrem König erstens, daß er überhaupt heiratet, und zweitens, daß er die portugiesische und keine andere Ehe eingeht. Die üppige Mitgift, welche Isabellas Bruder, König Johann (Juan) III. von Portugal dem kaiserlichen Schwager in Aussicht stellte, linderte Karls bittere finanzielle Not. Ein wichtiger Gesichtspunkt war auch, für die Zeit späterer unvermeidbarer langer Reisen des Kaisers, die ihn nach Italien, nach Deutschland, in die Niederlande führen sollten, für die Regentschaft zu sorgen. Da bot sich eine zukünftige Kaiserin für diese überaus wichtige Funktion an, die das Zeug dafür auch haben mußte. In dieser Hinsicht schien sogar Eile geboten zu sein, weil wir wissen, daß Karl schon 1524 den intensiven Wunsch hegte, sich auf den Kriegsschauplatz in Italien zu begeben.

Die Pläne einer Heirat von Karl und Isabella waren Teil eines mehrdimensionalen Austausches zwischen den beiden iberischen Königreichen. Verhandlungen wurden bereits im Herbst 1522 angeknüpft, wahrscheinlich nicht auf Initiative Karls, der gerade erst nach Spanien zurückgekehrt war. Die Idee einer doppelten Schwagerschaft mit Karl beschäftigte Johann III., er war aber 1522 noch nicht bereit, die riesige Mitgift für Isabella zu offerieren, welche der Kaiser erwartete. So scheiterten die ersten Verhandlungen.

Da gab es gleichzeitig auch ein Gerangel um die Gewürzinseln im Anschluß an die Maghellansche Expedition: Portugiesische und kastilische Fachdelegationen – Juristen wie Kosmographen und Fachleute der Seefahrt – verhandelten darüber vergeblich in Badajoz. Erst gelang es nicht, die Gegensätze zu glätten. Im letzten Augenblick wurde ein Bruch dank der staatsmännischen Weisheit Karls vermieden, der klein beigab. Kastiliens Verzicht im Westpazifik war ein gewolltes Opfer für die Allianz und die feste dynastische Bindung Habsburgs mit dem Hause Aviz, das nach dem Aussterben eines portugiesischen Zweiges des Hauses Burgund (!) im Mannesstamm (1383) in Portugal bis 1580 herrschte.

Das erste Bindeglied zwischen den beiden Dynastien war die Vermählung von Johann III. mit Katharina, der jüngsten Schwester Karls, die ihre Kindheit bei Königin Johanna in Tordesillas verbracht hatte. Die Achtzehnjährige wurde von einer imposanten Delegation des kastilischen

Hochadels 1525 nach Badajoz geleitet und dort von den Infanten Portugals in Empfang genommen.

Die Gespräche zur Vorbereitung der Ehe von Karl mit der Infantin Isabella nahmen 1525 ihren weiteren Verlauf. Es gibt nichts Trockeneres und Ungeistigeres als die Verhandlungen zwischen Spanien und Portugal über diese Vermählung, schreibt Fernández Alvarez in Pidals Geschichtswerk (Band XVIII, S. 231) nur zu Recht. Man füge hinzu: Auch Zermürbenderes und Langweiligeres gibt es kaum, als jahrelang über die Höhe der Mitgift zu feilschen. Letzten Endes wies jedoch Karl seine Unterhändler an, das – immerhin noch höchst attraktive – portugiesische Angebot anzunehmen: 900.000 anstatt der von Spanien geforderten 1,000.000 Dukaten. Davon entfiel ein Drittel auf Schulden Karls beim lusitanischen Schwager, über 600.000 sollten aber in klingender Goldmünze in die Kasse des Kaisers fließen. Da ein Dukat ein knappes Gramm (0,986 g) Feingold wog, entsprach dies 600 kg Gold. Der Dukat galt zu Karls Regierungszeit als Handelsmünze. Kurz nach Karls Tod wurde der Dukat sogar zur offiziellen Goldmünzeinheit des Römischen Reiches Deutscher Nation erklärt (Reichsmünzordnung von 1559) und dann noch bis ins 19. Jahrhundert mit unverändertem Feinwert geprägt. Beträgen in Dukaten werden wir noch anhand von Karls ständigen Finanzsorgen mehrfach begegnen.

Die satte portugiesische Mitgift brauchte der Kaiser vorerst für die von ihm heiß gewünschte, aber immer wieder verschobene Fahrt nach Italien, wo er persönlich militärischen Ruhm in einem Franzosenkrieg ernten und, wie wir im nächsten Kapitel sehen werden, die Kaiserkrone aus der Hand des Papstes empfangen wollte. Vorerst stand jedoch – eher unerwarteterweise – Familien- und Liebesglück ins Haus!

Am 7. Februar 1526 überschritt Isabella die spanische Grenze zwischen Badajoz und Elvas. Sie wurde von einer hochkarätigen Gesandtschaft erwartet, welcher der Erzbischof von Toledo, die Herzöge von Kalabrien und Bejar angehörten. Die Infantin wurde von ihrem Bruder, dem Infanten Don Luis (Ludwig), dem Rangältesten der spanischen Delegation, dem Herzog von Kalabrien anvertraut. Dann wurde Isabella ins Landesinnere geleitet. Da Karl noch mit den letzten Verhandlungen vor der Freilassung des Königs von Frankreich beschäftigt war, ordnete er an, daß die Prinzessin in langsamem Tempo nach Sevilla begleitet wird, das anstatt des ursprünglich vorgesehenen Toledo für die Vermählung bestimmt war. Isabella erreichte Sevilla am 3. März, Karl hielt dort acht Tage danach seine „joyeuse entrée", seinen „fröhlichen Einzug", der an Pracht kaum zu überbieten war – in spanische Besonderheiten dieser Feierlichkeiten der Renaissance werden wir anschließend Einblick gewinnen.

Noch waren die Brautleute sich nie begegnet, noch kannten sie sich nur aus Berichten, höchstens von Bildern. Noch stand die große Überraschung – Pro oder Kontra – bevor, wenn die Partner füreinander zur Realität werden. Bei hohen Erwartungen meist eine herbe Enttäuschung im Fall von dynastischen Ehen. Doch Fortüne lachte Karl und Isabella: Die Liebe auf den ersten Blick! Es herrscht unter ihnen „große Freude ..., wenn sie zusammen sind, betrachten sie niemanden, sie lachen und reden ...", so der Bericht von Isabellas Biograph Mazario (S. 48), dem Fernandez Alvarez interpretierend hinzufügt: „Reden und Lachen ... sind Zeichen für überschäumendes Glück. Sich von der Umwelt abzukoppeln, ist Verliebten eigen, für welche die Welt ausschließlich nur aus der geliebten Person besteht ... In solches Glück mündete die prosaische Eheschließung aus Staatsräson." Carlos und Isabel, zur Vermählung ohne vorheriges Kennenlernen verurteilt, verliebten sich sofort. Darüber hinaus, daß die glückliche Ehe für einen jungen Mann, die gute Heirat für einen Monarchen schicksalbestimmend sein kann, blicken wir hier vielleicht in Karls ansonsten verschlossenes Wesen, in manche schwer ergründlichen Charakterzüge des Kaisers.

Es ist bekannt, daß der Kaiser wenig redete, nur selten lachte, daß der im Umgang auf würdevolles Gebaren über alles Bedachte, seine Gefühle meistens nicht preisgab. „Vergaß sich" der Sechsundzwanzigjährige einfach, als er mit seiner Zukünftigen in Liebe schwelgte? Stieg der sich wie kein anderer Beherrschende ungewollt von seinem hohen Podest herab? Mitnichten: Ein Karl V. vergaß sich nicht; vielmehr zeigte er da sein wahres menschliches Gesicht – nur zu verständlich, legitim und äußerst sympathisch! Apropos Karls Lachen, sprechen wir gleich auch die Frage über den Humor des Kaisers an. Viele stufen ihn als „humorlos" ein. Einen ausgeprägten „aktiven Humor", welcher eher extrovertierte Persönlichkeiten ziert, kann man tatsächlich schwer entdecken. Dies kann allerdings von Karls Grundverhalten abgeleitet werden: Er hielt ein Feuerwerk von Bonmots, etwa à la Franz I., kaum vereinbar mit seiner Würde, doch sollte man daraus noch nicht auf Humorlosigkeit schließen. Was den „passiven Humor" angeht, lachte Karl in der Regel selten. Man weiß jedoch, daß ihn zum Beispiel Scherze von Spaßmachern und Hofnarren amüsierten. Und so etwas wie in Gelächter ausbrechen, paßte fürwahr nicht zu Karls zurückhaltendem Wesen.

Nun aber zu den Feierlichkeiten, welche die kaiserliche Hochzeit begleiteten: Die Stadt von Sevilla errichtete sieben prächtige Triumphbögen, um den Besuch des Kaisers zu feiern. Dekorationen und Inschriften von Triumphbögen dienten bei den „fröhlichen Einzügen" keineswegs nur einem Selbstzweck des Prunkes oder der Ästhetik; vielmehr hatten sie meistens politische Aussage. In Sevilla waren die Triumphbögen den Tugenden gewidmet, welche den Herrscher zu zieren hatten – bis auf einen, der den Ruhm der Weltherrschaft Karls V. symbolisierte: Viele Völker des Erdkreises wurden dargestellt, Spanier, Italiener, Deutsche, Flamen und Indianer. Sie glorifizierten allesamt das Imperium des Kaisers, welches allegorisch über dem Rad der Fortuna erschien. Zu Karls Füßen war der lateinische Spruch zu lesen:

„Maximus in toto regnat nunc Carolus orbi.
Atque illi merito machina tota subest"

Frei übersetzt:
Jetzt herrscht der große Karl über den ganzen Erdkreis.
Ihm, dem Würdigen, gehorcht das gesamte Geschehen.

Nirgends ein Wort über Spanien, über Kastilien oder Andalusien. Dafür Karl als einzigartiger Herrscher über die ganze Welt gepriesen: Die Spanier sonnten sich im imperialen Glanz ihres Königs.

Karl und Isabella wurden am 10. März 1526 vom Kardinallegaten Salviati getraut. Nach Mitternacht zelebrierte der Erzbischof von Toledo die Brautmesse in dem Saal des Alkazars von Sevilla, der noch heute den Namen von Karl V. trägt. Brautführer waren der Herzog von Kalabrien und die Gräfin von Haro, Kammerfrau von Isabella. Da die Braut leibliche Cousine des Kaisers war, wurde in Rom eine päpstliche Dispens beantragt und rechtzeitig vor der Vermählung gewährt. Das junge Paar verbrachte volle zwei Monate in Sevilla. Die Flitterwochen waren der Höhepunkt im Privatleben Karls. Die Amtsgeschäfte ruhten nicht völlig; Karl hielt sie systematisch auf Sparflamme. Die große Harmonie zwischen Karl und Isabella – in der Liebe, in der Religion, im Intellekt, nicht zuletzt in der Begeisterung für Musik – ist als Gabe Gottes aufzufassen. Die Annahme irgendeiner „Gesetzmäßigkeit", wo zum „Musterknaben" unbedingt auch eine „Musterbraut" gehörte, ist gekünstelt und falsch. Es war Fortüne, und Gott hat es so gewollt, daß der große Herrscher die Alplast seiner Aufgaben als glücklicher Ehemann leichter tragen sollte!

Isabella war klein und zierlich, hatte attraktive, reguläre Züge – eine strenge Schönheit. Sie war die große Liebe in Karls Leben, und Mutmaßungen über eine Vorliebe Karls für Frauen mit maskulinen Zügen verfälschen den Geschmack des Kaisers. Solche Spekulationen nähren sich aus ganz anderen Quellen, und sie entbehren der Realität. Da Karl – vier Jahre vor seiner Ehe und dann im siebten Jahr seiner Witwerzeit – Liebschaften mit Bürgerstöchtern hatte, folgern manche Historiker, er habe kräftige Mädchen aus dem Volke bevorzugt. Doch ist nichts über das Äußere der Johanna van der Gheenst, die Karl 1522 die Tochter Margarete gebar, sowie nichts Sicheres über Barbara Blomberg, Mutter des späteren Don Juan d'Austria, bekannt. Und es sind nun eben nicht alle Mädchen aus dem Volk kräftig, wie auch nicht alle Königstöchter zierlich sind – am allerwenigsten Karls Schwägerin aus der Dynastie der Jagellonen. Zu der mit Ferdinand von Österreich in sehr glücklicher Ehe verbundenen Anna bemerkt Ferdinands Biographin Sutter-Fichtner, daß „sich die weiche Rundheit der Jugend in die gesetzte Korpulenz der Matrone verwandelte ... Auffallend wuchtige Erscheinung" (S. 159). Der jüngere Habsburger hielt der 1547 verstorbenen Anna über seine ganze Witwerzeit die, wie überliefert ist, absolute Treue.

Die „Hispanisierung" fiel Isabella naturgemäß viel leichter als dem kaiserlichen Gemahl. Der Tochter des Brudervolkes waren Landschaft und Klima keineswegs fremd; auch nicht die Sprache. Gerade bei großer Ähnlichkeit der Idiome besteht zwar die Gefahr der Vermischung. Doch Isabella erlernte das klassische Castellano binnen relativ kurzer Zeit. Keine Spur des „Espagues" oder „Portañol", wie sich der Volksmund über den Kauderwelsch zwischen Español und Portugues mokiert. Sich der Lächerlichkeit preiszugeben, das war fürwahr das Letzte, dem sich das Kaiserpaar auszusetzen bereit war.

Überhaupt, Isabella erscheint im Geschichtsbild der Nachwelt als eine Gestalt ohne Fehl und Tadel. Macht man der ansonsten hochgepriesenen Isabella von Kastilien das Wüten der Inquisition und die unbarmherzige Judenvertreibung (1492) bitter zum Vorwurf, so wird der Glanz der Persönlichkeit der Kaiserin durch nichts getrübt. Was gerügt wird, ist höchstens die nach einigen Meinungen überzogene Strenge den Kindern gegenüber, unter denen sie schon einmal Kopfnüsse austeilte. Während der dreizehnjährigen Ehe (1526 bis 1539) war der Kaiser über die Jahre 1529 bis 1533,

1535 bis 1536 und dann 1538 über drei Monate abwesend. Isabella fiel die Trennung immer sehr schwer. Sie führte einen intensiven Briefwechsel mit Karl, hauptsächlich über Regierungsgeschäfte. Die Korrespondenz erwies sich allerdings mehrmals als einseitig: Die Kaiserin beklagte die Seltenheit von Karls Antworten. War der Kaiser auf Auslandreise, so hatte Isabella die schwere Bürde der Regentschaft zu tragen; nicht nur Arbeitsbelastung, sondern vielmehr Verantwortung und die tausendfache Gefahr, sich Blößen zu geben.

Die Regentin, die übrigens ebenso durch die Lande reiste, wie Karl während seiner Jahre in Spanien, nahm ihre Pflichten auf vorbildliche Weise wahr: Eine sehr kluge, für Regierungsgeschäfte aufgeschlossene Frau, nicht ohne Weitblick. Isabella vertrat bewußt die Interessen Spaniens, ohne freilich das Geschehen in der Weltpolitik, wiederum aus spanischer Sicht, unberücksichtigt zu lassen. Ihr Zusammengehen mit Karl in Staatsgeschäften war die Regel, wir werden aber in Kapitel VIII einen Fall kennenlernen, wo die Regentin von Spanien in der entscheidenden Frage der Kriegführung im westlichen Mittelmeer eine Ansicht vertrat, welche derjenigen des Kaisers zuwiderlief.

Das Kaiserpaar hatte fünf Kinder, wovon nur drei das Kindesalter überlebten: Philipp, Maria, Ferdinand, Johanna und Juan. Der erstgeborene Sohn, der spätere Philipp II., erhielt den altburgundischen, in Spanien vor Karls Vater nicht gebräuchlichen – seitdem aber bis heute um so eher beliebten – Namen Felipe. Der dynastische Gedanke bei der Auswahl der übrigen Namen spricht für sich. Die Geburt des ersten Kindes, zugleich des Thronfolgers, am 21. Mai 1527 zu Valladolid, war ein Höhepunkt in Karls spanischer Zeit. Die Freude wurde allerdings durch Nachrichten aus Italien getrübt: Es waren die Wochen des Sacco di Roma; darüber und über das Kopfzerbrechen, welches dadurch dem Kaiser verursacht wurde, lesen wir im nächsten Kapitel.

Spektakel und Kurzweil

Karls joyeuse entrée – seinen „fröhlichen Einzug" in Sevilla vor der Hochzeit mit Isabella – haben wir kennengelernt. Solche Feierlichkeiten waren in ganz Europa bekannt. Sie dienten der Demonstration königlicher Herrlichkeit und dem Amüsement des Volkes zugleich. Den imposanten Prunk des Spektakels brachte erst Karl nach Spanien. Durch ihn vereinte sich die raffinierte burgundische Prachtentfaltung mit spezifischen spanischen Zügen. Nicht jeder Besuch des Königs wurde in den Städten mit prunkvollem Einzug eingeleitet, bei Karls zahlreichen Reisen eine Selbstverständlichkeit. Für die joyeuse entrée gab es jeweils einen besonderen Anlaß: eine fürstliche Vermählung, die Eröffnung der Cortes, Inempfangnahme des Treueides der Stadt und Anerkennung ihrer Privilegien; allerdings auch der erste Besuch, den der König einer Großstadt abstattete.

Wir erinnern uns aus Kapitel II an Jung Karls ersten Zug durch Spanien, der nicht gerade unter einem glücklichen Stern stand: Landung außerhalb eines großen Hafens, Reise über unwirtsames Gelände, feindselige Haltung der Spanier zwar nicht dem König, doch seiner fremden Gefolgschaft gegenüber. Leider stehen nur wenige spanische Berichte über Karls Einzüge zur Verfügung, und die Berichterstattung aus Karls flämischer Gefolgschaft ist tendenziös und maliziös. So beschrieb ein burgundischer Garderobemeister, Laurent Vital, Karls ersten Zug durch Spanien im Spätherbst 1517. Die Veranstaltungen, mit welchen die Spanier den Monarchen ehren und amüsieren wollten, fanden jeweils in Verbindung mit dem fröhlichen Einzug statt. Nun schildert Vital die Darbietungen der Spanier herabwürdigend und naserümpfend. Selbst in der ersten Großstadt, Valladolid, in welche der junge König einzog, „marschierte man im Schlamm bis zu den Fesseln", gab es nur armselige Dekorationen und keine Beleuchtung, es war für diesen Chronisten „nicht viel los, verglichen damit, woran wir gewöhnt sind". Dafür preist Vital die bezaubernde Eleganz des Königs, sein treffliches Reitpferd, um seine Arroganz dann noch weiter zu treiben: „Ich wäre reich und damit fürs Leben versorgt gewesen, hätte ich zwei Dukaten für jedes Fräulein erhalten, das sich gerne mit dem jungen Fürsten in die Intimität zurückgezogen hätte, um von ihm Liebesküsse zu bekommen" (Bericht Vitals bei Marsden, S. 391).

Doch interessieren uns spanische Bräuche bei Karls Einzügen mehr als die überheblichen Unterstellungen der Nordlichter. Stierkämpfe wurden immer geboten, das bekannte nationale Spektakel, dabei aber auch Skurriles: Um Verstöße gegen die Sperrstunde zu persiflieren, ließ die Stadtverwaltung von Saragossa Fackeln an die Hörner der Stiere binden, und dann jagten die losgelassenen Tiere die „Spätheimkehrer". Von Verwundungen wurde nicht berichtet. Als Besonderes konnten die Spanier die maurischen Tänze und das spezifische kastilische Lanzenstechen (caña) bieten. Über einen wilden maurischen Tanz in Colombres berichtet schon der argwöhnische Vital. Beim Einzug Karls in San Vicente 1517, geführt von

„einer Alten", boten ihm – immerhin junge – Mädchen einen Tanz in maurischer Kleidung dar.

Männer tanzten in der Kleidung von Zigeunerinnen, zum Beispiel in Alcantara 1543, beim Einzug der Infantin Maria von Portugal vor der königlichen Hochzeit mit dem späteren Philipp II. In Valladolid wurde dem jungen Paar ein Turnier geboten, an welchem sich Ritter aus dem Hochadel beteiligten: Beim Einzug des Admirals von Kastilien erschien „eine siebenköpfige Schlange, die aus jedem Kopf Feuer und Rauch spie". Auf der Schlange ritt ein Zwerg. Danach folgte ein Triumphwagen, gezogen von vier weißen Pferden, „in silbernes Tuch gekleidet, mit Hörnern eines Einhorns an der Stirn", usw. usw.

Karnevalistische Züge sind klar zu erkennen. Aber auch rein religiöse Motive fehlten nicht. 1539 zogen am Tag nach dem Einzug des gerade nach Spanien zurückgekehrten Kaisers in Saragossa Triumphwagen durch die Straßen, auf welchen das Martyrium der heiligen Engracia, Christi Himmelfahrt und das Jüngste Gericht dargestellt waren. Man merkt die Vielfalt, die ja auch angestrebt wurde. Auch Nüchternes, für den Kaiser Typisches, ist überliefert: Beim Einzug Karls in Valencia 1528 stritten zwei Ratsherren heftig um den Ehrenplatz beim Tragen des Baldachins; da griff der Kaiser ein und ließ beide vom Zug entfernen: Ordnung und vor allem Gerechtigkeit hatten Vorrang.

Kurzweil gab es allerdings eher nur für die Zuschauer: Der Kaiser und sein Gefolge hatten sich eher nur an streng protokollarische Regeln zu halten, bei ungünstiger Witterung sogar gute Miene trotz ihrer Belastung zu zeigen. Allerdings war das Amüsement des Volkes über die Demonstration der königlichen Herrlichkeit hinaus auch bezweckt. Karl und seine Leute belustigten wiederum die von den Städten gebotenen Spiele und fröhliche, oft recht komische Darbietungen. Übrigens beraubten den Kaiser auch diese Feierlichkeiten seiner kostbaren Zeit. Da blieb neben den Staatsangelegenheiten noch weniger Spielraum für echtes Ausspannen; das heißt im Fall von Karl Musik und Jagd. Eine Hofkapelle begleitete ihn auf seinen Reisen, und unter seinen Musikanten findet man auch authentische Vertrauenspersonen, der Violinist Franz Massi ist dafür ein Paradebeispiel. Als Pflegevater des Don Juan d'Austria werden wir ihm in Kapitel XIV begegnen.

Belgische Musikanten waren damals begehrt, wenn nicht über alle fremden Musikschulen dominierend, wie Pirenne stolz berichtet (Band III, S. 323). Die Statthalterin der Niederlande sorgte ständig dafür, daß Musikanten aus Belgien in der Hofkapelle ihres Bruders spielten. Karl ließ, zumal während der Reisen, keine Konzerte in bestimmten Zeitpunkten abhalten, vielmehr holte er seine Musikanten spontan, wenn immer er von den Staatsgeschäften ermüdet war und wenn sich keine Gelegenheit für die Jagd bot. Karls Begeisterung für Musik und musikalische Veranlagung sind vielfach belegt, und wir haben keinen Grund, daran zu zweifeln, etwa anhand von skeptisch-ironischen Bemerkungen einiger moderner Verfasser (er sei „angeblich musikalisch" gewesen).

Bei Karls Lieblingsbeschäftigung in der Freizeit, der Jagd, standen körperliche Ertüchtigung, Übung im Gebrauch von Waffen und nicht zuletzt die Liebe zur Waldlandschaft im Vordergrund, viel eher als ein hektisches Sammeln von Trophäen oder Selbstdarstellung im obligatorischen Sport der Könige. Dazu ist zu bemerken, daß die Jagd vom Mittelalter bis zur Moderne stets auch eine Art protokollarischer Tätigkeit und zugleich auch Statussymbol der Fürsten und der gesamten Prominenz war, dies sei gesagt, Jägern aus sämtlichen Schichten in allen Ehren. Nicht von ungefähr waren auch manche in die Staatsspitze aufgestiegene Parvenüs in Diktaturen des 20. Jahrhunderts bestrebt, sich als enthusiastische Jäger zu profilieren.

Eine Vorbereitung zu dem vom Kaiser immer schon ersehnten persönlichen Einsatz im Krieg mag eine Komponente gewesen sein, eben durch körperliche Ertüchtigung und durch kontinuierlichen Gebrauch von Waffen. Ein nicht zu unterschätzendes Motiv war auch, daß der Kaiser, allerdings nicht in der Zeit von 1526 bis 1529, sondern in den Jahren seiner Abwesenheit von Spanien und damit vom Ehebett, durch körperliche Anstrengung der Versuchung entgegenwirken wollte, „auf dumme Gedanken zu kommen", das heißt, Ehebruch zu begehen. Recht deutlich drückte dies Karl später – überraschenderweise in einem Brief an Bruder Ferdinand, der sein Intimus ansonsten nicht war – so aus: Er müsse jagen, „um überflüssige Leibessäfte loszuwerden und um keusch leben zu können".

Doch werfen wir eher einen Blick auf Karls Naturverbundenheit. Auf Rot- und Schwarzwild oder auf Bären wird in großen Waldgebieten gejagt, und dafür eigneten sich die Jagdgebiete in Belgien vortrefflich, wo Karl seine ersten Jagderfahrungen im Kindesalter sammelte und wo dann der Knabe so oft auf die Pirsch ging. Gerne suchte er im reifen Mannesalter diese Wälder bei seinen späteren Aufenthalten in Belgien in den dreißiger und vierziger Jahren wieder auf. Dort jagte Karl oft zusammen mit seiner

Schwester Maria, Statthalterin der Niederlande nach 1531, im „unendlich weiten Zonenwald vor den Toren Brüssels" (de Dijn, S. 140).

In Belgien stand neben der Jagd auf Großwild auch die Beizjagd im Vordergrund, wiederum unter dem Einfluß von Maria. Die maskulin veranlagte Frau war geradezu Sklavin ihrer Leidenschaft für die Jagd. Historiker sprechen oft auch von Karls Leidenschaft in reiferen Jahren, doch dürfte der Begriff nicht zutreffen, weil er mit der Persönlichkeit des Kaisers in seinen vierziger Jahren kaum mehr vereinbar ist. Die Jagd, die bei Karl eben kein Leistungssport war, bestand nicht nur aus der Hatz auf Tiere. In den Ruhepausen gab es Gelegenheit für einen reichlichen Schmaus, und Karl aß Wildbret besonders gern – wovon Ärzte zwar bei der Gicht besonders abraten. Doch störte dies den Kaiser nicht, und er stillte seinen großen Appetit in pittoresker Umgebung.

Aber auch Entspannung in der Einsamkeit fand der Kaiser während der Pausen bei der Jagd. Es wird mehrfach berichtet, daß er sich vom Jagdgefolge trennte, sich auch schon einmal im Wald verlief. Die Ruhe des Waldes hatte er bei seiner schier unerträglichen Belastung durch Regierungsarbeit bitter nötig, leider genoß er sie viel zu selten. Das Meditieren, auf einem Baumstamm sitzend – wo Karl freilich nicht umhin konnte, auch die aktuellen Staatsgeschäfte zu durchdenken –, dies entsprach Karls Naturell wie nichts anderes. Übrigens zog sich Karl nicht nur bei der Jagd in den Wald zurück: In den seltenen Fällen, wenn er Klöster nicht nur für ein bis zwei Tage des Betens und der Meditation, sondern für etwas längere Zeit aufsuchte, begab er sich in die Wälder ringsumher. Zwar verband Karl Jagdausflüge nicht systematisch mit dem Besuch von Klöstern, doch ist dies nicht etwa auf eine Abneigung der Mönche gegenüber dem Weidwerk zurückzuführen. Denn auch sie durften jagen, weder die Kirche noch die meisten Orden verboten die Jagd. So mußte das Töten von Tieren, worin die Jagd nun eben bestand, Karl in seinem tiefen Glauben nicht stören. Es ist nicht überliefert, daß Karl für Botanik ein spezifisches Interesse gehabt hätte, doch kannte er die Flora seiner Länder, die er besuchte, und wir kennen seine Sorge um den spanischen Wald schon seit seiner Verordnung über die Aufforstung (1518).

Der Kaiser und das Schicksal der spanischen Wälder

Zu Karls Zeiten erstreckten sich auch auf der zentralen Hochebene riesige Waldgebiete, vorwiegend Laubwälder, durchaus europäisch-kontinentaler Baumbestand, Stieleiche und Traubeneiche; die für das mediterrane Klima typisch immergrüne Steineiche gedieh schon damals eher in den Küstenregionen. Eine bewaldete Meseta, die spanische Hochebene, „unserem Pariser Becken gleich", Eichenwälder auf dem dürren Hochplateau, ist heute „schwer vorstellbar", schreibt Chainu im Abschnitt über die Metamorphose der Vegetation zu Karls Regierungszeit (Bd. 1, S. 121). Für den Niedergang der Wälder, der schon in der ersten Hälfte des 16. Jahrhunderts einsetzte – und dem Karl seit 1518 durch wiederholte Aufforstungsaktionen entgegenwirkte –, machen moderne Forscher nicht so sehr die übliche Gier nach Holz, sondern eher die Schafzucht verantwortlich!

Die spanische Schafzucht und der damit verbundene Wollexport wird uns im Kapitel über die Weltwirtschaft beschäftigen. Hier geht es aber um die Schafherden als verheerenden Umweltfaktor. Die Form der kastilischen Schafzucht war im frühen 16. Jahrhundert die Transhumanz; der auch heute weltweit gebrauchte Terminus (spanisch: transhumar = auf die Weide führen) entspricht einer halbnomadischen „Fernweidenwirtschaft". Die Schafherden wechseln im Klimarhythmus von den Ebenen (Winter) ins Gebirge (Sommer). Die Tiere werden auch zur kalten Jahreszeit nicht in den Stall gestellt, sie werden schlecht bewacht, ihre Hirten wandern nicht mit, höchstens werden gelegentlich Hirten angeheuert. Der Schaden wurde den Bäumen so zugefügt, daß riesige Schafherden über die Heister und die frisch angepflanzten Nadelbäume hinwegzogen. So machten die trampelnden Schafe die ersten Resultate der Aufforstung zunichte, welche von Karls Regierung und auch von örtlichen Behörden veranlaßt wurden. Allerdings sind auch Brände gelegt worden, um den Tieren „freie Bahn" zu schaffen. Im Rahmen der Aufforstungsaktion wurden neben den noch vorhandenen Laubwäldern (vornehmlich Eichen) jetzt Nadelbäume gepflanzt. Der Nadelbaum wächst schnell und ist anspruchslos.

Aufforstungsprojekte fördern meist die Nadelwälder, die für die Umwelt freilich nicht die Qualität der Laubwälder haben: Ihre Lebenserwartung ist viel kürzer als die der robusten Eiche. Alles in allem muß man Karl zugute halten, daß er sich um den Baumbestand sorgte, weil das Abholzen für die Zwecke des Schiffs- und Häuserbaus die Laubwälder schon seit Anfang des Jahrhunderts dezimiert hatte. Doch vernichtet wurden die Wälder nicht in erster Linie durch die Axt des Holzfällers; vielmehr gingen die – meist nicht eingezäunten – neuen Anpflanzungen eben unter den Hufen der Schafe zugrunde.

Die letzten sechs Monate in Spanien

Beinahe auf den Tag sieben Jahre nach seiner Ankunft 1522 ging Karls langer Aufenthalt in Spanien zu Ende: Am 27. Juli 1529 schiffte sich der Kaiser in Barcelona ein, am Tag danach setzte die kaiserliche Armada Segel Richtung Genua. Andrea Doria befehligte das stolze Geschwader aus knapp 100 Schiffen, darunter 34 Galeeren. Ein Blick auf das letzte halbe Jahr vermittelt ein Bild über die alltäglichen Handlungen und die Reisen des Kaisers gegen Ende seiner „ruhigen Jahre" in seinem spanischen Königreich. Allerdings entfielen auf diese Monate bereits Vorkehrungen für die Zeit von Karls Abwesenheit. Weihnachten 1528 verbrachte Karl im Kloster von San Jeronimo, die letzte Woche des Jahres und die Zeit von Neujahr bis zum 7. März 1529 in Toledo. Karls treuer Chronist in der Moderne, de Cadenas y Vicent, berichtet über den Aufenthalt des Kaisers an jedem einzelnen Tag der Kindheit und in den vier Jahrzehnten der Regierungszeit des Monarchen.

Am 15. Januar 1529 erläßt der Monarch eine Verordnung über die Förderung der Zuckerproduktion in Westindien. Am selben Tag werden acht spanische Häfen, darunter La Coruña, San Sebastian, Cartagena und Málaga, für die Seeverbindungen zu Westindien bestimmt. Die Granden von Spanien werden am 20. Januar angewiesen, der Kaiserin während der Abwesenheit Karls zu gehorchen.

Seine Italienreise, welche dem Zweck dient, alle Differenzen mit dem Heiligen Stuhl zu regeln, kündigt der Kaiser Papst Klemens VII. am 28. Februar an. Am 8. März begibt sich Karl in das nahe Aranjuez. Dort ergehen Instruktionen an Kaiserin Isabella über Regierungsangelegenheiten in den spanischen Königreichen, zu deren Regentin sie gleichzeitig ernannt wird. Isabella erhält weitreichende, aber nicht uneingeschränkte Vollmachten. Zum Beispiel darf sie niemanden adeln. Ebenfalls am 8. März erklärt Karl den Infanten Philipp zum Nachfolger für den Fall seines Todes und die Kaiserin zur Regentin bis zur Vollendung von Philipps 14. Lebensjahr. Vor der Seereise und dem langen Auslandsaufenthalt – er wird fast vier Jahre lang dauern – bestellt Karl sein Haus.

Am 11. März verläßt der Kaiser Aranjuez, er ißt in Chinchón zu Mittag und übernachtet in Alcalá de Hanares. Am Tag danach reist er weiter nach Guadalajara, am 13. März nach Hita. Während des weiteren Verlaufs seiner Reise nach Saragossa verbringt Karl jeden einzelnen Tag an einem neuen Ort. Kurz vor der Ankunft in Saragossa am 23. März geht er in Epila ganztägig auf die Pirsch. Vom 24. März bis zum 18. April nimmt der Kaiser in Saragossa wichtige Regierungsgeschäfte wahr. Insbesondere führt er die Verhandlungen mit Portugal über die Molukken weiter. Wieder sind Maulesel mit portugiesischem Gold unterwegs, diesmal nicht so viel, wie bei der Zahlung der Mitgift drei Jahre zuvor: Portugal gewährt Kastilien 350.000 Dukaten im Rahmen einer Verständigung über die Molukken; die Vereinbarung wird dann in die Form eines Vertrages gegossen und am 22. April unterzeichnet. Eine zwölftägige Reise – beinahe an jedem Tag wird anderswo übernachtet – führt den Kaiser von Saragossa nach Barcelona, wo er am 30. April ankommt. Am 4. Mai eröffnet Karl eine neue Sitzungsperiode der aragonischen Cortes.

Während des Aufenthalts des Kaisers in Barcelona (bis zum 18. Mai) kommt es zu einer bedeutsamen Entscheidung auf der Ebene der Diplomatie: Am 7. Mai erteilt Papst Klemens VII. Bischof Vaison Vollmachten zur Führung von Verhandlungen am kaiserlichen Hof über ein Bündnis. Im Anschluß an einen viertägigen Abstecher nach Molins del Rey ist Karl am 23. Mai wieder in Barcelona, wo er sich bis zu seiner Abreise im Juli aufhalten wird.

KAPITEL VII

In der Frontlinie der Weltpolitik

Das vierte Jahrzehnt im Leben von Karl V. wird durch Ereignisse von welthistorischer Dimension eingeleitet. Sie entfallen auf die wenigen Jahre, welche Karls langen Aufenthalt in Spanien und die „mediterrane, kriegerische" Periode von Karls Regierungszeit voneinander trennen: 1529 schließt Karl Frieden mit Klemens VII.; bald endet der Krieg mit Frankreich dank des Friedensvertrags von Cambrai (Damenfrieden).

1530 erfolgt die Kaiserkrönung durch den Papst in Bologna; Großkanzler Gattinara stirbt; Margarete von Habsburg, Statthalterin der Niederlande, stirbt; 1531 wird Erzherzog Ferdinand von Habsburg zum römischen König gekrönt; die Erbteilung zwischen den Brüdern findet nunmehr ihren Abschluß. Maria von Habsburg, Königin von Ungarn, Karls Lieblingsschwester, wird zur Statthalterin der Niederlande ernannt; die protestantischen Reichsstände schließen den Schmalkaldischen Bund.

1532: Der Kaiser marschiert an der Spitze des Reichsheeres in Richtung Wien, gegen das Sultan Suleiman nach erfolgloser Belagerung im Jahr 1529 neuerlich zieht. Der Sultan weicht der Schlacht aus und zieht ab, Karl hält seinen feierlichen Einzug in Wien. Es entsteht der provisorische Religionsfriede von Nürnberg („Nürnberger Anstand").

1529 sticht nun Karl in See, ein Flottenverband bringt ihn von Barcelona nach Genua. Eine klassische Route, der Seeweg zwischen zwei großen rivalisierenden Hafenstädten. Da gewinnt Genua schnell die Oberhand im wirtschaftlichen Wettbewerb infolge von Andrea Dorias Frontwechsel 1528 und seiner Vereinbarungen mit dem Kaiser, welche dem Genuesen und seiner Stadt unschätzbare Vorteile einbringen. In Handel, Finanzwesen und Gewerbe geht es rapide aufwärts für Genua, abwärts für Barcelona. Im Kapitel über die Weltwirtschaft erfahren wir Einzelheiten, jetzt begleiten wir aber den Kaiser auf seinem Weg.

Nach kurzen Zwischenstationen im befreundeten Monaco und in Savona landete der Kaiser am 12. August 1529 in Genua, wo er als Gast der Republik bis Ende des Monats blieb. Dies kostete Genua 50.000 Dukaten, doch war es immerhin der erste Aufenthalt des hohen Gastes nach Dorias Überwechseln, und die Hafenstadt wird über die nächsten Jahrzehnte reichlich auf ihre Kosten kommen, dank der Großzügigkeit des kaiserlichen Schirmherrn, die Karl ganz spezifisch Andrea Doria entgegenbringt.

Noch in Genua empfing Karl eine hochkarätige Delegation von Kardinälen, die ihn namens des Papstes offiziell nach Bologna zum „Gipfeltreffen" mit Klemens VII. einlud (21. August). An der Spitze der Gesandtschaft stand Kardinal Alessandro Farnese, der spätere Papst Paul III., der uns viel beschäftigen wird. Bei der Reise nach Bologna ließ sich der Kaiser viel Zeit, er kam an seinem Ziel erst am 5. November an; inzwischen hatte er sechs Wochen in Piacenza verbracht.

Kaiser und Papst. Vorgeschichte der Kaiserkrönung von 1530

Ist Jung Karls diplomatische Offensive im Interesse der päpstlichen Krönung von Großvater Maximilian 1518 in der Historiographie in Vergessenheit geraten, so sollen zumindest wir sie nicht vergessen. Vielmehr ist bei der Erfassung der Vorgänge von 1529/30 dort eben in der Zeit vor Karls Wahl zum Kaiser anzuknüpfen, wo Karl die Mitglieder eines Kardinalsausschusses bekniete, welcher von Papst Leo X. zur Prüfung der Kaiserkrönung in Trient gebildet worden war (Kapitel II). Es war ein Wettlauf gegen die Zeit wie gegen den Tod, und Karl verlor ihn: Der alte Kaiser starb im Januar 1519, und so wurde der Plan einer prämortalen Krönung Maximilians vereitelt, welche die Ausgangsposition und die Chancen des Erben Karl, der zu Recht auf die Kaiserwürde hoffte, zusätzlich gestärkt hätte.

Eine eigene Kaiserkrönung Karls hätte freilich auch bei Gelingen des Plans von 1518 zu erfolgen, allerdings aus einer stärkeren Position heraus, auf den Spuren eines gekrönten Maximilians I. So verschied aber der Großvater als „gewählter Kaiser", und von 1519 bis 1530 war auch Karl

„nur" Imperator electus. In der gesamten Zwischenzeit stand eine Krönung durch den Papst im Vordergrund von Karls Plänen. Es galt aber abzuwarten, bis der Tiefpunkt, auf den das Verhältnis zum Heiligen Stuhl in
den zwanziger Jahren herabgesunken ist, überwunden wurde.

Dafür waren die Voraussetzungen dann 1529 geschaffen – nach der ver-
nichtenden militärischen Niederlage des Papstes und der moralischen
Schlappe Karls durch den von ihm nicht gewollten, aber auch nicht konsequent verhinderten Sacco di Roma. Nach komplizierter diplomatischer
Vorbereitung konnte zwischen Karl und Klemens VII. am 29. Juni 1529 in
Barcelona ein Friedensvertrag unterzeichnet werden. Es geschah genau
vier Wochen, bevor Karl von Barcelona nach Italien Segel setzte: Der
Friedensvertrag und die Verpflichtung des Papstes zur Kaiserkrönung
galten als Voraussetzung für die Italienreise. Alles war generalstabsmäßig
vorbereitet.

Der Frieden von Barcelona hatte eine Regelung für Italien zu bringen,
rings um den Kirchenstaat: Neapel wurde dem Kaiser zugesichert. Der
Medici-Papst vereinbarte mit Karl eine Woche vor dem Friedensschluß
eine dynastische Heirat zwischen seinem Haus und Habsburg: Alessandro
de Medici, Herzog von Florenz, sollte die jetzt achtjährige natürliche
Tochter Karls, Margarete, heiraten.

Für Mailand, den Zankapfel zwischen Kaiser und Franz I., war der
Papst nicht direkt zuständig. In Barcelona wurde nun vereinbart, daß sich
die vertragschließenden Parteien in dieser Frage nicht in die Quere kommen. Der Papst erteilte Absolution all den kaiserlichen Soldaten, die gegen den Kirchenstaat gekämpft hatten. Dies war keine Selbstverständlichkeit; in Beichtspiegeln soll noch bis zum Untergang des pontifikalen
Territorialstaates die Frage gestanden haben: „Hast du Piraterie betrieben
in päpstlichen Gewässern?"

Sollte die Italienreise jetzt nach der Verständigung mit Klemens ihm
endlich die konsequent angestrebte Kaiserkrönung bringen, so war Karl
geradezu „enttäuscht" darüber, daß er sich auf dem italienischen Kriegsschauplatz nicht persönlich schlagen konnte und friedlich in Italien
Einzug hielt! Wir wissen ja, daß er geradezu Neidgefühle dem Verlierer
Franz I. gegenüber hegte, dem es gegönnt war, immerhin mit der Klinge in
der Hand von einer feindlichen Übermacht überrumpelt zu werden.

Noch vor dem unerwarteten Triumph bei Pavia hatte sich der knapp
25jährige in Madrid – stets den Italienzug vor Augen – pessimistischen
und zugleich nostalgischen Gedanken hingegeben: Daß eine Entschei-

dungsschlacht in Norditalien bevorstand, war vorauszusehen, und Karl machte sich nicht allzu große Hoffnungen auf den Sieg der kaiserlichen Waffen: Der Gegner war numerisch stärker, gut gerüstet; der Sold konnte für die Kaiserlichen nicht ausgezahlt werden. Nostalgisch wurde der Kaiser auch dadurch gestimmt, daß er nicht, wie König Franz, persönlich an der Spitze seines Heeres stand.

In mit ureigenem Stil abgefaßten Notizen, mit Herzblut geschrieben, klagte der Kaiser darüber, daß er ohne einen Zug nach Italien zur Passivität verdammt und des militärischen Ruhmes beraubt war, den er pflicht- und sendungsgemäß unbedingt anstreben und erringen mußte: „Nachdem die Heere sich so nahe sind und es den Anschein hat, daß sie jetzt gar nicht mehr vermeiden können zu siegen oder zu unterliegen, scheint mir, daß man in der Tat eine gute Summe Geldes mit aller Beschleunigung an den Vizekönig senden muß, sei es durch Wechsel oder sonst, zur Unterhaltung und Löhnung meiner Armee, und damit sie bei Mangel daran sich nicht auflöse. Es ist anzunehmen, daß, wenn sie erhalten wird, sie auch den König von Frankreich zwingen wird, sich zu schlagen, was nur zu ihrem großen Vorteil sein kann – oder sich aus Italien zurückzuziehen, was ihm zur Schande gereichen würde."

Der Kern von Karls nostalgischen Gedanken ist in den folgenden Zeilen zu lokalisieren: „In Anbetracht dieser Verhältnisse und daß es nicht geht mit dem Frieden, der, wie gesagt, nicht sein kann ohne den Willen des Feindes, noch mit dem Kriege, den zu führen ich schlechte Aussicht sehe und schlechtere, ihn wieder anzufangen – alles aus Mangel an dem Womit –, und indem ich sehe und fühle, daß die Zeit vergeht und daß wir bald vergehen mit ihr, und da ich nicht so vergehen möchte, ohne eine rühmliche Erinnerung an mich zurückzulassen, und da das, was heute verloren wird, morgen nicht zurückzugewinnen ist, und da ich bisher nichts geleistet habe, das zur Ehre meiner Person gereicht, was so lange hinausgeschoben zu haben ich recht zu tadeln wäre – aus all diesen Ursachen und vielen anderen würde ich keinen Grund sehen, der mich hinderte, etwas Großes zu tun, und ich sehe keinen dafür, daß ich das länger hinausschieben könnte, und daß es mir nicht gelingen sollte, mir zu helfen mit Gottes Gnade mich mächtiger zu machen und in Frieden und Ruhe das zu besitzen, was ihm gefallen hat mir zu schenken – alles dieses in Betracht gezogen und erwogen, kann ich mir kein Mittel denken, durch das ich so allgemein meine Angelegenheiten bessern könnte, wie durch meinen Zug nach Italien."

Die äußerste Diskretion im Verhalten Karls, als er in Spanien Kunde über den glänzenden Sieg von Pavia erhielt, mag uns in Kapitel IV überrascht haben. Nach der Lektüre dieser Zeilen könnte man, wie seltsam dies auch klingen mag, geradezu bittere Enttäuschung ahnen, als der Kaiser die Nachricht „schweigend und wie erstarrt" (Nette, S. 53) entgegennahm. In die Genugtuung ob des gewaltigen Erfolges mischte sich das Gefühl, er habe „die große Chance verpaßt", es sei ihm nicht gegönnt gewesen, sein Heer mit persönlichem Einsatz, sein Leben nicht weniger als seine Soldaten aufs Spiel setzend, zum Sieg zu führen. Er verbot Siegesfeiern, weil er sich nicht mit fremden Federn, auch nicht mit denen seiner in der Ferne kämpfenden Armee schmücken wollte.

In Spanien noch jahrelang ausharrend, hatte dann Karl allerdings jeden Grund, Gott dafür zu danken, daß er bei einem furchtbaren Ereignis auf dem italienischen Kriegsschauplatz nicht zugegen war. Man vergesse nicht, daß eine „Fernsteuerung" von Kriegsgeschehnissen nur bei der modernsten Kommunikationstechnik denkbar ist, und auch heute kann sie die Präsenz des Heerführers auf dem Schlachtfeld nicht ersetzen. So konnte Karl im fernen Spanien wohl entscheiden, ob ein Heer aufgestellt und anderswo in Europa eingesetzt wird. Aber auch schon die unmittelbare Entscheidung darüber, ob eine Schlacht geliefert, eine Festung angegriffen wird, hatten die Generale vor Ort zu treffen. So mußte sich der Kaiser eine kecke Antwort von Antonio de Leyva gefallen lassen – nur der Sieger von Pavia konnte sich so etwas erlauben –, als Karl ihn anwies, für das Vorgehen der Streitkräfte im Raum Mailand den Instruktionen des Vizekönigs von Neapel zu folgen. „Eure Majestät muß wissen", so belehrte der General seinen Kaiser am 4. August 1527, „daß der Vizekönig von Neapel ebensoweit von Mailand entfernt ist, wie Eure Majestät; während die Korrespondenz kommt und geht, kann schon alles verloren sein!" (Lanz, Band I, S. 235)

Im Verlauf des Krieges gegen die Liga von Cognac (22. Mai 1526), einem Militärbündnis, dem Frankreich, der Papst, Venedig und Florenz angehörten, zog eine kaiserliche Streitmacht im Frühjahr 1527 von der Toskana südwärts unter dem Kommando des abtrünnigen französischen Herzogs Karl von Bourbon, jetzt Karls General. Seit dem 15. März hatte es einen Waffenstillstand zwischen den Kaiserlichen und dem Papst gegeben, doch wurde dieser von Klemens am 25. April gebrochen. Vor den Mauern Roms angelangt, entsandte Bourbon am 5. Mai „einen Trompeter" zum Pontifex und forderte ihn zur Kapitulation auf. Doch wurde der

Parlamentär auf Befehl des militärisch übrigens ineffizienten Festungs-kommandanten von Rom, Renzo da Ceri, aufgehängt. Ein ungeklärter Vorfall. Ein Kriegsvölkerrecht im modernen Sinn gab es noch nicht, aber der Stellenwert einer solchen Tat wich im christlichen Abendland kaum vom heutigen ab.

Daraufhin stürmte das kaiserliche Heer die Heilige Stadt am Tag da-nach. Bourbon verfügte über keine Artillerie, so war der Kampf besonders blutig. Ein Geschoß aus einer Arkebuse, zielsicher auf Bourbon abgefeu-ert, traf den kommandierenden General tödlich. Benvenuto Cellini, der berühmte Goldschmied, Bildhauer und Schriftsteller, der als Verteidiger mitkämpfte, rühmte sich, der Schütze gewesen zu sein.

Führerlos, ohne Soldzahlung, ausgehungert, undiszipliniert zugleich, nicht ohne Hoffnung auf üppige Beute, kampflustig, drangen die Kaiserli-chen in die unglückliche Stadt ein. Die wochenlang dauernde Verwüstung Roms, die folgte, ging in die Geschichte als Sacco di Roma (Plünderung von Rom) ein. Mit diesem Namen verbinden sich die viel zu gut bekann-ten Greuel- und Schandtaten der Spanier und der deutschen Landsknechte unterschiedlicher Konfession sowie auch von Italienern. Es waren Schreie von betrunkenen Soldaten zu hören: „Luther der richtige Papst!"

Klemens nahm Zuflucht hinter den dicken Mauern der Engelsburg mit einem Haufen von Verteidigern, doch mußte er, von einem Entsatzheer unter dem Kommando von Franz Maria I. de la Rovere, des Herzogs von Urbino, im Stich gelassen, Anfang Juni kapitulieren. Eine spanisch-deut-sche Garnison zog in die Engelsburg ein. Der gefangene Papst kam erst im Spätherbst frei.

Ein Propagandakrieg tobte über die ganze Zeit. Karl distanzierte sich – zu Recht angesichts seines Aufenthalts in Spanien, fern vom grauenvollen Geschehen – vom Sacco di Roma. Franz I. folgerte: Hält der Kaiser den Papst gefangen, so habe er freie Hand, sich mit den Türken einzulassen. Auch der – ach! – so feinfühlige Heinrich VIII. war zutiefst empört ob der Gefangenschaft des Heiligen Vaters.

Auf diese Zeit entfielen auch einige wenige Fälle des vorübergehenden Frontwechsels vom Kaiser zu den Franzosen: Am 15. November 1527 gin-gen Alfons I. d'Este, Herzog von Modena und Ferrara, sowie Friedrich II. Gonzaga, Markgraf von Mantua, zu Franz I. über. Wir wissen aber, daß die Anziehungskraft des kaiserlichen Lagers in der Regel viel stärker war, man denke nur an die prominentesten Überläufer: Bourbon (Kapitel IV) und Andrea Doria (Kapitel VIII)!

Sowohl die kriegerischen Auseinandersetzungen als auch der friedliche Austausch zwischen Papst und Kaiser sind auf dem Hintergrund der Position des Pontifex überhaupt zu sehen: Ein kardinaler Punkt in der Vorgeschichte des Friedens von Barcelona und der Direktkontakte im Winter 1529/30 sowie der Kaiserkrönung: Die wechselnden Allianzen des Heiligen Stuhls sind nicht als Launen oder nur als Folgen subjektiver Gefühle, etwa Frankophilie oder Frankophobie des einen oder des anderen Papstes, aufzufassen. Frankreich, ein großer Flächenstaat, zu jener Zeit noch fast vollständig, später auch mehrheitlich katholisch, war immerhin „die älteste Tochter der Kirche". Auf dieses Königreich, mit dem „allerchristlichsten König" (roi très chrétien = wortwörtlich: sehr christlicher König) an der Spitze, war von vornherein Rücksicht zu nehmen.

Auf der Ebene der Staatsräson, wenn man so will, der Machtpolitik, litt das Oberhaupt des Kirchenstaates nicht zu Unrecht an der Einkreisungsangst, wenn sich sowohl südlich (Neapel und Sizilien) als auch nördlich von ihm (etwa Mailand) eine fremde Macht etablierte. Auch die Franzosen waren da keineswegs willkommen, doch war die Gefahr einer französischen Hegemonie auf der italienischen Halbinsel zu Karls Zeiten, insbesondere nach der Entscheidungsschlacht von Pavia, bereits ausgeräumt.

Dafür etablierte sich die geballte Macht Spaniens dank der Herrschaft über Neapel und Sizilien und dank des vertraglich verbrieften Verzichts von Frankreich auf Ansprüche in Italien, schon kraft des Friedens von Madrid und genauso gemäß dem „Damenfrieden" von 1529, über den wir gleich lesen werden.

So widerspiegelten Allianzen oder Freundschaften des willensschwachen Medici-Papstes Klemens VII. wie auch des willensstarken Farnese-Papstes Paul III., eines erbitterten Gegners von Karl, gewissermaßen Konstanten der pontifikalen Außenpolitik.

Daß da dynastische Gesichtspunkte – bei den Medici, bei den Farnese – nicht außer acht zu lassen sind, ist eine Selbstverständlichkeit. Was Wunder, wenn dann zum Beispiel die wohl unbegründete Verdächtigung, wonach der Kaiser in das Mordkomplott gegen Pier Luigi Farnese, eines leiblichen Sohnes von Paul III., im Papst unchristliche Haßgefühle wekken werden!

Zwischen der viel zu sehr hinausgezögerten Freilassung des Papstes, was Karl, anders als den von ihm nicht gewollten Sacco di Roma, sehr wohl zu verantworten hatte, und der Italienreise 1529 tobte auf der Halbinsel der erneute Krieg zwischen Frankreich und den Kaiserlichen, darüber werden wir in diesem Kapitel noch lesen.

Der Kaiser hatte sich längst, spätestens seit Pavia, für die von ihm und erst recht von Gattinara ersehnte Italienfahrt entschieden. Noch donnerten in Italien die Kanonen, da berief Karl zum 16. September 1528 die Mitglieder seiner diversen Räte in den Alkazar von Madrid und eröffnete ihnen in einer programmatischen Rede seinen konkreten Plan für die Italienfahrt.

Die programmatische Rede von Madrid ist nun ihrem Ursprung nach umstritten: Wurde sie nicht von Gattinara entworfen? So Pidal, größte Autorität der spanischen Geschichtsschreibung, dessen grundlegende Schlüsse zu Karls „Kaiser-Idee" uns gleich beschäftigen werden, der einen generellen Einfluß des Großkanzlers auf die Konzepte des Kaisers überhaupt in Frage stellt und seine Rolle auf kluge Beratung von Fall zu Fall beschränkt. Er verneint Gattinaras Mitwirken. Dies interessiert den Biographen nicht etwa für die Zwecke einer wissenschaftlichen Quellenforschung, sondern wiederum nur, um die eigenen Gedanken des Kaisers in entscheidenden Fragen zu ergründen; und diese Rede enthält nun Stellungnahmen zu Angelegenheiten von prinzipieller Tragweite.

Die Rede ist wortwörtlich überliefert. Sie atmet Karls offene, mancherorts beinahe naive, freilich auch polemisch-tendenziöse Art zu argumentieren und darzustellen. Hier einige Punkte: Zunächst ging der Kaiser auf die möglichen Gründe ein, welche gegen die Italienfahrt sprechen konnten: „Feindliche Reaktionen des Auslands", dazu sagte Karl, er werde so stark in Italien auftreten, daß Widerstand seitens der Franzosen, Engländer, Venezianer nicht zu befürchten sei. Was den Papst anbelangt, sei sich der Pontifex klar, daß das kaiserliche Heer ohne Wissen und gegen den Willen des Kaisers gegen Rom und den Papst vorgegangen sei.

Wenn man auf den Comunero-Aufstand hinweise, der nach seiner Abreise 1520 in Spanien ausgebrochen sei, so sei zu bedenken: Er sei damals ein Jüngling gewesen, der die spanischen Königreiche noch nicht habe kennen und regieren können. Damals sei er unverheiratet und ohne legitime Erben zu hinterlassen, nach Flandern gereist. Jetzt aber lasse er die Kaiserin und seine beiden Kinder im Lande!

Schließlich versicherte Karl, es sei nicht seine Absicht, in Italien an seinen Feinden Rache zu nehmen; er wolle dort auch nichts erobern, was ihm nicht zusteht, Staaten, Gut oder Geld. Immer habe er nur zur Verteidigung seines Eigentums und seiner Rechte Krieg geführt. Was ihm seine Vorfahren an Reichen hier und dort hinterlassen haben, mache ihn so mächtig, daß alle Fürsten der Welt ihn beneideten!

Mit großem Nachdruck wies der Kaiser darauf hin, daß an erster Stelle die Absicht stehe, mit dem Papst ein allgemeines Konzil zu vereinbaren, in Deutschland oder Italien, um die Ketzerei zu zerstören und die Kirche zu reformieren.

An dem großen Tag, Karls 30. Geburtstag, war es endlich soweit in Bologna. Im Rahmen der Pontifikalmesse überreichte Papst Klemens VII. dem Kaiser das Schwert, den Reichsapfel und das Zepter. Als abschließender Akt folgte die Krönung selbst. Die Trompeten schmetterten, Salutschüsse aus den Kanonen ertönten und die auf dem Platz vor der Kirche versammelte Menge schrie, so Alvarez: „Imperio, Imperio! España! España!" Der feierliche Zug bildete sich sodann, der Kaiser mit aufgesetzter Krone und der Papst mit der Tiara auf dem Haupt ritten nebeneinander unter einem tragbaren Baldachin.

Der gekrönte Kaiser

Der Kaiser ruhte nicht lange auf seinen Lorbeeren in Bologna. Bereits am 22. März 1530 trat er die Reise Richtung Norden an. Noch in Bologna kam es zu einem für die vier Jahrzehnte von Karls Regierungszeit recht atypischen Vorfall, nämlich zu einem Attentat! Man mag rätselraten darüber, wieso denn bei der historisch einzigartigen Konstellation, wo eine einzige Person so zahlreiche Herrschaftsgebiete zusammenhielt, eben bei der immensen Machtkonzentration in einer Hand, politische Gegner – von irrational handelnden Wahnsinnigen nicht zu reden – nicht zu häufigen Attentaten gegen den Kaiser verleitet wurden. Karls welthistorische Bedeutung besteht ja gerade in dieser Art von Machtkonzentration und freilich in der Tatsache, daß er all den Aufgaben gewachsen war. Karl war unersetzbar. Das, was man auf unpräzise Weise „sein Reich" nennt, wäre durch den Ausschluß seiner Person auseinandergefallen. Mit dieser Lage war nicht vergleichbar die Situation, wo der Tod durch Mörderhand einem Monarchen unterstellt, eine unbequeme, eine starke Herrscherpersönlichkeit ausschaltet, dem aber sofort sein Dauphin oder ein Regent mit nahtlosem Machtübergang folgt. Und dennoch: Es war eine große Ausnahme, wo irgend jemand nach dem Leben des Kaisers trachtete. Wohl schreckten potentielle Anstifter zu Attentaten vor der Autorität zurück, die der Kaiser ausstrahlte.

Karls persönlicher Schutz hielt sich meistens in normalen Grenzen. Weder war von überzogenen Vorsichtsmaßnahmen die Rede, welche Tyrannen oder Diktatoren oft praktizieren, noch war der Kaiser so leichtsinnig, um wieder das Beispiel seines Idols heranzuziehen, wie Caesar, der durch die Ablehnung jeglichen persönlichen Schutzes die Attentäter zur Mordtat geradezu einlud.

Nun verließ der Kaiser am 28. Februar 1529 in Begleitung des Alessandro de Medici gerade die Privatkapelle des Papstes, wo Karl am 22. Februar mit der eisernen Krone der Könige der Langobarden gekrönt worden war. Die beiden schritten über eine Holzgalerie, als plötzlich ein gewaltiger Holzklotz herunterstürzte. Um eine Haaresbreite hätte er den Kopf des Kaisers getroffen.

Die Vereinbarungen mit dem Papst schlossen eine Verpflichtung Karls ein, Florenz, wo ein republikanischer Staatsstreich die Macht den Medici entrissen hatte, mit Waffengewalt für Klemens' Dynastie zurückzuholen. Am Tag der Kaiserkrönung hatten die Florentiner Kontakt zum Pontifex aufgenommen, um ihn zur Anerkennung der republikanischen Regierung zu bewegen, sie hatten aber keinen Erfolg. So stand das Attentat vier Tage danach wahrscheinlich in Verbindung mit der florentinischen Innenpolitik. Vielleicht wollte man eher Alessandro treffen. Übrigens entging dieser Medici dem Tod durch Mörderhand nicht; nur hatte er sieben Jahre Aufschub. Alessandro war Herzog von Florenz von 1532 bis 1537, nachdem für ihn das spanische Schwert die Rückkehr an den Arno freigekämpft hatte. 1537 fiel er dann einem politischen Mord zum Opfer.

Es ist wohl kein Zufall, daß ein Anschlag auf Karl auf italienischem Boden erfolgte, noch dazu in Verbindung mit Florenz, wo so etwas lange Tradition hatte. Im damaligen Spanien war so etwas nicht üblich, im Reich schon gar nicht.

Der Florentiner Machiavelli nahm die Anatomie des politischen Mordes als Punkt 7 in seinen „Principe" (Der Fürst) auf. Auch dies war kein Zufall. Es lag nicht an der vermeintlichen „schwarzen Seele" des Staatsphilosophen, vielmehr eben an Realitäten und Traditionen. Übrigens gehörte Machiavelli zu denjenigen großen Zeitgenossen, welche Karl nie persönlich getroffen hat. In seiner berühmten Karl-Biographie zitiert ihn Brandi wiederholt mit Nachdruck und natürlich nicht ohne Zusammenhang mit Karls Vita (S. 56, 201).

1530 war Großkanzler Mercurino Gattinara 64 Jahr alt und kränkelte. Auch die Gicht hatte er mit dem Kaiser gemeinsam, dessen erster Gichtanfall bereits einige Jahre zurückgelegen haben soll. Die Italienfahrt und die Kaiserkrönung galten als Eckpfeiler im politischen Denkgebäude des Staatsmannes, das wir gleich aufgreifen. In jedem Fall war es eine Krönung seines Lebens, daß er diesen Höhenflug gerade noch erleben konnte. Gattinara begleitete den Kaiser bei seiner Reise Richtung Norden. Unterwegs starb er in Innsbruck am 4. Juni 1530.

Gattinaras ideologisch untermauertes weltpolitisches Konzept, dem Geiste nach italozentrisch, zugleich aber eben mit weltweiter Perspektive, gilt als intellektuelle Leistung von hohem Wert, worüber viel geschrieben worden ist. Uns beschäftigt jedoch nur die Auswirkung der Vorstellungen des großen Denkers, der Großkanzler war zweifelsfrei einer, auf die Politik, auf die Handlungen des Kaisers. Es gibt eine schablonenhaft gewordene Darstellung, welche auch von manchen großen Historikern nicht abgelehnt wird, wonach Gattinara der Architekt eines Denkgebäudes war, das er für den Kaiser errichtete und das auf der Idee einer Monarchia Universalis basierte. Und weiter, daß sich Karl dieses Konzept zu eigen machte. Weiter wird gefolgert, daß Karl V. der letzte Vertreter der mediävalen Kaiser-Idee galt, die sogar auf Karl den Großen zurückzuführen sei.

Es geht nun darum, ob und inwiefern es zutrifft, daß sich der Kaiser Gattinaras Konzept der Monarchia Universalis tatsächlich „zu eigen machte". Unmittelbare praktische Bedeutung erlangte die Frage nach dem Sieg von Pavia, wo nun Gattinara im Staatsrat zur Vernichtung des französischen Staates riet, der militärisch, so schien es, darniederlag. Karl möge jetzt „zugreifen" und sich zum Herrscher eines europäischen Imperiums auf den Spuren Karls des Großen aufschwingen. Frankreich allein konnte dem im Wege stehen, die italienischen Kleinstaaten ganz gewiß nicht, und dieses Königreich lag nun Karl zu Füßen.

Um die Frage, welche anschließend zu beantworten ist, noch deutlicher zu formulieren: Es geht nur um eine Identifizierung Karls mit einem solchen Gedanken der Monarchia Universalis etwa als mittelfristiges oder Fernziel. Denn die Fakten zeigten ja, daß Karl die Auslöschung des französischen Staates ablehnte und durch den Frieden von Madrid eine Pax Carolina, einen zwar mit harten Bedingungen ausgestatteten, aber fairen Frieden mit Franz I. schloß. Der Kaiser wies die Zerstörung der europäischen Staatenwelt durch Frankreichs Ausschaltung 1525/26 weit von sich. Wie stand er aber zum Grundgedanken, etwa als Fernziel?!

Die spanische Auffassung über die Grundzüge einer ideellen Politik ihres Königs ist bekannt: Carlos I. handle in allererster Linie im Interesse seines Landes, für ein starkes, florierendes Spanien, dem die Kaiserwürde seines Herrschers zugute kommt. Dies dürfe aber nicht darüber hinwegtäuschen, daß – für Iberer unbegreifliche, widerliche, im besten Fall gleichgültige – „boreale" Angelegenheiten, etwa Wirren im Reich, Unbotmäßigkeiten in den Niederlanden, Carlos von den Belangen Spaniens nicht ablenken oder gar in den Vordergrund geraten dürften.

Aus dieser Grundposition geht die spanische Geschichtsschreibung bis heute aus, einschließlich der größten modernen Autorität, Ramón Menéndez Pidal, Herausgeber und zum Teil Verfasser des Monumentalwerkes über spanische Geschichte. Die umfangreiche Einleitung von Band XVIII, welche den Titel Un imperio de paz cristiana (Ein Imperium des christlichen Friedens) mit dem Untertitel Ausgestaltung des Fundaments des politischen Denkens von Karl V. trägt, stammt aus der Feder Pidals.

Aus diesem Werk wird anschließend zitiert, weil es zum Grundproblem von Karls gesamtem politischen Handeln, ja zum Standort des Kaisers in der Geschichte, unumwunden, in einfacher, klarer Sprache auf autoritative Quellen und unumstrittene Fakten basierend Stellung bezieht.

Im Abschnitt „16. Der gekrönte Kaiser lehnt die Universale Monarchie ab. Fünf Jahre christlichen Friedens" beruft sich Pidal eingangs auf einen Bericht des venezianischen Botschafters Contarini, dem wir eine Fülle von Angaben über Karl V. verdanken, um dann seine eigenen historischen Erkenntnisse zu formulieren. „Im November 1529, vor seiner feierlichen Krönung, hatte der Kaiser in Bologna ein privates Gespräch mit dem venezianischen Botschafter Gasparo Contarini. Karl empfing den Venezianer in dem Hause, wo auch Gattinara sein Quartier hatte ... Contarini wußte genau, wie der Kanzler dachte; 1525 hatte er dem Senat berichtet, daß Gattinara dem Kaiser riet, ‚sich zum universalen Monarchen zu machen', um die Krone Frankreichs zu Boden zu werfen; jetzt referiert Contarini dem Senat, daß Karl im Beisein seines Kanzlers das beharrlich verbreitete Gerücht klipp und klar widerlegt, wonach er die universale Monarchie anstrebt, ein Gerücht, daß der Kaiser als verleumderisch qualifiziere! Der Kaiser wolle nur das behalten, was ihm gehört, niemals anderen etwas wegnehmen. ‚Ich möchte der ganzen Welt kundtun, daß ich mich nicht zum Monarchen machen will, wie einige mich verleumdet haben.'"

Anschließend geht es dann auch um die Ablehnung der späten Emanzipation Karls vom Einfluß seiner Ratgeber, vornehmlich von Gattinara: „Es ist übrigens nicht so, wie ich bereits sagte, daß Karl die Sachen erst spät und durch die Gedanken seines Kanzlers erkannte; vielmehr verwarf er diese wiederholt mit Nachdruck, Gattinara vor dem venezianischen Botschafter mittelbar desavouierend. Die falsche Meinung über ihn plagte den Kaiser äußerst, da man ihm sogar einschließlich von Erasmus selbst ... zutraute, daß er nach der Monarchie über den ganzen Erdkreis trachtete (Carolus molitur novam totius orbis Monarchiam). Erasmus und sogar Gattinara konnten eventuell keinen großen Unterschied machen zwischen der Monarchia Universalis und der Kaiser-Idee Karls V., doch sagt der Kaiser wiederholt, daß er nicht ‚Monarch der Welt' sein will und daß diejenigen, welche ihn einen ‚Monarchen' nennen, ihn verleumdeten. Erasmus scheint da einen gewissen Unterschied zu machen, wenn er Karls Monarchie als ‚neue' Monarchie ... qualifiziert, wobei ‚neu' sich auf die Qualität und nicht auf den Zeitraum beziehen mag ... Es ist äußerst alarmierend, daß alle Historiker die wiederholte Verurteilung der von Gattinara befürworteten Monarchia Universalis übersehen und den Grundgedanken des Kaisers mißachten" (Pidal, S. XLVIII–XLIX).

Man könnte unterstellen, daß der Kaiser und sein Großkanzler geteilte Rollen spielten, etwa in Nachhutgefechten des Propagandakrieges nach dem Sacco di Roma; demnach habe sich Karl von Weltherrschaftsgelüsten unbedingt distanzieren müssen. Doch womöglich noch klarer als Pidal oder Contarini sprechen da alle, aber auch alle Fakten:

Karls mühsame tägliche Arbeit an den Regierungsgeschäften Spaniens – Kastiliens und Aragons! –, Italiens und des Reiches, der Niederlande und, vergessen wir nicht, „Neukastiliens", das heißt Westindiens, war unvorstellbar ohne ein Verständnis der differenzierten Probleme, welche da unerbittlich auf ihn zurollten. Karls Größe bestand doch eben in seiner Fähigkeit und Effizienz bei der Bewältigung der Aufgaben im Makrokosmos seiner so unterschiedlichen Herrschaftsgebiete. Wie wäre all dies vereinbar gewesen mit dem ständigen Träumen von einem vereinten Reich noch zu seinen Lebzeiten oder auch in absehbarer Zeit danach, etwa gemäß den Formulierungen einer „amtlichen Verlautbarung über die Schlacht von Pavia" (Heinrich Lutz, S. 45): „Es hat den Anschein, daß Gott dem Kaiser diesen Sieg auf wunderbare Weise geschenkt hat, damit er ... nach der friedlichen Beendigung all dieser Bürgerkriege (... Kriege unter Christen ...) die Türken und Mauren in ihrem Lande aufsuche und das

Reich von Konstantinopel und die Heiligen Stätten von Jerusalem zurück-
gewinne, die von den Ungläubigen zur Strafe für unsere Sünden besetzt
wurden – damit die ganze Welt, so wie es viele Prophezeiungen ankündi-
gen, unter diesem sehr christlichen Fürsten unseren katholischen Glauben annehmen und damit sich die Worte unseres Erlösers erfüllen: Es wird
ein Schafstall und ein Hirte sein."

Diese Danksagung in der Euphorie nach Pavia als Richtschnur für das
politische Handeln und auch für die Kriegführung gegen die Türken zu
betrachten, dies ist die Quelle des Mißverständnisses. Geht man von einer
solchen falschen Prämisse aus, so muß festgestellt werden, daß in dieser
„Verlautbarung" nur ein einziger Punkt realistisch ist, nämlich das
Streben Karls nach Frieden unter christlichen Reichen, ausgehend von
dem ihn ständig quälenden Gedanken der Kriege mit Frankreich. Diese
konnten nun nicht vermieden werden, und man mag sie „Bürgerkriege"
nennen.

Alles andere ist unrealistisch bis phantastisch, immer unterstellt, daß
dieser Text als Richtlinie und nicht als das aufgefaßt wird, was es ist, das
heißt, als religiös motivierte Danksagung, welche als solche verständlich
ist. In Kapitel IX und X wird nachgewiesen, daß wegen des militärischen
Gleichgewichts zwischen Karls Imperium und dem Osmanischen Reich
sowie der geographischen Gegebenheiten schier unvorstellbar war, daß
christliche See- und Landstreitkräfte Konstantinopel belagern, geschweige denn erobern.

Was die Errichtung einer kaiserlichen Herrschaft über das gesamte
christliche Europa anbelangt, war sie freilich nicht zu verwirklichen, und
die Verkündung eines solchen Bestrebens war, wir haben es gerade gelesen, nach Karls wiederholten eigenen Worten, verleumderisch und schäd-
lich. So bleibt, wollte man diese Gedanken Karl zuschreiben, die Annahme, der Kaiser habe als Träumer Wunschdenken geäußert. Doch war Karl
trotz idealistischer Vorstellungen in manchen Einzelfragen kein Träumer
im Weltmaßstab, auch kein Visionär wie Gattinara. Es wäre, um das
soeben zitierte Wort des Kaisers nun in diesem Zusammenhang aufzu-
greifen, „verleumderisch", den größten Staatsmann der Frühen Neuzeit
als bar jeden Realitätssinns zu qualifizieren.

Und noch einmal Pidal, nun im Zusammenhang mit einer Grundfrage
für jeden Karl-Biographen, nämlich die Frage, „wie mittelalterlich" war
Karl, eine Frage, auf welche es freilich keine exakte Antwort gibt: Nach
den klaren Ausführungen über Karls Opposition gegen Gattinaras Kon-

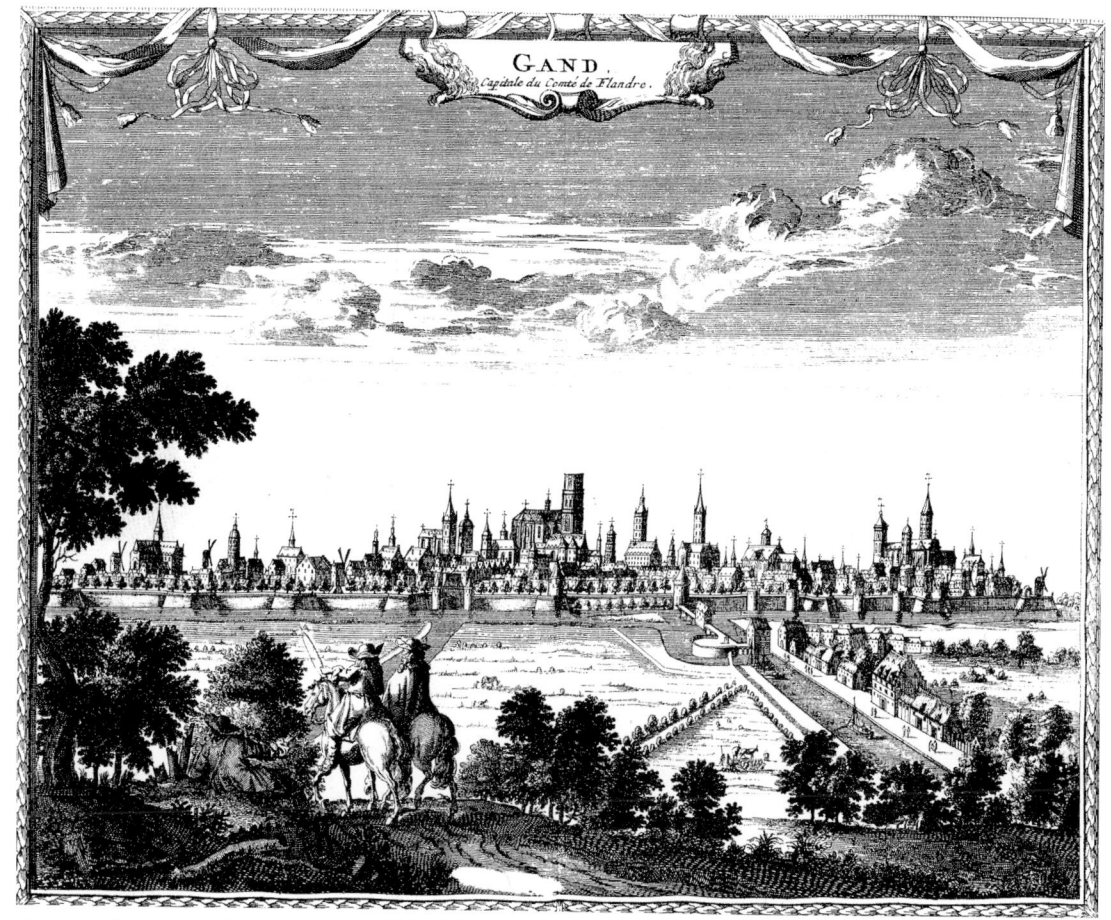

GAND.
Capitale du Comté de Flandre.

Gent in Flandern. Hier wurde am 24. 2. 1500 Karl V. geboren. AKG, Berlin.

Isabella von Portugal (1503–1539), die Gemahlin Karls V. Gemälde von Tizian, Prado, Madrid.

Karl V. mit seiner Dogge. Gemälde von Jakob Seisenegger. KHM, Wien.

Das Schloß in Brüssel. Prado, Madrid.

Bernard von Orley: Jagdszene – Karl V. und seine Schwester Maria. Archiv Verlag Styria, Graz.

Die erste Türkenbelagerung Wiens 1529. Der herannahende Winter zwang die Türken unter Sultan Suleiman II. zur Aufgabe. ÖNB, Wien.

Einzug Karls V. und des Papstes Klemens VII. zur Kaiserkrönung in Bologna 1530. AKG, Berlin.

Papst Klemens VII. (1478–1534) und dessen Nachfolger Paul III. (1468–1549).
Archiv Verlag Styria, Graz.

Karl der Große, dem die Erneuerung des Römischen Reiches gelang, war die Identifikationsfigur schlechthin für alle Kaiser. Bei Karl V. erleichterte der gleiche Name diese Gegenüberstellung mit dem Vorgänger. Biblioteca Nacional, Madrid.

zepte, schreibt der große Historiker wörtlich: „Fügen wir hinzu, daß die soeben geschilderte Originalität des Kaisers gleichzeitig auch Modernität" (!) ist. Pidal stellt gleich anschließend eine Verbindung zwischen Karls Ablehnung der Universalen Monarchie und de Vitorias Lehre her, nicht ohne legitimen spanischen Nationalstolz: „... auf dem politischen Gebiet war er da der Lehre des Begründers des Völkerrechts Francisco de Vitoria voraus und bereitete er die Stellungnahme de Vitorias von 1539 vor, wonach der Kaiser nicht Herr der Welt ist, weder dank göttlichen noch dank menschlichen Rechts" (S. XLIX).

Diese Fährte verfolgen wir nicht, zumal Karl ganz gewiß kein Vordenker der Rechtsphilosophie war. Dafür geben die Fakten viel her, was die Kernfrage von Karls „Mediävalität" oder aber „Modernität" anbelangt. Karl wird mit großer Vorliebe als „letzter Vertreter des mittelalterlichen Kaisergedankens" dargestellt, versteht sich, des Kaisers staatsmännische Größe in allen Ehren. Anstatt einer eher abstrakten Diskussion über Karls Theorien wenden wir uns aber den Fakten zu!

Das Entstehen der Grundlagen der Nationalstaaten ist ein Phänomen der Frühen Neuzeit. Frankreich steht da vorn dran – und es geht hier um Franzens Königreich. Durch den von Franz mißachteten Frieden von Madrid mit all seinen harten Bedingungen wurde klar, daß der Kaiser von der Prämisse der Bewahrung des französischen Staates ausging, sehr zum Ärger Cattinaras. Weshalb schloß er diese Pax Carolina? Aus der Überzeugung, daß ein christliches Königreich nicht zu zerstören ist? Gar aus Milde? Aus der Würdigung des großen katholischen Königreichs als eines Bollwerks gegen die aufstrebende „Ketzerei" Luthers? Oder aber aus der nüchternen Erkenntnis, daß ihm Frankreich zwar augenblicklich „zu Füßen lag" (Kapitel IV), daß er aber trotz geographischer Einkreisung auf die Dauer nicht in der Lage war, Frankreich und seinen Zentralismus militärisch niederzuhalten?

Kehren wir aber auf das Terrain der Fakten zurück: Der Kaiser hat den französischen Staat in seiner Substanz nicht angetastet und dadurch den Faktor, den man aus historischer Perspektive als einen Eckpfeiler der europäischen Staatenwelt der Neuzeit und damit der Nationalstaatlichkeit erkennt, bewahrt. Ob zähneknirschend oder nicht, ist hier gleichgültig. Die Quintessenz ist, daß Karl auf der Grundlage der Realität blieb und diesen Eckpfeiler de facto konservierte. Staatsmännischer Realismus ist dem Kaiser in jedem Fall zuzuerkennen. Dies bedeutet aber auf der einen Seite selbstverständlich nicht die Farce, Karl V. als Vorkämpfer der Nationalstaatlichkeit aufbauen zu wollen oder auch, weniger absurd, als einen Staatsmann, der die Notwendigkeit der, wenn auch nicht gewollten, Existenz von „Nationalstaaten" früh erkannt hat.

Auf der anderen Seite widersprechen die Fakten – die Bewahrung eben dieses französischen Staates – dem Wunsch, Karl V. an der Wende vom 20. zum 21. Jahrhundert für die Sache eines vereinten Europa historisch zu vereinnahmen. Das darf nicht darüber hinwegtäuschen, daß Karl V. ein Europäer im tiefsten christlich-geistigen Sinn war: All dies interessiert uns aber wiederum nur aus der Sicht der „Modernität" Karls V., die zu bejahen ist: Der Kaiser handelte den Realitäten der Neuzeit nicht zuwider, er war kein mittelalterlicher Staatsmann.

Frieden mit Frankreich 1529

Der erneute Krieg zwischen dem Kaiser und Franz I., in welchem Papst Klemens VII. an der Seite des letzteren stand und verlor, brachte erst Erfolge für die französischen Waffen. Eine französisch-genuesische Flotte, kombiniert mit französischen Landstreitkräften, blockierte bzw. belagerte Neapel, wo die bedrängten Kaiserlichen im Sommer 1528 vor ihrer Kapitulation standen. Dann aber lachte den Kaiserlichen unerwartetes Glück. Der genuesische Admiral Andrea Doria, ein Seeheld des Jahrhunderts, seit 1522 in französischen Diensten, zog sein Geschwader ab und ging für die nächsten Jahrzehnte zu den Kaiserlichen über. Doria, der im Seekrieg der dreißiger Jahre als kaiserlicher Admiral eine prominente Rolle spielte, wird uns im nächsten Kapitel beschäftigen. Es wurde vielfach versucht, die Motive seines Frontwechsels zu deuten. Auch dies beschäftigt uns aus der Sicht des Kaisers, der diesem alten Mann kritiklos vertraute. War Doria ein Condottiere, aus der Piraterie hervorgegangen, worauf sein Gegner Gattinara hinwies? War er ein glühender genuesischer Patriot, der zupackte, als Karl ihm und seiner Stadt unglaublich günstige Konditionen im Fall seines Überlaufens anbot? Handelte es sich um eine Trotzreaktion angesichts der Verletzung von Dorias Ehre und Interesse durch Franz I.? Ging es Doria nur darum, sich an der Seite des Stärkeren zu befinden? Oder agierte Doria aus religiöser Überzeugung, weil er die christliche Sache beim Kaiser besser aufgehoben sah als beim Türkenfreund Franz?

Ohne darüber weiter nachzudenken und ohne die Größe als Admiral oder den christlichen Glauben Dorias anzutasten, soll man sich wieder an den Fakten orientieren und unter anderem festhalten: Genua konnte dem

Frontwechsel eine wirtschaftliche Blüte sondergleichen verdanken, sehr zum Nachteil der rivalisierenden spanischen Hafenstadt Barcelona und der spanischen Staatskasse. Die Werften und die Industrie erhielten aus Spanien sagenhafte Aufträge, und die genuesischen Bankiers, darunter zum Beispiel Erasmo Doria, Stefano Doria, Hector Doria und Jacobo Doria (Carande, Band I, S. 209, 243, 413; Band III, S. 226, 230, 232, 340, 346, 376, 480) kassierten Wucherzinsen für ihre Darlehen an Karl, welche für die Zeit – wie für das heutige Abendland – als unglaublich erscheinen. Was wiederum nicht bedeutet, daß Andrea Doria einer persönlichen Bereicherung – über die jährlichen 60.000 Golddukaten für den Einsatz von Dorias Galeeren hinaus – zu bezichtigen wäre. Wie dem auch sei, Dorias Kehrtwendung war der entscheidende Grund für die Wende im Krieg, und beide Seiten, kriegsmüde, neigten zum Friedensschluß.

Eine für die Zeit einzigartige Initiative Karls, berühmt geworden dank der üppigen Aufarbeitung in der Fachliteratur, soll auch hier nicht unerwähnt bleiben. Der Kaiser forderte Franz zum persönlichen Zweikampf auf, sinngemäß auf der folgenden Grundlage: 1. Er beschimpfte Franz als wortbrüchigen Schurken, und ein Ritter mußte sich da mit der Klinge in der Hand gegen die Beleidigungen verteidigen. 2. Blutvergießen zwischen christlichen Armeen sollte verhindert werden. 3. Der Ausgang des Duells sollte als Gottesurteil darüber entscheiden, was es mit dem Bruch des während Franzens Gefangenschaft erzwungenen Friedens von Madrid auf sich hat.

Körperlich und von der Gewandtheit in Turnieren nach waren sowohl der 28jährige als auch der 34jährige in der Lage, in die Schranken zu treten. Aber wollen wir doch nicht rätselraten über den mutmaßliche Ausgang eines Zweikampfes, der nicht stattfand. Auch nicht über die Motive Karls bei der Herausforderung des Franzosen. Davon, daß er es ernst meinte und die Initiative nicht als bloßes Propagandamanöver ergriff, sollte man schon ausgehen und wieder versuchen, gleich Schlüsse auf Karls Charakter und staatsmännisches Gebaren zu ziehen.

Erst sah es so aus, daß Franz tatsächlich bereit ist, Satisfaktion zu geben, es kam zu einem Hin und Her von Absprachen zwischen Sekundanten, aber zum Duell kam es nicht. Schließlich lag es wohl an Franz. Sein Motiv war gewiß nicht Feigheit. War der Franzose mehr moderner Staatsmann, der so etwas als obsolet oder skurril ablehnt, als Karl, der Ernst machte? Die Frage ist wohl zu bejahen. Hier kehrte Karl den spätmittelalterlichen burgundischen Ritter heraus, während Franz der Sache als „moderner" Staatsmann souverän aus dem Weg ging. Allerdings: Karls durchaus mediävales Verhalten bei der Bereitschaft zum persönlichen Einsatz ist nicht der „Modernität" seines staatsmännischen Handelns entgegenzuhalten, welches im vorangehenden Abschnitt unter Beweis gestellt werden sollte.

Die Konditionen des jetzt folgenden Friedens von Cambrai, der als Damenfrieden in die Geschichte einging, sind im Gegensatz zu seinem staatsmännischen Gebaren beim Frieden von Madrid kein Prüfstein für Karls mittelalterliches oder neuzeitliches Denken. Denn in der militärischen Pattsituation seit der zweiten Hälfte des Jahres 1528 blieb den kriegführenden Parteien nicht viel mehr übrig, als einen Kompromißfrieden zu schließen.

Die beiden Ritter überließen es ihren Damen, aktiv zu werden und aufeinander zuzugehen. Kein Zweifel, die Entscheidung lag ausschließlich bei den Herrschern, es war keine Rede davon, daß etwa „die kriegslüsternen Männer von den sanften Damen" zur friedlichen Lösung überredet oder gar genötigt wurden. Sowohl Louise von Savoyen, Mutter von Franz I., effiziente Regentin während dessen Gefangenschaft, als auch Margarete von Österreich, Karls Tante, Statthalterin der Niederlande, waren politisch hochbegabte und stahlharte Persönlichkeiten. Die Friedensbedingungen, welche von den hohen Damen ausgehandelt worden sind, widerspiegelten zugleich die staatsmännische Weisheit beider Herrscher. Im Endeffekt wich der Frieden von Cambrai, der dann von den beiden Damen unterzeichnet wurde, wenig vom Frieden von Madrid ab. Franz verzichtete auf Ansprüche in Norditalien, Karl gab klein bei, zumindest dem Anschein nach: Der Kaiser versuchte nicht mehr, den Anspruch auf das Kernland Burgund, den er theoretisch aufrechterhielt, effektiv geltend zu machen. Damit verzichtete er auf etwas, was ohnedies nicht durchzusetzen wär, auf den Schnitt mitten in das Fleisch eines nicht entscheidend besiegten Frankreich. Karl befand sich noch auf hoher See unterwegs nach Italien, als der Damenfrieden in Cambrai am 3. August 1529 unterzeichnet wurde. Es folgte eine Friedensperiode von fünf Jahren, die Pax Christiana.

Vier Geschwister unter einem günstigen Stern

Philipp der Schöne von Habsburg und Johanna von Kastilien hatten sechs Kinder. Für vier der Geschwister brachten die Jahre 1530 bis 1531 Höhepunkte ihrer historischen Biographie. Die 1501 geborene Isabella lebte 1530 nicht mehr. Sie hatte ein kurzes und unglückliches Leben. Mit König Christian II. von Dänemark, Norwegen und Schweden, einem schlechten und liederlichen Menschen, unglücklich verheiratet, starb Isabella 1526. Sie fehlte also in der Reihe der glücklicheren Geschwister der frühen dreißiger Jahre. Die Jahre 1530/31 brachten Karl, Ferdinand, Maria und Eleonore viel Glück: Karl V. wurde 1530 vom Papst zum Kaiser gekrönt. Keinem anderen deutsch-römischen Kaiser war es nach ihm gegönnt, diesen staatspolitischen Höhepunkt zu erreichen. Es geschah an Karls 30. Geburtstag. Auf diesen Tag der Krönung hatte er sich diplomatisch und seelisch lange vorbereitet. Kein schöneres Geburtstagsgeschenk für einen Mann seines Alters.

Die Kaiserkrönung war die staatsrechtliche Voraussetzung für die Wahl Ferdinands zum römischen König. Aber auch die Überwindung dieser Hürde galt nicht als Gewähr; denn die Goldene Bulle von 1356 sah den Fall nicht vor, und es gab auch keinen Präzedenzfall dafür, daß der Bruder eines Kaisers zum römischen König gekrönt wird. Diese verfassungsrechtliche Lücke war zwar kein absolutes Hindernis, doch bedurfte es gewaltiger Anstrengungen und „Spenden" Karls, am Reichstag zu Augsburg eine Mehrheit der Kurfürsten für die Wahl zu sichern. Letzten Endes war aber der Kaiser erfolgreich.

Erzherzog Ferdinand von Österreich, bereits König von Böhmen und Ungarn, erhielt am 5. Januar 1531 die Stimmen von fünf der sieben Kurfürsten und wurde somit zum römischen König gewählt. Bald danach wurde Ferdinand in Aachen gekrönt. Dies brachte Ferdinand verschiedene neue Befugnisse im Reich, vor allem galt jedoch seine Wahl als Abschluß des bereits 1521/22, noch während des damaligen Aufenthalts Karls in den Niederlanden eingeleiteten Vorgangs der Erbteilung. Gewisse Geheimklauseln der Vereinbarungen zwischen den Brüdern Anfang der zwanziger Jahre sollten zum Beispiel erst nach Ferdinands Krönung zum römischen König in Kraft treten bzw. veröffentlicht werden.

Das Ergebnis der Erbteilung gestaltete sich nun 1531 folgendermaßen: In den österreichischen Erbländern erhielt Ferdinand Unabhängigkeit. Er bekam Nieder- und Oberösterreich, die Steiermark, Kärnten, Krain (auf dem Territorium des jetzigen Slowenien) mit dem Zugang zur Adria (Triest) sowie auch Tirol und die westlichen habsburgischen Länder (Vorlande). Ferdinand wurde Statthalter im Reich, wo er den Kaiser in dessen Abwesenheit, das heißt meistens, vertrat. In Mailand und Neapel sowie in den Niederlanden erwarb Ferdinand keine Rechte.

Die Erbteilung gehorchte der Notwendigkeit, Karl zu entlasten, zugleich aber der dynastischen Solidarität mit dem jüngeren Bruder: Ferdinand durfte nicht etwa „leer ausgehen". Der Bruder sowie die Schwestern Karls waren naturgemäß die treuesten Mitstreiter des Kaisers, und dementsprechend setzte Karl seine Geschwister in Schlüsselpositionen. Zwei Schwestern waren, wie wir gleich sehen werden, für die wichtigsten dynastischen Ehen vorgesehen und wurden zu Königinnen großer Reiche. Mit der Erbteilung ist dann Ferdinand zum Stammvater der österreichischen Linie der Habsburger geworden, er wird uns über Karls Regierungszeit hinaus stets begleiten.

Maria von Habsburg, Witwe des 1526 gestorbenen Königs Ludwig (Lajos) II. von Ungarn, wurde vom Kaiser nach dem Tod seiner Tante Margarete von Österreich, Statthalterin der Niederlande, zu deren Nachfolgerin auserwählt. Maria von Ungarn bekleidete dieses überaus wichtige Amt von ihrer Amtseinführung am 1. Juli 1531 bis 1555. Wir werden der staatsmännisch und militärisch hochbegabten Frau mehrfach begegnen, weil sie in Karls Politik eine bedeutsame Rolle spielte.

Eleonore, die älteste unter den Geschwistern, Witwe des Königs von Portugal, ist unmittelbar nach dem Friedensschluß von Cambrai keinem anderen als dem König von Frankreich bestimmt worden. Die Eheschließung war eigentlich Teil der umfassenden Vereinbarungen zwischen Karl und Franz. Über den Ehevertrag wurden jedoch zusätzliche Verhandlungen geführt: Dieselben Damen, welche den Frieden von Cambrai unterzeichnet hatten, erhielten im Spätherbst 1529 Vollmachten, die Konditionen einer Vermählung von Franz I. mit Königin Eleonore auszuhandeln. Eleonore willigte ein. Die Zeit war ohnedies längst vorbei, als die damals Neunzehnjährige freilich vergeblich versuchte, sich dem eisernen dynastischen Willen ihres jüngeren Bruders zu widersetzen und eine von Karl nicht genehmigte Ehe einzugehen. Die Vermählung fand in Paris am 5. August 1530 statt.

So brachten die Jahre 1530/31 Karl die lang gewünschte Krönung durch den Pontifex, Ferdinand die Krone des römischen Königs und die Konsolidierung der Erbteilung, Maria die Regentschaft der Niederlande und Eleonore immerhin die Würde der Königin von Frankreich.

Kaiser Karl V. führte in Deutschland nach 1520 gemäß Gattinaras Gutachten den Titel des Königs von Spanien, von Sizilien, Jerusalem, der Balearen, der Kanarischen Inseln und der Indianischen Inseln mit dem Festland – sechs Kronen an der Zahl. Wohl meinte Schiller keinen anderen als Karl V. in der Ballade „Der Graf von Habsburg", einen künftigen Höhepunkt habsburgischer Macht vor den Augen? Da prophezeite ein dankbarer Priester dem Stammvater Rudolf von Habsburg zu Aachen:

„Euch blühn sechs liebliche Töchter.
So mögen sie, rief er begeistert aus,
Sechs Kronen Euch bringen in Euer Haus
Und glänzen die spätsten Geschlechter!"

Kaiserkrone und sechs Königskronen für Karl. Für das Haus Habsburg noch viel mehr, europaweit.

Bruder Ferdinand war seit 1520 König von Böhmen und König von Ungarn, langfristig – über vier Jahrhunderte! – Bastionen für die Dynastie; auch wenn in Ungarn noch Bürgerkrieg tobte, und wenn 1540 bis 1686 faktisch ohnedies nur ein schmaler Streifen im Westen und Nordwesten des Landes für die Stephanskrone übrigblieb, weil der Türke das Gros des Karpatenbeckens okkupierte.

Töchter aus dem Hause Österreich – Karls leibliche Schwestern Katharina und Eleonore – trugen die Kronen der Königinnen von Portugal, des großen, steinreichen Kolonialreichs, und eben Frankreichs. In den Niederlanden, Karls ureigenem Herrschaftsgebiet, regierte die Statthalterin Maria. In Neapel, Karls Königreich, saßen spanische Vizekönige.

Außer Skandinavien – abgesehen vom tragischen und 1526 durch den Tod von Karls Schwester Isabella beendeten Zwischenspiel mit einer Habsburgerin als Königin von Dänemark –, Polen und freilich dem orthodoxen Rußland: Mitglieder des Hauses Habsburg überall in Europa.

Des Kaisers weltpolitische Zwischenbilanz 1532

Als Karl 1533 nach Spanien zurückkehrte, war er zu Recht zufrieden mit der Ernte, die er nach den Jahren der Abwesenheit einfahren konnte. Auf dem Gipfel kaiserlicher Würde und Macht dank der Krönung zu Bologna aufgestiegen, konnte Karl mit Genugtuung auf die weltpolitische Landkarte blicken:

Italien gehörte seinem Machtbereich an, vertrieben war der französische Erzrivale. Der Kirchenstaat und Venedig mußten ihm zwar nicht gehorchen, doch hatte der Kaiser jetzt nichts zu befürchten. Die Bewohner der Halbinsel empfanden sicherlich alles andere als Freundschaft und Liebe Karls düsteren Spanien gegenüber, aber es herrschte Ruhe nach der grausamen Unterwerfung von Florenz auf Geheiß des Medici-Papstes, keine Friedhofsstille.

In den Niederlanden hat Karl für die bestmögliche Nachfolge nach dem Tod der Margarete von Habsburg gesorgt. Maria von Ungarn wird dort für Kontinuität für ein Vierteljahrhundert sorgen. Ganz ruhig waren die Provinzen zwar nicht, doch sie florierten und bereicherten sich unvermindert.

Das treue Spanien bereitete längst keine Probleme mehr. Es war Karls feste, große Basis. Kaiserin Isabella war die ideale Regentin, sie verstand spanische Sorgen, sie vertrat spanische Interessen – nicht immer im Einvernehmen mit dem Kaiser. Die Halbinsel lieferte eine Vielzahl bester Soldaten für Karls Machtentfaltung europaweit: ein hoher Blutzoll über die Jahrzehnte. Spanien gab viel, viel Geld her. Es zahlte oft zähneknirschend. Auf der Ebene seiner eigenen wirtschaftlichen Entwicklung brachte Spanien enorme Opfer, eher unbewußt. In Kapitel XI über das Weltreich und die Weltwirtschaft werden wir sehen, daß die sagenhaften Gold- und Silberschätze aus der Neuen Welt zwar in Kastilien abgeliefert wurden, jedoch schließlich meist anderen Ländern als Spanien zugute kamen.

Das Kolonialreich weitete sich aus, gerade in diesen Jahren auch auf den südamerikanischen Kontinent, darüber werden wir ebenfalls in Kapitel XI lesen. „Denn das ganze traumhaft unwahrscheinliche Machtgebilde war doch zur Zeit volle Wirklichkeit und beschäftigte die Phantasie der Zeitgenossen und der Nachwelt. Der Name des Kaisers strömte Energien aus bis in entlegene Winkel dieser Erde, und aus diesen ihm selbst unbekannten Räumen wirkten der berauschende Duft und der magische Glanz des Goldes notwendig auf den Kaiser und seine Umgebung zurück." Illustrativer als bei Brandi (S. 278) ist das Weltreich nicht zu charakterisieren.

Fügen wir bereits an dieser Stelle hinzu, an die Bemerkung über die dem Kaiser unbekannten Räume anknüpfend: Eine Reise Karls in die Neue Welt kam weder für Karl in Betracht, noch konnte ihm irgend jemand ernsthaft vorwerfen, wenn er sie nicht unternahm. Monatelange Seereisen mit Lebensgefahr für den Kaiser auf dem weiten und stürmischen Ozean, solchen Zeitaufwand, solches Risiko auf sich zu nehmen, das wäre höchstens Sache eines unverantwortlichen Abenteurers gewesen, und Karl war das Gegenteil davon.

Und Deutschland? Und „die Türkengefahr"? Sicherlich Schwachstellen, selbst auf die ansonsten so erfolgreichen Jahre von 1529 bis 1532 projiziert. Dem Reich wird zusammenfassend ein eigenes Kapitel gewidmet, und dort werden wir auch über die Reichstage zu Augsburg und zu Regensburg sowie über den Schmalkaldischen Bund (1531) lesen. Immerhin hat sich der Kaiser mit den Protestanten momentan auf eine Weise arrangiert, daß er ein Reichsheer gegen die neuerlich Wien bedrohenden Türken aufstellen und sie im September 1532 zum Rückzug nötigen konnte: Kein geringer Erfolg, darüber erfahren wir wiederum im nächsten Kapitel, welches die Türkenkriege Karls im vierten Jahrzehnt seines Lebens erfaßt.

KAPITEL VIII

Der Kaiser, der Seekrieg und zwei Admiräle

Eine gewisse persönliche Vorliebe Karls V. für die Kriegführung zur See schlechthin ist einerseits nicht zu leugnen. Andererseits ist der Einfluß dieses subjektiven Elements auf die Geschehnisse angesichts einer Reihe von objektiven Faktoren zu relativieren, welche auf die Gesamtheit der strategischen Planung des Kaisers im Mittelmeerraum und auf seinen eigenen Einsatz bei zwei großen Seeoffensiven, nämlich Tunis 1535 und Algier 1541, eingewirkt haben.

Das vierte Jahrzehnt von Karls Lebenslauf eben als „mediterran" zu bezeichnen, entbehrt nicht einer gewissen Faszination, liegt doch der Schwerpunkt seines imperialen Denksystems der Jahre 1530 bis 1541, in einem weiteren Sinne zwischen 1528 und 1543, im Mittelmeerraum. Sicherlich vergißt Karl in diesem Jahrzehnt die dornigen Fragen weiß Gott nicht, welche ihn auf deutschem Boden plagen; sicherlich führt er Landkrieg gegen Franz I. auf dem französischen Kriegsschauplatz. Doch hält er sich in jenen Jahren am meisten in Spanien (1533 bis 1535, 1536 bis 1539) und in Italien (1532 bis 1533, 1535 bis 1536) auf: Formale Daten, welche jedoch nicht ohne Zusammenhang mit den wesentlichen Faktoren sind, die wir jetzt zusammenfassen.

Eingangs ist der defensive Grundcharakter von Karls Strategie bei der maritimen Kriegführung im Mittelmeerraum, der uns an dieser Stelle allein beschäftigt, mit Nachdruck festzustellen. Diese Kriegführung gehorchte im Prinzip den defensiven Aspekten unter den zeitlosen Funktionen des Seekrieges: erstens der Schutz der eigenen Küsten; zweitens der Schutz der Seewege, Schutz der eigenen Handelsschiffe. Auch die anschließend genannten zwei Funktionen können, wie wir sehen werden, einer generellen defensiven Strategie dienen: drittens die Invasion fremder Länder samt Belagerung von Küstenburgen; viertens die generelle Kraftprobe mit der feindlichen Flotte; sie steht meistens mit der einen oder anderen unter den erstgenannten Funktionen in Zusammenhang; ein Selbstzweck ist die große Seeschlacht nur selten.

Angesichts der defensiven strategischen Zielsetzung Karls im mediterranen Seekrieg standen zwangsläufig die erste und die zweite Funktion im Vordergrund. Aber auch das Handeln gemäß der dritten Funktion, Invasion fremder Länder. „Präventivschläge", das heißt hier die See-Expedition nach Tunis (1535) und nach Algier (1541), gehorchten der strategischen Defensive mit dem Zweck, Gefahren der angreifenden Flotten abzuwenden.

Die Gefahr ging im zweiten und dritten Jahrzehnt des Jahrhunderts von den moslemischen Piratenstaaten Nordafrikas aus: Diese Gefahr ging dann nach 1530, in erster Linie dank der Übernahme des osmanischen Flottenkommandos durch Barbarossa, in eine Direktkonfrontation mit der türkischen Weltmacht über. Die gesamte Mittelmeerküste, die Balearen und nicht weniger die Inseln Sardinien und Sizilien sowie die Küsten des italienischen Festlandes waren durch feindliche Angriffe unmittelbar gefährdet. Über die nicht aufhörenden Plünderungen und Verwüstungen hinaus fühlten sich insbesondere die Staaten auf der italienischen Halbinsel ständig durch den massiven Angriff eines osmanischen Invasionsheeres, gleich dem Otranto-Feldzug Mehmeds II., 1480, bedroht – zu Recht oder eher zu Unrecht: Denn das etwaige Kräftegleichgewicht hatte zur Folge, daß die Voraussetzungen für einen strategischen Großangriff weder osmanischer- noch kaiserlicherseits gegeben waren. Doch werden wir uns mit dem Kreuzzugsgedanken und den militärischen Voraussetzungen eines Entscheidungskampfes zwischen Karl V. und dem Osmanischen Reich erst in den Kapiteln IX und X beschäftigen.

Die wichtigsten Seewege, welche des Schutzes von Karls Kriegsmarine im westlichen Mittelmeer bedurften, verbanden die beiden großen Halbinseln miteinander und mit den Inseln: Sie führten vom iberischen Subkontinent nach Italien; der Seeweg Barcelona–Genua war die klassische „Nordroute"; weiter südlich ist die Verbindung der großen spanischen Häfen mit Neapel und Messina hervorzuheben. Solange Algier und Tunis in Feindeshand blieben, war da der Schiffsverkehr mehr als unsicher. Schlimmer noch: Durch das fortschreitende Zusammenwirken zwischen der osmanischen und der französischen Flotte drohte eine Querverbindung Algier–Marseille zu entstehen. Die französischen Häfen konnten die Schiffe der Ungläubigen zumindest anlaufen. 1528 gelangte allerdings eine wichtige Flottenbasis unter kaiserliche Kontrolle: Genua verweigerte der französischen Schutzmacht die Gefolgschaft und wechselte zu Karl über.

Andrea Doria und Haireddin, genannt Barbarossa, sind die beiden herausragenden Persönlichkeiten des Seekrieges im Mittelmeer in der ersten Hälfte des 16. Jahrhunderts. Der persönliche Einsatz dieser beiden Admiräle im Auftrag der einen oder anderen Weltmacht galt, wenn nicht in sich als kriegsentscheidend, so doch als gewichtiger Faktor, zumal sie beide ihre eigenen Geschwader in den Seekrieg mitbrachten. Und die außergewöhnliche Begabung der Admiräle hatte ihr Eigengewicht.

Unter den „moralischen Größen", welche zur erfolgreichen Strategie beitrugen, nennt Clausewitz „die Taten der Feldherren". Sowohl die Begabung von Doria als auch die von Barbarossa waren fürwahr außerordentlich. Somit brachte Doria außer dem Flottenstützpunkt und Handelszentrum Genua und darüber hinaus, daß er ab 1528 als strategischer Bonus für Franz I. ausfiel, sein herausragendes Talent und Wissen mit ins kaiserliche Lager. Doria interessiert uns hier, weil Karls Beziehung zum Admiral Ausnahmecharakter hatte und weil dies Rückschlüsse auf die Persönlichkeit des Kaisers erlaubt.

Doria entstammte einer der ältesten genuesischen Adelsgeschlechter. Seine Vorfahren und er selbst spielten eine bedeutsame Rolle in der genuesischen Geschichte. In seinem langen Leben diente er als Condottiere dem Papst, dem Herzog von Urbino, den Königen von Neapel und seit 1522 dem König von Frankreich. Franz überhäufte ihn einerseits mit hohen Ämtern, andererseits verletzte er aber später sowohl den Stolz als auch die Ehre des Seehelden. Dies löste nun den Übertritt zum Kaiser 1528 aus. Genua blieb denn auch der kaiserlichen Sache treu, obgleich die Franzosen nie aufgaben. Einer der gescheiterten Versuche Frankreichs, Genua wieder an sich zu reißen, war die von Schiller besungene „Verschwörung des Fiesco zu Genua" 1547.

Des Kaisers Konzept für den Seekrieg und Andrea Doria

Karl V. war frei von jenen Schwächen, welche selbst das Geschichtsbild mancher großer Herrscher trüben: Er war weder allzu mißtrauisch noch zu arglos. Sein ausgewogenes Verhalten ist freilich in Verbindung mit seiner Besonnenheit schlechthin zu betrachten. Karl überlegte, wie wir wissen, jede Entscheidung recht sorgsam, oft zu lange, dann aber war er der Richtigkeit seines Beschlusses sicher. Wir wissen auch, daß er – vielleicht außer Chièvres, der ihn in seinen jüngsten Jahren entscheidend beeinflußt haben mag, und Gattinara, dessen Ratschläge ihn in Einzelfragen bis zum 30. Lebensjahr beeinflußten – keinem Ratgeber kritiklos begegnete. Kurzum, die Fragen des Mißtrauens oder der Arglosigkeit sind im Lichte der souveränen Entscheidungen des Kaisers zu sehen.

Das Verhältnis zu Doria nimmt da eine Sonderstellung ein, nicht zuletzt wegen der besonderen Stellung des Genuesen: Doria wurde zum Großadmiral der kaiserlichen Kriegsmarine und er war zugleich auch Verbündeter, besser gesagt, Vasall. Ein Kernstück der Verständigung mit Doria nach dessen Kehrtwende 1528 war die Garantie von Genuas Autonomie durch Karl. Doria brachte 14 genuesische Galeeren in die kaiserliche Marine ein, wofür er wiederum die stolze Summe von 60.000 Dukaten pro Jahr erhielt. Somit kam eine der interessantesten politischen Symbiosen des 16. Jahrhunderts zustande. Von nun an dienten die genuesischen Seeleute und die Bankiers loyal der mächtigen katholischen Monarchie, so resümiert Fernandez Alvarez im Band XVIII von Pidals Geschichte Spaniens. Die Loyalität der Bankiers wurde übrigens teuer erkauft: Zahlte Karl für spanische oder niederländische Darlehen 10, maximal 25 Prozent Zinsen, so kostete das geliehene Geld in Genua bis zu 67 Prozent Zinsen pro Jahr!

Dorias Frontwechsel wurde zum Teil durch Franz I. verschuldet, doch köderte ihn der Kaiser mit günstigen Konditionen, welche Doria 1528 durch den vor Neapel in Kriegsgefangenschaft geratenen Marchese del Vasto unterbreitet wurden, als der Admiral noch unter französischer Flagge focht. Karls geheimer Kronrat sowie Gattinara und andere rieten dem Kaiser von einem Zusammengehen mit Doria ab, dem „alten Piraten", einem „Wendehals". Auch Don Pedro de Toledo, Vizekönig von Neapel, und andere Kastilier trauten ihm nicht über den Weg. Das Mißtrauen der Kaiserin Isabella hatte, wie wir gleich sehen werden, einen ganz anderen Stellenwert. Doch hörte Karl nicht auf all diese Persönlichkeiten

– im Endeffekt wohl zu Recht. Er erkannte die Tragweite der Gewinnung Genuas, seiner Flotte und vor allem von Dorias Talent. Allerdings richteten sich die Einwände der meisten Ratgeber weniger auf objektive als auf moralisch-politische Gegebenheiten.

Da kommt der Gemahlin Karls eine besondere Rolle zu: Zur Kriegführung im westlichen Mittelmeer nimmt die Kaiserin eine Haltung ein, welche in einer Hinsicht dem Konzept von Doria und Karl diametral widerspricht. Die Zielsetzung, Algier einzunehmen, Barbarossa diesen Stützpunkt zu entziehen, um die Sicherheit der spanischen Küsten und der Schiffahrt zu gewährleisten, ist nicht strittig. Doch die Mittel! Da stoßen das durch Doria entscheidend beeinflußte maritime Konzept des Kaisers und das Denken der spanischen Berater der Regentin in Kategorien des Landkrieges aufeinander. Doria, dessen Konzept sich der Kaiser anschließt, forciert den massiven Bau von Kampfschiffen, was Wunder, wenn ein Admiral das tut. Für die militärischen Berater Isabellas sind hingegen Schiffe primär zum Transport der Landstreitkräfte bestimmt. Wie dem auch sei, sowohl gemäß dem Konzept der Kaiserin und der Kastilier, die den Schwerpunkt der Kriegführung zu Lande lokalisierten, als auch gemäß dem eher maritimen Konzept von Karl V. samt Doria war auch der Ausbau der Landstreitkräfte unentbehrlich. Auch Seekriege kann man ohne eine schlagkräftige Infanterie nicht gewinnen. Das entscheidende Kräftemessen mit einem Gegner ausschließlich zu Wasser, die große Seeschlacht, welche soeben als „vierte Funktion" der Seekriegführung bezeichnet wurde, ist meistens kein Selbstzweck. So etwas strebte selbst ein Doria nicht an. Praktisch wirkte sich die Differenz zwischen dem maritimen und dem Konzept, dessen Vertreter die geplanten See-Expeditionen aus der Sicht der Kriegführung nach der erfolgreichen Landung eines Expeditionskorps betrachteten, eher nur im Bereich des Schiffsbaus aus.

Dank Karls spanischer Heeresreform von 1534 wurde ein epochales Kapitel der europäischen Militärgeschichte geschrieben: Durch die Umorganisation der Infanterie wurden die Grundlagen für die Aufstellung der lange als unbesiegbar geltenden *tercios* geschaffen. Während seines erneuten Aufenthalts in Spanien – von April 1533 bis zur Tunis-Expedition Ende Mai 1535 – konnte sich Karl auch der weiteren Festigung seines militärischen Denkgebäudes widmen, das auf den Eckpfeilern römischer Kriegskunst beruhte; zugleich verstand es der militärische Denker und praktische Organisator Karl, vom antiken Gedankengut für das Zeitalter der Feuerwaffen Nutzen zu ziehen.

Sicherlich galten diese zwei Jahre außer dem Eingriff in die spanische Innenpolitik auch einem intensiven Ausbau der Organisation der amerikanischen Besitzungen. Zum Beispiel stellt der Herrscher am 20. Februar 1534 die Weichen für den planmäßigen Hafenbau in Westindien; am gleichen Tag werden die Grenzen der westindischen Diözesen gezogen; am 21. Februar verfügt Karl die Freiheit von Kontakten zwischen Indianern und Spaniern; die Höchstgrenze der Beladung der Schiffe im Amerikahandel wird festgesetzt (28. September 1534).

Doch kreisten die Gedanken des Monarchen um militärische Fragen schon wegen des Plans einer See-Expedition nach Nordafrika. Die Aufstellung der *tercios* gehorchte einem mittel- und langfristigen Plan, doch machte sich die Umorganisation der Infanterie bereits bei der Tunis-Expedition bemerkbar. Die rein quantitativ-organisatorische Umgestaltung wirkte sich auf die Effizienz der Einheiten ebenso aus, wie einst die legendäre Heeresreform des Gaius Marius. In der militärhistorischen Tragweite kann sich die Organisation der tercios mit der epochalen Heeresreform des römischen Feldherrn durchaus messen. Dem Wesen nach war der Römer allerdings ein dem stets auf kaiserliche Würde und Distanz bedachten Karl diametral entgegengesetzter Mensch: ein bäuerlicher, ungehobelter Mann, der aus den Reihen der einfachen Soldaten hervorging. Der Kern von Marius' Heeresreform lag darin, daß er die Kohorte als Grundeinheit der Legion eingeführt, damit die Kohortentaktik entwickelt hat. Dadurch wurde die Unbesiegbarkeit der römischen Legionen für Jahrhunderte begründet.

Die zahlenmäßig größte spanische Einheit war noch in der Frühzeit der Katholischen Könige die Kompanie. Später wurden die von Obersten befehligten Regimenter aufgestellt, welche jeweils aus 20 Kompanien bestanden. In den *tercios* nun wurden drei mittlere Einheiten unter dem Kommando von Obersten vereint, im Prinzip mit jeweils zwölf Kompanien oder „Fahnen". Diese war die Sollstärke. Ein neuer Dienstgrad wurde für das Kommando der *tercios* eingeführt: Maestres de Campo befehligten die *tercios*; eine Übersetzung fällt schwer; Feldkommandant ist vielleicht angebracht. Die Zahl drei dürfte die Bezeichnung *tercio* erklären. Ausgangspunkt war die römische Legion, die im Mittelpunkt des militärischen Denkens der Renaissance stand: eine Infanterieeinheit, welche über Jahrhunderte als unbesiegbar betrachtet wurde. Zählte die Legion einst 6000 Mann, so war die Sollstärke der *tercios* 3000. „Deswegen nannte man sie *tercios* und nicht Legionen", schreibt der zeitgenössische Offizier

Sancho de Londono. Eine andere Erklärung ergibt sich aus dem Umstand, daß die ersten spanischen *tercios* in der Lombardei, in Neapel und in Sizilien aufgestellt wurden und daß sie jeweils „ein Drittel der Italienarmee" bildeten.

Galten die römischen Legionen als Vorbild abendländischer Landheere bis in die Neuzeit, so fiel dem Exempel dieser „unbesiegbaren" klassischen Infanterieeinheit eben bei der Aufstellung der *tercios* 1534 eine unmittelbare organisatorische Bedeutung zu. Waren die tercios zwar eine spezifisch spanische Truppe, so spielten doch die Lehren aus römischer Kriegskunst direkt oder indirekt eine besondere Rolle im militärischen Denken der Renaissancefürsten schlechthin.

Des Kaisers militärisches Credo und Lieblingslektüre bis zu seinem Tod war Caesars „Gallischer Krieg". Das einzige umfassende Werk über römische Kriegskunst nun, Vegetius, Epitoma rei militaris (Abriß des Militärwesens), prägte allerdings das Gedankengut Karls wie auch aller europäischen Heerführer vom Hochmittelalter bis ins 18. Jahrhundert. Die vier Bücher der Epitoma des Publius Vegetius Renatus entstanden Ende des 4. Jahrhunderts n. Chr., sie dienten ganz anderen Zwecken als die Kommentare des von Karl V. bewunderten militärischen und staatsmännischen Genies Caesar: Vegetius war keiner von der Größe Caesars, auch kein „antiker Clausewitz". Vielmehr war er Spitzenbeamter des Finanzwesens, also kein Militär. Sein Werk war eine Art sorgfältiger Bestandsaufnahme der klassischen Heeresorganisation bzw. Kriegskunst für den Gebrauch der Spätantike. Es sollte zu einem zeitlosen Kompaß für das militärische Denken werden.

Denken in klassischen Kategorien erleichterte denn auch den Durchbruch zur Organisation der *tercios*; diese entfalteten sich bald, zwar nicht über so viele Jahrhunderte wie die römischen Legionen und ohne deren historischen Glanz, zur ersten hocheffizienten Infanterietruppe seit der Antike, welcher damals keine andere Einheit – wohl außer den Janitscharen – Paroli bieten konnte.

Karl konnte sich der französischen Version des Vegetianischen Werkes bedienen, welche von Christien de Pisan 1488 unter dem Titel „L'art de chevalerie selon Vegèce traiecté de la manière que les princes doivent tenir au faict" (Die ritterliche Kriegskunst gemäß Vegetius, überliefert auf eine Art, an welche sich die Fürsten in der Tat zu halten haben) in Paris ediert wurde, ein Titel gemäß der Zeit – und ganz nach dem Geschmack des jungen Karl von Gent.

Als Kern der direkten Aussage für die Zwecke zur Verwertung bei der Aufstellung der *tercios* galten das II. Buch, Kapitel VI, mit der Gliederung der Legion – noch im Sinn der Heeresreform des Marius – in zehn Kohorten sowie die darauffolgenden Kapitel über die Zuteilung der Offiziere, insbesondere der Centurionen.

Karl war sich einerseits dessen bewußt, daß sich seine Spanier ganz besonders zur Organisation solcher Infanterieeinheiten eigneten, und andererseits erkannte er mit scharfem Blick die herausragende taktische Tugend der Infanterie als solcher. Unsere modernen Militärhistoriker zitieren die Spanier – und Karl als Kriegsherrn – mit besonderer Anerkennung. Schon von den Zeitgenossen „wurden die Spanier weit und breit bewundert", schreibt der Oxford-Dozent Hale.

„Vom Temperament her nicht reizbar und standhaft waren sie an ein hartes Leben gewöhnt, und sie ertrugen es gerne ... Die Männer wurden in den Garnisonen gut ausgebildet, bevor sie im Felde eingesetzt wurden" (Hale, S. 485).

Was nun spezifisch Karl V., seine Erkenntnis der Bedeutung des Fußvolkes und seinen persönlichen Einsatz angeht, war er an der Spitze der Monarchen, welche „die zunehmende taktische Bedeutung der Infanterie durch eine dramatische Geste popularisierten: Karl V. marschierte über eine kleine Strecke mit seinen Pikenieren mit" (S. 499). Der an lange Märsche gut Gewohnte, aber früh Gichtgeplagte, auf kaiserliche Würde eher als auf Beliebtheit Bedachte, scheute sich nicht, sich seinen Mannen im Gelände anzuschließen, ein Ergebnis von Karls eiserner Selbstbeherrschung und seines Pflichtbewußtseins.

Von der Vorliebe des Kaisers für die Stangen- und Wurfwaffe schlechthin tut auch Tizians berühmtes Gemälde „Karl V. in der Schlacht von Mühlberg" kund, dort freilich zu Pferde, mit einer Lanze, er, einst der jugendliche burgundische Ritter der Turniere. Dem Endvierziger wurde es diesmal verwehrt, mit den Soldaten zu Fuß mitzumarschieren, dermaßen quälte ihn die Gicht. Der Künstler verheimlicht dies keineswegs. „Was wir hier sehen, ist nicht so sehr natürliche Kraft, wie Haltung ..., Vollzug einer schweren Pflicht..., Anspannung, Wille, Energie" (Herbert von Einem, S. 20).

Karls prägnante Charakterzüge blicken da herab von der Leinwand, fügen wir hinzu. Es wird aus Rankes unübertrefflicher Charakterisierung zitiert, um das Bild abzurunden: „Wenn man ihm die Waffen anzog, so bemerkte man, daß er rund über zitterte. Erst, wenn er gerüstet war, dann ward er mutig, so mutig, daß man glaubte, er trotze darauf, daß noch nie ein Kaiser erschossen worden" (S. 137). Bei Algier war es aber 1541 beinahe soweit: Ein feindlicher Schütze legte auf Karl an, doch traf die Kugel nicht. Die Treffsicherheit war eben noch sehr dürftig zu jener Zeit ...

Es ist nicht bekannt, daß sich der Kaiser um jeden Preis in militärische Details eingemischt hätte. Doch galt sein gezieltes Interesse durchaus auch Einzelfragen der Aufstellung von Einheiten, zumal wenn es um politisch gesehen heikle Einsätze und auch um Männer ging, auf die sein besonderes Augenmerk fiel. Hier ein Beispiel:

Bernardo de Aldana fiel dem Kaiser bei Mühlberg auf: Im Gefecht um die Brücke von Torgau bewährte sich der Dragonerhauptmann durch besondere Tapferkeit. Vom Vertrauen Karls zu Aldana zeugt auch die Tatsache, daß ihm die Überführung des gefangengenommenen Landgrafen Philipp von Hessen von Aalen nach Cannstatt anvertraut wurde.

1548 wurde Aldana vom Kaiser zum Kommandanten eines *tercio* ernannt, das in Ungarn als Hilfe an Bruder Ferdinand gegen die Türken und antihabsburgische Magyaren eingesetzt werden sollte. Karl befahl, die Einheit auf nur fünf Bataillone zu reduzieren, und ernannte vier Kapitäne zu Bataillonskommandanten, während ein Bataillon unmittelbar dem Maestre de Campo Aldana unterstand.

Ein „Unternehmen Barbarossa"

Die spanische Geschichtsschreibung befaßt sich mit Haireddin Barbarossa weit mehr als die Historiographie anderer christlicher Länder, wenn man nun von den neoklassischen deutschen Karl-Forschern wie Brandi und Rassow absieht, und dies aus gutem Grund: Die kriegerische und die diplomatische Auseinandersetzung mit der Seemacht Osmanenreich und ihrem Großadmiral mit eigener Hausmacht im Maghreb steht im Mittelpunkt von Karls „mediterranem" Denken insbesondere, aber nicht ausschließlich zwischen 1530 und 1543. Barbarossa nicht nur als Gegenspieler, sondern auch als „Gegenstück" zu Andrea Doria? Die Fragestellung soll hier allein dem Verständnis von Karls Mittelmeerpolitik und des abenteuerlichen „Unternehmens Barbarossa" der spanischen Geheimdiplomatie dienen. Die Parallelismen sind imposant, aber aus der Sicht der Politik Karls nicht entscheidend:

Doria und Barbarossa waren hochbegabte Seefahrer, wohl die beiden größten Admiräle des Jahrhunderts. Beide verfügten zwar über ihre eigene „Hausmacht", waren aber „hauptberuflich" Flottenkommandanten

untereinander verfeindeter Großmächte. Als Staatsmänner und Diploma-
ten haben sich beide bewährt. 1528 wechselte Doria die Schutzmacht.
Das strategisch und wirtschaftlich bedeutsame Genua begab sich von der
französischen in die kaiserliche Schirmherrschaft. Viel mehr fiel jedoch
der persönliche Einsatz von Doria als Flottenkommandant Kaiser Karls
ins Gewicht.

Der französisch gesteuerte Staatsstreichversuch von Fieschi, Genua
1547 dem kaiserlichen Machtbereich wieder zu entreißen, hatte historische Dimensionen. Nur wenige – allerdings auch Schiller! – erkannten
dies und zugleich auch die schillernde Persönlichkeit des Fieschi.

Kann sich die Geschichte wiederholen? 1539/1540 unternahm die
spanische Diplomatie den Versuch, Barbarossa zum Frontwechsel zu
bewegen. Hatte das abenteuerliche Unternehmen, für welches selbst Karl
seinen Namen hingab, je die geringste Chance?

Die Herkunft von Haireddin, genannt Barbarossa (spanisch Barbar-
roja), ist umstritten. In jedem Fall floß entweder überhaupt kein oder nur
wenig türkisches Blut in den Adern des Korsaren. Ihm erging es, nach Rankes Einschätzung, wie Spartacus: Der antike Rebell kommandierte eine
„Räuberschar", war aber kein Räuberhauptmann, vielmehr ein militärisches Genie! Barbarossa betrieb Piraterie in großem Stil, er hatte aber das
Zeug für einen Flottenadmiral, zu dem Suleiman der Prächtige ihn ja auch
ernannte. 1532 bis 1546 war er Kapudan Pascha, Oberbefehlshaber der osmanischen Seestreitkräfte. Sooft er sich gegen die Spanier in Gewässern
des westlichen Mittelmeeres schlug, tat er dies als Großadmiral des
Padischah, eher als nordwestafrikanischer Korsarenfürst. Diesen Umstand schien die spanische Diplomatie nicht verkraftet zu haben, als sie
Karl zu dem von vornherein aussichtslosen Abenteuer verleitete. Es lag nur
am diplomatischen Geschick des Kaisers, daß er selbst nicht – oder nur
halbwegs – kompromittiert wurde.

Der offizielle diplomatische Austausch mit der rivalisierenden Groß-
macht – dem Waffenbruder des „allerchristlichsten Königs" Franz I. von
Frankreich – ist eine Sache, Schachzüge im Interesse der Überführung des
feindlichen Großadmirals ins christliche Lager sind etwas ganz anderes.
„Ein dunkler Punkt ist das Locken der Vasallen der Pforte. Der Zweck der
Verhandlungen von Juan Gallego und Juan de Presenda mit Barbarossa ist
unklar. Bei der ersten Verhandlung dachte man daran, Barbarossa in eine
Falle zu locken, eventuell zu ermorden", so resümierte Marino (S. LXII),
freilich mit Hinweis auf Brandi.

Agenten, Unterhändler auf verschiedenen Ebenen waren Juan Gallego, immerhin Zahlmeister der Landstreitkräfte, der Hauptmann Alonso de Alarcón, Pedro Sanchez und andere. Um eine Vereinbarung mit Barbarossa zu unterzeichnen, sollten sich dann Andrea Doria und Ferdinand I. von Gonzaga-Guastalla, Vizekönig von Sizilien, zur Verfügung stellen.

Der Kaiser hat die Bedeutung des Projekts – den einstigen Frontwechsel Dorias vor Augen – erkannt. Offiziell vereinnahmen für das Manöver ließ er sich wohl nur aufgrund allzu optimistischer Berichte diverser Agenten, welche durch die Mäander der geheimdienstlich-diplomatischen Dienststellen bis zur allerhöchsten Stelle gelangten: Dem Kaiser wurden Briefe über eine echte Bereitschaft Barbarossas zum Überlaufen bzw. über fortgeschrittene Verhandlungen vorgelegt.

Auf der Ebene der klassischen Diplomatie nun verfuhr man spanischerseits nach allen Regeln der Kunst: Andrea Doria und Vizekönig Ferdinand I. von Gonzaga-Guastalla erhielten von Karl am 3. März 1540 formelle Vollmachten für die Zwecke von Verhandlungen und Vertragsabschlüssen „mit Haireddin Pascha, genannt Barbarossa".

Am 10. April 1540 unterzeichneten Doria und Ferdinand I. von Gonzaga-Guastalla eine Urkunde, durch welche Unterhändlern Barbarossas freies Geleit auf kaiserlichem Territorium gewährt wurde. Am gleichen Tag erging eine Instruktion an Zahlmeister Gallego für die abschließenden Verhandlungen mit Barbarossa „über das Bündnis (mit) und den Eintritt in die Dienste seiner Majestät der Person und der Streitkräfte des Serenissimus Haireddin Pascha". Der Entwurf eines Vertrages mit Barbarossa hat am 3. März 1540 vorgelegen. Demnach verpflichtet sich „Karl, aus Gottes Gnaden Römischer Kaiser", „Algier, Tripolis, Bougie, Tunis, Boye und la Goleta" Barbarossa zu überlassen. Dafür habe sich Barbarossa zu verpflichten, ein generelles Bündnis mit Kaiser Karl einzugehen; sich ihm mit 50 oder 60 Galeeren anzuschließen; seinen Sohn – versteht sich als Geisel – nach Spanien zu senden; die Piraten von den Gewässern zu verjagen; dem Kaiser im Fall eines Krieges gegen Venedig oder gegen den König von Frankreich beizustehen.

Die diplomatische Aktion gipfelte in einem persönlichen Schreiben des Kaisers, ausgefertigt in Gent am 3. März 1540, adressiert an den „Hochverehrten und unter den Türken geschätzten Haireddin Pascha". In dem Brief, einem Meisterwerk diplomatischer Kunst und Feinfühligkeit, heißt es: „Von Juan Gallego, Zahlmeister unserer Streitkräfte, haben wir erfahren, was Ihr ihm Eurerseits aufgetragen habt Uns zu berichten. Davon haben Wir mit großem Vergnügen und mit Genugtuung Kenntnis genommen, und Wir erfuhren über Euren Willen, Uns gefällig zu sein, wofür Wir Euch sehr danken, und Wir zollen Anerkennung dafür, was Ihr Uns anbieten werdet; und um die vereinbarte Freilassung der Gefangenen zu Ende zu führen, haben Wir beschlossen, den genannten Juan Gallego erneut zu Euch zu senden, und durch ihn (Gallego) senden Wir Vollmachten an den Fürsten Andrea Doria ... und Don Fernando de Gonzaga ..., damit sie sich darüber mit Eurer verehrten und geschätzten Person vereinbaren und die Vereinbarung diesmal abschließend zu behandeln. Und Wir verpfänden Unser kaiserliches und königliches Wort und versichern Wir Euch als Kaiser und König, daß nun alles, was Ihr mit ihnen vereinbaren oder vertraglich festhalten werdet, lückenlos gutheißen und einhalten werden, so wie Wir es über den Mund des Vizekönigs von Sizilien gesagt haben. Und die anderen Einzelheiten werdet Ihr von dem genannten Juan Gallego erfahren ..."

Der Brief atmet die persönliche Formulierung des vierzigjährigen Staatsmannes, der sich, was konkrete Vereinbarungen mit dem Großadmiral angeht, auf die Befreiung der Gefangenen beschränkt, und sich doch als so aufgeschlossen für die Verwirklichung des Projekts eines Übertritts Barbarossas ins kaiserliche Lager erweist. Wo Karl am weitesten geht, „Uns gefällig zu sein", stellt der Kaiser einerseits recht klar, worum es in der Sache geht, ohne gleichzeitig das klassische Terrain des Gefangenenaustausches als faßbaren Ausgangspunkt für namentlich nicht genannte, überaus delikate zusätzliche Kontakte und eventuelle Vereinbarungen höchster Größenordnung zu verlassen. So viel zur persönlichen Note in der Korrespondenz des Kaisers, der übrigens den Mordplan gegen Barbarossa oder gar eine ausgeklügelte Provokation in keinem Fall gebilligt hat. Wenn nicht die burgundische Ritterlichkeit, so doch die Wahrung der kaiserlichen Würde, die bei einem so brutalen Vertragsbruch selbst im Umgang mit einem Ungläubigen äußersten Schaden genommen hätte, dürfte da die Barriere gewesen sein: Ein Kaiser Karl wendet keine Methoden von Wegelagerern an!

Hat Barbarossa je ernsthaft verhandelt? Diese Frage ist wohl zu verneinen! Ließ er sich auf Scheinverhandlungen – etwa mit Juan Gallego – ein, so hat er darüber seinem Großherrn zweifelsfrei treu berichtet.

In der Sache geht es nicht so sehr darum, daß das Angebot an Barbarossa so verlockend gar nicht war: Zusicherung einer Herrschaft über Territorien, welche seinem Machtbereich zum Teil ohnedies schon angehörten (Algier usw.); auch nicht darum, daß Barbarossa beim Scheitern des Übertritts mit einer fürwahr horrenden Vergeltung zu rechnen gehabt hätte.

Vielmehr gab da eine echte Loyalität Barbarossas dem Padischah und der osmanischen Sache gegenüber den eigentlichen Ausschlag, wie es überhaupt hochkarätige Überläufer aus dem osmanischen Lager so gut wie nicht gegeben hat. Christlicherseits wurde dieser Faktor völlig verkannt, als das „Unternehmen Barbarossa" überhaupt ins Auge gefaßt wurde. Man glaubte, im Endeffekt doch nur mit einem Korsaren zu tun zu haben, der zwar eines staatsmännischen Formats nicht entbehrt, der jedoch käuflich ist. Der „Fall Barbarossa" wurde mit dem an sich auch nicht unbedenklichen Übertritt Dorias von den Diensten eines christlichen Monarchen in die Gefolgschaft eines anderen verglichen und verwechselt. Wenn aber dem Kaiser hier der Frontenwechsel von Andrea Doria (1528) vorschwebte, ist es ihm doch bei allem Respekt für das ethisch tadelfreie und behutsame persönliche Vorgehen im Fall Barbarossa politisch anzulasten, daß er die Situation nicht richtig erkannt und das Projekt überhaupt zugelassen hat. Im Endeffekt gab da den Ausschlag, daß der notorische Christenhasser Barbarossa, wie er in einer zeitgenössischen Quelle charakterisiert wird, „moslemischer war als Mohammed".

Das 1540 gescheiterte diplomatische „Unternehmen Barbarossa" soll ein mysteriöses Vorspiel auf der Ebene einer Geheimdienstaktion der übelsten Sorte gehabt haben; die Sache wird anschließend erwähnt: Die Mission Presenda dürfte zumindest insofern dem Bereich der historiographischen Legendenbildung zuzuordnen sein, als da Karl wohl zu Unrecht die Rolle des unmittelbaren Auftraggebers in einem obskuren Agentenabenteuer auf mittlerer Ebene zugeteilt wird.

Im Herbst 1534 soll „ein gewisser Genuese, genannt Luis de Presenda", beauftragt worden sein, „sich bei Barbarossa in Tunis einzuschmeicheln, dessen Intentionen zu erkunden und zweiwöchentlich zu berichten". So weit, so gut: Die See-Expedition Karls stand bevor. Darüber hinaus soll jedoch der als Kaufmann getarnte, ortskundige Presenda einen Aufstand des durch Barbarossa entmachteten Muley Hassan provozieren und, falls dies mißlingt, wie folgt prozedieren: Der Agent habe sich Barbarossa „als akkreditierter Botschafter des Kaisers zu nähern" und zu versuchen, ihn vom Sultan zu trennen, indem er den Piraten mit dem Versprechen der Herrschaft über Nordafrika besticht. Sollte Presenda auch da nicht erfolgreich sein, so habe er Barbarossa bei einem seiner Trinkgelage durch gedungene Mörder vergiften oder erdolchen zu lassen. Allerdings wurde Presenda enttarnt und hingerichtet. Schließlich zitiert der Harvard-Professor Marriman (S. 207) kritiklos Quellen, welche über das schier Unglaubwürdige berichten: Karl habe demnach dem von Presenda ausgearbeiteten Mordplan nicht nur zugestimmt, sondern auch die Summe für die Belohnung des Mordbuben vereinbart. Allerdings habe dann der Kaiser an seinem Gefechtsstand von La Goleta 1535 einen Mauren, der anbot, Barbarossa zu ermorden, empört abgewiesen, aber nur, weil „die Sache viel zu publik" wäre (Merriman, S. 207, 208).

Ob Karl, wenn irgendein kaiserlicher Agentenführer die Mission Presenda vorgeschlagen oder gestartet hat, darüber auch unterrichtet wurde, mag dahingestellt bleiben. Daß sich aber der Übervorsichtige, der auf majestätische Würde Bedachte, der reife Herrscher mit einem Abenteurer in der Form eingelassen haben soll, wie sie von diesen Quellen beschrieben wird, entbehrt jeder Glaubwürdigkeit; zumindest würde dies von dem Gesamtbild, das von Kaiser Karl V. in dieser Biographie vermittelt wird, radikal abweichen.

KAPITEL IX

Der Seekrieg im Mittelmeer von 1532 bis 1543

Die Koron-Expedition 1532 und Karls strategischer Erfolg bei Wien

Die Vorstöße der kaiserlichen Streitkräfte ins östliche Mittelmeer, 1532 bis 1534 und 1538, sind unter dem Aspekt der Gesamtstrategie und nicht etwa als einzelne militärische Abenteuer zu sehen. Welchen Platz sie innerhalb dieser Strategie genau einnehmen, ist freilich nicht von vornherein klar: Den Gegner testen, etwa mit Blick auf einen späteren Großangriff – aber welchen? Flagge zu zeigen in den ansonsten vom Feind beherrschten Gewässern? Ablenkungsoperationen? Kann man darüber streiten, ob ein Entscheidungskampf zwischen dem Kaiser und den Osmanen zu Lande und zu Wasser überhaupt denkbar oder aber in Anbetracht des Kräftegleichgewichts ausgeschlossen war, so ist allerdings folgendes unzweifelhaft: Eine Offensive zur See gegen Istanbul muß, wenn nicht als absurd, so doch als militärisch undurchführbar erscheinen: Feindliche Flotten konnten in das Marmarameer aus dem Westen nur über die Dardanellen vordringen, und die Meerenge war schon seit Mitte des 15. Jahrhunderts so befestigt, daß jedes feindliche Schiff zum leichten Opfer der Küstenartillerie werden mußte, von einem Aufgebot der osmanischen Kriegsmarine gar nicht zu sprechen. Wieso hätten die Galeeren Dorias dort eine Chance gehabt, wo im Gallipoli-Feldzug 1915/16 die vereinten Flotten der Entente scheiterten? So ist jeder Hinweis auf eine Seeoffensive über die Dardanellen gegen Istanbul zwangsläufig als reine Rhetorik zu betrachten. Die Undurchführbarkeit mußte Karl bewußt gewesen sein; Doria erst recht. Ob wiederum eine ernsthafte Planung der Kaiserlichen für die Landung eines Expeditionskorps in der Nordägäis oder aber für einen Vorstoß zu Lande über den Balkan vorgelegen hat, ist nicht belegt. Rein hypothetisch könnten die Seeoffensiven 1532/34 und 1538 mit solchen Plänen als Vorspiel in Verbindung gebracht werden.

Die Fakten können nun wie folgt zusammengefaßt werden: Parallel mit der Planung einer Landung in Algier oder Tunis wurde eine See-Expedition ins Ionische Meer von langer Hand vorbereitet. Dem Nachrichtendienst des Kaisers im Königreich Neapel kam da eine besondere Bedeutung zu. An dessen Spitze stand der Marchese de la Tripalda, aus dem neapolitanischen Adel, vordergründig „nur" Gouverneur der Provinz Apulien. Für die Expedition nach Koron 1532/34 durfte weitgehend der Bericht der Agenten Tripaldas über die Schwäche der türkischen Verteidigung in Griechenland den Ausschlag gegeben haben.

Der Marchese verfügte über einen Nachrichtendienst mit vorbildlicher Organisation. Tripalda genoß große Autorität und das Privileg, dem Kaiser unmittelbar, also nicht über den Dienstweg, das heißt, über den Vizekönig von Neapel, Don Pedro de Toledo, zu berichten. Er durfte dem Kaiser „die Hand küssen", was der Terminus für eine persönliche Audienz war. Dies ist hervorzuheben, weil der vorsichtige Karl den Direktkontakt zum Geheimdienst im Prinzip nicht gern in Kauf nahm. Tripalda konnte sich bei der Errichtung seines exzellenten Agentennetzes der meist selbstlosen Mitwirkung von Christen jeden Glaubensbekenntnisses erfreuen, die unter türkischer Herrschaft lebten, auf dem Balkan, aber auch in Istanbul.

Der Vorbereitung der Koron-Expedition dienten eben die Berichte über den Zustand der Fortifikationen auf dem Peloponnes, über die Kriegsschiffe und den Flottenbau des Sultans, über die Kanonengießereien in Albanien, wohin einmal nach einer Agentenmeldung „hundert Kamele, beladen mit Metall" für die Geschütze getrieben wurden. Berichte von Tripalda reichten weit über Militärisches auf dem Balkan hinaus. Er sammelte Informationen auch über Tunis und Algier oder über die französisch-türkischen Kontakte. So enthielt beispielsweise der Brief des Marchese an den Kaiser vom 24. Juli 1532 eine Warnung vor dem „gefährlichen Spion, dem Vermittler der Allianz zwischen Franzosen und Türken, Rincón". In der Tat, der gebürtige Spanier Rincón erwies sich als eine Schlüsselgestalt in der französisch-osmanischen Geheimdiplomatie. Der gewaltsame Tod Rincóns (1541) wird uns noch beschäftigen, galt er doch als Vorwand für einen neuen Krieg Frankreichs gegen den Kaiser.

Entscheidend für die Koron-Expedition 1532/34 waren die Berichte von Tripaldas Agenten über die großangelegten Vorbereitungen Suleimans für seinen Feldzug 1532 nach Ungarn und nach Österreich. Die Kunde über eine neue Gefahr, welche Wien drohte, führte zu den militärischen Maßnahmen Karls, welche er im Schicksalsjahr 1532 mit großer Folgerichtigkeit ergriff. Die spanischen Quellen erleichtern uns, die Zusammenhänge und zugleich den Umstand klar zu erkennen, daß der Kaiser alle Fäden in der Hand hielt, wo auch immer er sich aufgehalten haben mag. Über den Reichstag zu Regensburg 1532 berichten zahlreiche Quellen. Wir wissen, daß die zumindest provisorische Gewährung religiöser Freiheit mit dem Versprechen der deutschen Protestanten verbunden war, bei der Abwendung der Türkengefahr tatkräftig mitzuwirken. Darüber hinaus müssen wir aber nunmehr auf der Ebene der militärischen Planung den Zusammenhang zwischen der Verteidigung im Landkrieg auf dem ungarischen und dem österreichischen Kriegsschauplatz einerseits und dem spanischen Vorstoß im östlichen Mittelmeer andererseits erkennen. Da handelte Karl ganz im Sinn seiner defensiven Globalstrategie: Angesichts der Bedrohung Wiens setzte der Kaiser parallel an beiden Flanken an: An der Nordflanke, durch die Anstrengungen für die Aufstellung eines gewaltigen Landheeres an der Donau. An der Südflanke dank der See-Expedition in griechischen Gewässern, gewiß ein Nebenkriegsschauplatz. Beachtet man nämlich den Bericht über die in Regensburg am 26. März getroffenen Vereinbarungen mit Andrea Doria und die planmäßige, koordinierte Kriegführung an beiden Kriegsschauplätzen, so wird der Sinn der Entsendung einer Flotte ins östliche Mittelmeer erkennbar: Es handelt sich da keineswegs um die Errichtung von Brückenköpfen als Vorbereitung für den Vorstoß nach Konstantinopel. Vielmehr galt die Peloponnes-Expedition einer direkten Entlastung für die Donaufront. Der Rückzug des Türkenheeres aus dem Raum von Wien erfolgte dank des Anmarsches des Christenheeres unter Karls persönlicher Führung, aber zugleich auch dank der Erkenntnis des Sultans, daß sein Reich in einem Kerngebiet auf dem südlichen Balkan sehr wohl verwundbar war. Zu verdanken war dies dem strategischen Denken und der Vorsorge Karls durch die bereits Ende März angeordnete Peloponnes-Expedition und freilich dem Admiral, der die Pläne des Kaisers ausführte. Flagge zu zeigen, die türkische Schiffahrt im Ionischen Meer und vielleicht in der Ägäis zu gefährden, all dies ging einher mit dem Grundgedanken der „Eröffnung einer zweiten Front" tief im osmanischen Kerngebiet.

Angesichts der Zeit, welche die logistische Vorbereitung und die Bewegung von Flotteneinheiten über große Entfernungen damals in Anspruch nahmen, sowie der von langer Hand geplanten zeitlichen Koordination der Schläge, welche an der Donau und im Ionischen Meer parallel zu führen waren, galt für Karl Ende März als der richtige Zeitpunkt, um den Angriff im östlichen Mittelmeer anzuordnen. Die Chronologie soll die Durchführung des Kaiserbefehls vom 26. März und gleichzeitig auch das Tempo der Bewegungen von Kriegsflotten in der Zeit Karls V. veranschaulichen.

Im Juli setzte das kaiserliche Geschwader unter dem Kommando von Doria Segel in Genua. Am 7. August stießen in Neapel weitere Einheiten zur spanisch-genuesischen Flotte. Am 18. August passierten die Schiffe die Meerenge von Messina, am 5. September vereinte Doria alle Einheiten einschließlich der hinzugestoßenen päpstlichen Galeeren vor der von den Türken im Peloponnes gehaltenen Festung Modon. Die bequeme Fortbewegung der kaiserlichen Flotte war einerseits durch die damaligen Grenzen der maritimen Technik, wenn nicht durch die Meteorologie bedingt. Andererseits wollten Karl und Doria das Gegenteil eines Überraschungsschlages erzielen. Eine Überraschung für die Türken sollte nur die Stelle sein, wo die christliche Kriegsmarine losschlägt. Daß sie überhaupt angreift, das sollte dem Feind früh genug bekannt sein. Der Sultan sollte sich beunruhigt fühlen oder gar dazu veranlaßt werden, auf dem nördlichen Kriegsschauplatz behutsam, wenn nicht halbherzig zu agieren, weil sich eine bedrohliche feindliche Streitmacht den verwundbaren Küsten seines Reiches irgendwo im Süden näherte. Weder Land- noch Seestreitkräfte konnte der Sultan an einer ihm unbekannten Stelle, nämlich, wo Doria angreifen wird, rechtzeitig konzentrieren.

Zu Lande und zu Wasser waren Kuriere – des Kaisers und des Sultans! – pausenlos unterwegs. Karl gab von Regensburg aus laufend Instruktionen an Doria. Über die Bewegungen der kaiserlichen Flotte wurde Suleiman ständig berichtet. So sollte es auch sein, dies entsprach der Planung der Kaiserlichen. Vielleicht spielte Karls Geheimdienst sogar den Türken – echte! – Informationen über die See-Expedition zu. Kurzum, Suleiman sollte sich nicht wohl fühlen in seiner Haut dort oben an der Donau, inmitten seines Riesenheeres. Der spanische Historiker de Laiglesia betont Karls laufende Regensburger Anweisungen, was freilich nicht bedeutet, daß der Kaiser von seiner Methode abwich, die militärischen Operationen zwar zu bestimmen, sich jedoch nicht in alle Einzelheiten einzumischen.

Der Höhepunkt des militärischen Geschehens wurde an der Donaufront und in den fernen griechischen Gewässern gleichzeitig im September 1532 erreicht. Der Kaiser marschierte in der zweiten Septemberhälfte mit seinem imposanten Heer Richtung Wien, nachdem das von den Türken belagerte Graz schon am 14. September entsetzt werden konnte. Zu einem Großkampf kam es nicht. Von der Bedrohung durch das anrückende Reichsheer aufgeschreckt, die Gefährdung seiner Südflanke durch Doria befürchtend, entschloß sich Suleiman zum Rückzug. Karl hielt seinen triumphalen Einzug in Wien am 23. September. Die Entscheidung an der Donaufront ist ohne einen Schwertstreich gefallen.

Die Entscheidung auf dem Hauptkriegsschauplatz fiel unblutig vor Wien. Das österreichische Aufgebot im Raum von Graz spielte allerdings eine nicht zu unterschätzende Rolle. Schon vor dem Beginn der eigentlichen Bedrohung Wiens empfahl der steirische Landeshauptmann Hans Ungnad, von den Kanzeln zu verkünden, daß das Volk zur Befestigung von Wien beizutragen habe (5. Juni 1532).

Am 21. Juli 1532 ordnete Ungnad eine Art „Generalmobilmachung" an: Alle Wehrpflichtigen hatten sich in Radkersburg zu melden. Ende August verheerten die Türken weite Teile der Steiermark. Sie brannten die Orte Neudau, Grafendorf, Kirchberg und Gleisdorf nieder. An Graz zogen sie erst vorbei und wandten sich nach Leibnitz, das sie niederbrannten. Nur das Schloß Seggauberg hielt stand. Als dann das Türkenheer seinen generellen Rückzug antrat, setzten die Österreicher der Nachhut übel zu.

Gleichzeitig mit den Geschehnissen an der Nordfront, vor Wien und bei Graz, nahmen die Spanier die Festungen Koron und Modon wie auch die Stadt Patras auf dem Peloponnes ein. Sie hielten die Positionen bis 1534. Das Ausharren der spanischen Garnisonen in Koron und Modon bis zu ihrem Rückzug im April 1534 diente ähnlichen Zwecken wie der Militärschlag im Herbst 1532, durch welchen die Spanier diese Brückenköpfe errichten konnten und durch welchen Karl freilich der akuten Gefährdung Wiens entgegentrat: Feindliche Streitkräfte fern der Donaufront zu binden, die Schiffahrt und die militärische Planung der Türken zu verunsichern, dank den Stützpunkten auf dem Peloponnes, ein Dorn im Fleisch des osmanischen Imperiums.

Tunis 1535: Feuertaufe, wohlverdienter Ruhm und Sieg

Bei Wien konnte Karl im September 1532 den langersehnten persönlichen Einsatz im Gefecht nicht erleben. Der Sultan trat den Rückzug an, ohne eine Schlacht zu liefern, wobei „der Angriff von Doria gegen die griechischen Küsten den Entschluß Suleimans ohne Zweifel beeinflußte", räumte auch Fernandez Alvarez in Band XVII (S. 389) der offiziösen Geschichte Spaniens von Pidal ein. Der Tunisfeldzug von 1535 gehorchte ebenfalls dem defensiven gesamtstrategischen Konzept Karls im mediterranen Seekrieg: Es war ein Gegenschlag, denn Tunis war erst im Vorjahr in feindliche Hände geraten: Im Juni 1534 war Barbarossa nach Tunis gesegelt; er hatte das schwache Regime des dortigen Herrschers Muley Hassan gestürzt und sich des Stützpunktes bemächtigt. Ein Blick auf die Landkarte reicht, um sich von der einzigartigen Position des Stützpunktes Tunis im zentralen Mittelmeer zu überzeugen: An der Stelle gelegen, wo sich die afrikanische Küste dem europäischen Festland am nächsten erstreckt, beherrschte Tunis die Meerenge von Sizilien. In der Hand eines Barbarossa galt es als unmittelbare, schwere Bedrohung für Karls Herrschaftsgebiete auf dem italienischen Festland, für Sizilien und Sardinien.

Sicherlich wurde irgendeine See-Expedition gegen die „Ungläubigen" in Afrika von langer Hand geplant. Sicherlich war der Kaiser von der Perspektive des persönlichen militärischen Einsatzes beseelt. Es sind Faktoren, welche Karls persönliche Motivation und zugleich die Motivation der Truppe zusätzlich stärken. Doch gab letzten Endes der kategorische Imperativ den Ausschlag, die Gefahr, welche von Tunis ausging, abzuwenden, der feindlichen Besetzung des Stützpunktes durch einen gewaltigen Gegenschlag ein Ende zu bereiten.

Die unmittelbare Vorbereitung und die Durchführung der Aktion waren ein organisatorisches Meisterwerk. Und so verlief die See-Expedition: Vor der Einschiffung nahm der Kaiser Ende Mai 1535 in Barcelona die Parade seiner Truppen ab. Die Konzentration aller Streitkräfte erfolgte im südsardischen Cagliari vor der letzten Etappe der Überfahrt: Die Flotte setzte sich aus Kriegs- und Transportschiffen aus Spanien, Italien, Portugal und Holland zusammen, 74 Linienschiffe, darunter sechs päpstliche Galeeren und vier Galeeren der Johanniter aus Malta, mit den Landebooten insgesamt etwa 400 Fahrzeuge, unter dem Kommando von Andrea Doria. Die Landstreitkräfte umfaßten 32.000 Mann.

Am 14. Juni stach die Armada von Cagliari in See, „das stattlichste Aufgebot, das man in diesen Gewässern seit langem gesehen hat" (Brandi,

S. 304). Nach einem Tag auf hoher See wurde die afrikanische Küste gesichtet. Die Flotte ging vor Anker gegenüber der Stelle, wo einst das antike Karthago gelegen hatte. Der Schlüssel zur runden Bucht von Tunis war die mächtige Festung La Goulette (spanisch La Goleta). Dies ergab sich aus ihrer geographischen Position: La Goulette lag auf einer flachen Landzunge, mit dem landeinwärts gelegenen Tunis durch eine Lagune verbunden.

Es wurde im Kriegsrat überlegt, Tunis oder La Goulette als erstes Objekt der Operation anzugreifen. Der Kaiser, von der Einsicht ausgehend, daß Tunis nach der Einnahme von La Goulette wie eine reife Frucht in die Hände des Christenheeres fallen wird, entschied über die Reihenfolge. Er entsandte einige Kriegsschiffe, „um die Lage, die Befestigungen und die Garnison dieser Festung Goulette in Augenschein zu nehmen und zu rekognoszieren ... und die Stelle zu orten, wo unsere Reiterei optimal an Land gehen kann", so des Kaisers Schilderung im Brief an Hannart, seinen Botschafter in Frankreich (Lanz, Band I, Dokument Nr. 405, S. 186–187).

Die Franzosen sollten über die siegreichen Operationen Karls bei Tunis sehr wohl in Kenntnis gesetzt werden, nicht etwa als freundschaftliche Geste, vielmehr als Mahnung: Ein neuer Krieg mit Frankreich stand bevor. Die blutige Schlacht um den Besitz von La Goulette dauerte bis Mitte Juli. Schritt für Schritt erkämpfte sich das Heer den Weg zur Festung. Der Ingenieur Feramoli leitete die Erdarbeiten an den Schützengräben; alle Infanteristen legten Hand an. Mehr noch als die Ausfälle des Feindes machten den Soldaten die sengende Hitze und der Durst zu schaffen. Barbarossa bemühte sich, die Belagerer vom Trinkwasser fernzuhalten. Beim Sturm auf La Goulette ordnete Karl sein Heer folgendermaßen: Die Eliteeinheiten, Spanier und Deutsche, griffen vom Norden und vom Osten an, die italienischen Truppen standen im Westen. Der Kaiser zog mit der Feldartillerie. Gleichzeitig hämmerten die Schiffsgeschütze von der See her auf die Befestigungen ein. Durch die Breschen in den Mauern der Festung stürmten die verschiedenen Infanterieeinheiten in die Festung, und La Goulette fiel am 14. Juli.

Das kaiserliche Heer erbeutete den gesamten Artilleriepark der Türken; es wird von 300 Kanonen berichtet, vielleicht eine übertriebene Zahl. Das französische Fabrikat war am Lilienwappen zu erkennen, das an den Geschützen angebracht war ... Der Kaiser zögerte einen Augenblick, als im Kriegsrat Stimmen laut wurden, die Einnahme von Tunis zu verschieben. Dann entschied er sich jedoch für die Fortsetzung der Operationen.

Zwischen dem Sieg von La Goulette und der Eroberung von Tunis durch die Christen kam es noch zu einer verlustreichen Feldschlacht. Barbarossa setzte auf den Durst in den feindlichen Reihen und schnitt die Kaiserlichen von den Brunnen ab. Der Kampf wurde am 20. Juli 1535 ausgetragen. Die Schlacht von La Goulette und von Tunis, das war die Feuertaufe für den Kaiser. Nunmehr in den besten Mannesjahren, stand jetzt Karl auf der Walstatt.

In seiner eigenhändigen Mitteilung an die mit dem Kriegswesen engst vertrauten Schwester Maria beschreibt Karl das Geschehen: „Es war heiß, aber sehr. Wir waren unterwegs von zwei Uhr morgens bis Mittag, und wir starben vor Hitze ... Wir marschierten in guter Ordnung. Zwischen unseren Reihen und der Nachhut, in der Mitte, befand sich der Troß. Der Feind beschoß uns mit seiner Artillerie, und wir antworteten. Die Arquebusiers feuerten auf uns, wir taten das Gleiche. Er attakkierte, und wir auch. Dann zog sich der Gegner zurück. Wir ließen ihn ziehen, bis ein Teil seiner Artillerie von uns umzingelt war, und es kam zum Nahkampf. Viele litten derartig unter der Hitze, daß sie lieber im Gefecht gestorben wären ..., und tatsächlich verdursteten recht viele. Dann machten wir halt, wir brauchten dringend etwas Ruhe. Niemand war für den weiteren Vormarsch ... Ich wollte mich vorerst mit dem erfolgreichen ersten Schlag begnügen, eher, als zu hasardieren" („dhazarder", schreibt Karl auf französisch, wie üblich in der Korrespondenz mit seiner Lieblingsschwester).

Doch die Ruhepause sollte kurz sein. Karls *tercios* nahmen die Verfolgung des Feindes bald wieder auf. Barbarossa, im Landkampf nicht unerfahren, doch weitaus nicht so sicher, wie zu Wasser, zog sich nach Tunis zurück. Dort erhoben sich die zu Sklaven degradierten christlichen Kriegsgefangenen gegen die Moslems. Karls Artillerie und der Sturmangriff der tercios taten das übrige. Tunis war am 21. Juli 1535 in christlicher Hand.

Der „burgundische Ritter", der jugendliche Held der Turniere in Flandern und in Spanien, der vorbildliche Reiter und Fechter, der Kreuzfahrer, erfuhr nun seine Genugtuung „in der Mitte unseres Lebensweges" (al mezzo del camin di nostra vita), das man, so Dante, eben mit 35 erreicht. Karl konnte sich mitten im Schlachtgetümmel bewähren, mit scharfer Klinge. Sein Roß wurde verwundet, der Page neben ihm getötet, und der Kaiser focht weiter. Jetzt zog er endlich gleich mit dem Rivalen Franz, dessen persönlicher Einsatz auf dem Schlachtfeld, selbst bei dessen

Niederlage vor Pavia, Karl mit Nostalgie erfüllte. Noch saß der Kaiser fest im Sattel, obgleich er mitten im Tunisfeldzug einen seiner Gichtanfälle erleiden mußte.

Da stand nun der Feldherr Karl, der Caesar-Discipulus in Strategie und Taktik, der Heeresreformer von 1534, die Organisation der tercios, war angelaufen und erfüllte ihre Aufgabe nach allen Regeln der Kunst: Durch fehlerlose Planung und Organisation der Expedition, durch Führung der Truppe, durch persönlichen Einsatz. Jedem schädlichen Prestigegedanken bei der Leitung der Operationen abhold, beugte sich der Kaiser zwischen La Goulette und Tunis den Vorschlägen des Kriegsrates, „war ich doch neu als Heerführer" („pour estre capitagne nouveau"), schrieb er Maria. Der König von Spanien, Herr über Italien, konnte die Gefahr abwenden, welche seinen Halbinseln und Inseln durch Barbarossas Angriffe drohte: Der Gegner hat den Stützpunkt Tunis wieder verloren.

Das Oberhaupt der Christenheit, das Haupt des Hauses Habsburg, hat den Halbmond verdrängt, keinem anderen als dem Großadmiral Barbarossa eine empfindliche Schlappe zugefügt. Nach unbestreitbarem militärischen Ruhm war wieder der Staatsmann gefragt. Von Karls politischem Handeln auf dem Höhepunkt seiner langen Laufbahn, von seiner großen Rede vor Papst und Kardinalskollegium zu Ostern 1536 erfahren wir im Kapitel XII.

Preveza 1538: Ein neues Kräftemessen mit Barbarossa

Der Seekrieg 1538 integriert sich nicht so eindeutig in das strategische Gefüge wie die Entlastung Wiens durch die Koron-Expedition 1532 oder der Gegenschlag zu Tunis 1535: Die neue Expedition ins östliche Mittelmeer, wieder einmal in griechische Gewässer, war der momentanen Entlastung der kaiserlichen Streitkräfte durch die „Verbrüderung" mit König Franz beim „Gipfeltreffen" von 1538 zu verdanken, an deren Echtheit Karl blauäugig glaubte, und gleichzeitig auch der Chance einer militärischen Allianz mit der venezianischen Seemacht. Dank einer augenblicklichen Atempause in der Auseinandersetzung mit Frankreich, dank der relativen Sicherheit, daß ihm sein neuer „liebster Freund" Franz jetzt nicht in den Rücken fällt, konnte der Kaiser die neue See-Expedition in griechische Gewässer wagen. Dabei setzte er aber keineswegs alles aufs Spiel. Nicht ein an Franzens Aufrichtigkeit zweifelnder, vielmehr ein von Natur aus vorsichtiger Karl übte sich beim Feldzug 1538, einem Unternehmen nur mittleren Ausmaßes, in Zurückhaltung: Karl soll seinem

Admiral die Anweisung gegeben haben, die Substanz der Flotte in keinem Fall zu gefährden.

Was den Ursprung des Unternehmens anbelangt, übertreibt Jorga wohl in seiner Ironie, doch stimmt historisch, daß da ein „vernichtender Schlag" gegen das Osmanenreich geplant – oder eher erträumt! – wurde, der jeglicher Realität entbehrte: „Unter recht traurigen Verhältnissen schloß die Republik am 8. Februar 1538 mit dem Papst und Karl V. den Vertrag über eine Liga ab, die so großartig wie lächerlich erschien. Von 30.000 Mann deutschen Fußvolks, ebensoviel Spaniern und Italienern, 5000 Reitern, ... und zahlreicher Artillerie ist darin die Rede; am 1. März sollten sich diese Truppen in Otranto oder Brindisi versammeln. Die Streitkräfte zur See werden auf 200 Galeeren und 100 Schiffe veranschlagt; Portugal, das Ungarn von König Ferdinand, vielleicht auch Polen, Moskowien und sogar Franz I., der Alliierte Suleimans, würden sich, nahm man an, dem heiligen Bunde anschließen. Da an Dorias und des Herzogs von Urbino Sieg nicht gezweifelt wurde, so behielt sich Karl von der Beute Konstantinopel, der Papst einen eigenen Staat im Orient und Venedig unter anderem ..., Koron und Avlona vor", so faßt Jorga aufgrund zeitgenössischer Quellen zusammen (Band III). Königin Maria kam der phantastische Plan zu Ohren, und sie warnte Karl davor.

Wer den besonnenen und in realistischen strategischen Kategorien denkenden Kaiser einigermaßen kennt, wird keinen Augenblick glauben, daß Karl solche abenteuerlichen Planspiele je ernst genommen hätte; die schlauen Venezianer erst recht nicht. Es handelt sich nicht einmal darum, daß Fernziele gesteckt werden sollten. Für Karl ging es wohl im Endeffekt um pure Rhetorik, nicht zuletzt mit Blick auf den unsichersten aller Kantonisten, nämlich auf König Franz.

Der Kaiser gab also seine Zustimmung zu einem Unternehmen mittleren Ausmaßes, das mit aller Vorsicht, wenn nicht halbherzig zu führen war. Im Spätsommer 1538 kreuzte das venezianische Geschwader von 81 Schiffen, gleichzeitig mit 13 päpstlichen Kriegsschiffen, vor der griechischen Westküste auf. Des Kaisers Admiral, Andrea Doria, schloß sich mit der spanischen Flotte an. Diese bestand aus 24 Triremen (Dreiruderern), drei Zweiruderern und 30 Transportschiffen. Am 27. und 28. September kam es vor Preveza zum Gefecht mit Barbarossas osmanischer Flotte von 70 Schiffen. Die Schlacht war nicht besonders verlustreich und blieb auch noch am zweiten Tag unentschieden, als Doria mit seinem Geschwader abdrehte: Diese Tatsache läßt sich nicht abstreiten, sie wird aber höchst unterschiedlich gedeutet. Nach Dorias Rückzug preschte Barbarossa vor und schlug die venezianisch-päpstliche Flotte in die Flucht. Nach einer Deutung wurde Doria durch objektive Gründe daran gehindert, Haireddin eine Entscheidungsschlacht zu liefern: „Bei Preveza war Andrea Doria dabei, sich mit dem Türken ins Gefecht einzulassen, als der Wind sich drehte. Da er nicht allzusehr von seinen Transportschiffen getrennt werden wollte, stellte er den Angriff ein", so der englische Kriegshistoriker Hale (S. 507). Andere Militärhistoriker bezichtigen den großen Admiral einfach der Feigheit wohl zu Unrecht oder der kaltblütigen Eigennützigkeit; Doria soll seine Schiffe nicht länger aufs Spiel gesetzt und seine Verbündeten aus diesem Grund im Stich gelassen haben. Schließlich zitiert Zinkeisen eine besonders in Venedig vertretene Meinung, wonach „die Untätigkeit Dorias einem ausdrücklichen Befehl des Kaisers zuzuschreiben sei, weil er die schweren Opfer nicht habe bringen wollen".

Wie dem auch sei, Barbarossa gelang es, die Scharte von Tunis auszuwetzen. Er errang den Sieg in einer Seeschlacht, die ihm zwar keine besonderen Leistungen abverlangte, welche aber für mehr als drei Jahrzehnte (bis Lepanto 1571) eine Lage schuf, in der die Initiative im östlichen Mittelmeer fast ununterbrochen in der Hand der Osmanen lag. Das Rätsel um Preveza bleibt allerdings für immer ungelöst. Weiteres Nachdenken führt auf die Ebene der Psychologie – und der Phantasie: Doria wurde 1535 verdächtigt, den von Tunis geflohenen Barbarossa auf dem Seeweg aus besonderer Rücksichtnahme nicht verfolgt und nicht gefangengenommen zu haben. Bei Preveza setzte Barbarossa dem kaiserlichen Admiral nicht nach. Gab es etwa zwischen den greisen Seehelden eine ungeschriebene und unbeschreibliche Verständigung, einander zwar zu besiegen, aber niemals zu vernichten? Oder spielte bei Preveza gar der illusionäre Plan mit, Barbarossa zum Überlaufen zu bewegen? Wir werden es nie erfahren!

Algier 1541: Die Meteorologie, nicht das Schwert entscheidet

Durst und unerträgliche Hitze vor Tunis haben die Kaiserlichen im Hochsommer 1535 eher schlecht als recht überstanden. Um den Sieg wurden sie durch die Witterung nicht gebracht. Doch sollte die bittere Erfahrung des afrikanischen Sommers zu einer Niederlage sechs Jahre später führen, gar nicht so indirekt. „Nie wieder Landkampf in Afrika bei sengender Hitze!", so dachte Karl nach der Erfahrung von Tunis, sowohl aus rein militärischer Überlegung, da Durst und Hitzeeinwirkung auch zur Niederlage führen könnten, als auch aus humanitären Gründen: Solchen

Qualen sollten seine Soldaten nicht mehr ausgesetzt werden. So bestimmte der Kaiser den Herbst zum Zeitpunkt der nächsten großen See-Expedition im westlichen Mittelmeer: Algier 1541.

Zwischen Preveza und Algier lagen drei Jahre. In dieser Zeit hatte der Kaiser harte Schicksalsschläge hinzunehmen: Verlust seiner geliebten Gemahlin und Mitstreiterin Isabella, 1539; die Tragödie von Gent 1540 und das Dahinschwinden der Freundschaft mit Frankreich, darüber werden wir in den nächsten Kapiteln erfahren. Nun aber zur Algier-Expedition: Der defensive Grundcharakter dieses Unternehmens ist offenkundig: Es galt insbesondere der Verteidigung der spanischen Schiffahrt, der Küsten der Halbinsel und der Inseln gegen feindliche Angriffe, die vom Stützpunkt Algier, immer schon Barbarossas Machtzentrum, ausgingen. Da konnte niemand mehr vom Generalangriff auf Konstantinopel träumen: Die Algier-Expedition wurde als eine Art von Präventivschlag geplant, mit dem Ziel, „das Piratennest auszuräuchern".

Natürlich war einem Herrscher wie Karl V. jeder neue militärische Erfolg willkommen. Natürlich sehnte sich der nunmehr Vierzigjährige nach neuem Ruhm als Heerführer, deshalb stellte er sich ja auch persönlich an die Spitze der Expedition. Doch schieden diese zum Teil subjektiven Faktoren als Hauptgrund für die Expedition aus. Als König von Spanien kam Karl seiner Pflicht nach, durch die Ausschaltung eines gefährlichen feindlichen Stützpunktes Schaden von der Halbinsel abzuwenden.

War der enge, direkte Zusammenhang zwischen der Gefährdung Wiens 1532 und der gleichzeitigen Koron-Expedition als Gegengewicht klar zu erkennen, wenn nicht offensichtlich, so gilt Ähnliches nicht für 1541: An der Nordfront entfielen auf dieses Jahr tatsächlich ein gewaltiger Vorstoß und Erfolge der Türken insbesondere durch die Einnahme der ungarischen Hauptstadt. Doch soll man beim Rätselraten der Militärhistoriker um die unmittelbaren Gründe des Algier-Feldzuges der Meinung des Marquis de Mulhacen folgen: „Die Überlegungen einiger Verfasser, wonach es sich um eine Diversion zur Entlastung der Situation in Ungarn handelte ..., reichen nicht aus, um das Algier-Unternehmen zu erklären" (S. 149).

Es fehlte freilich nicht an Spekulationen, welche an Irrationalität – verbunden mit totaler militärischer Ignoranz – nicht zu überbieten waren. Martinez de Campos y Serano (S. 176) zitiert (nicht kritisch genug) einen französischen Chronisten, der zumindest das Fernziel der Algier-Expedition in einem gigantischen Umfassungsmanöver erblickte, welches der Kaiser ins Auge gefaßt haben soll: „Sich Ägypten zu nähern, die (Suez-) Landenge zu überqueren und Suleiman in den Rücken zu fallen." Etwas Vergleichbares war – im Zweiten Weltkrieg – selbst einem Rommel nicht zuzumuten!

Die kaiserlichen Streitkräfte wurden bei den Balearen konzentriert: 8000 von Neapel und Sizilien abkommandierte Spanier unter dem Kommando von Karls bewährtem General Ferdinand I. von Gonzaga-Guastalla, je 6000 Deutsche und Italiener. Tercios aus Spanien, befehligt von Bernardino de Mendoza und dem Herzog von Alba, sollten direkt an der afrikanischen Küste landen. Das Expeditionskorps bestand insgesamt aus 24.000 Mann Infanterie, 12.000 Marinesoldaten und 2000 Mann Kavallerie. Die Armada umfaßte 64 Galeeren und 450 Transportschiffe. Der Kaiser und Andrea Doria waren an Bord; auch der Mexiko-Eroberer Cortés. Die Landung erfolgte am 23. Oktober südöstlich von Algier. Weshalb wurde kein früherer Zeitpunkt für das Übersetzen gewählt, ein Zeitpunkt, welcher zwar nicht auf den Hochsommer, aber auch nicht auf Ende Oktober entfiel?

Man bedurfte nicht des Seefahrergenies eines Andrea Doria, der vor dem Unternehmen zu so später Jahreszeit warnte, um die Gefahr der Herbststürme für eine See-Expedition zu erkennen. Dieser Faktor war auch dem Kaiser gegenwärtig. Doch ging Karl eben ein „kalkuliertes Risiko" ein!

Einen schweren Sturm während der Überfahrt konnte die Armada noch überstehen. Bei den sofort nach der erfolgreichen Landung eingeleiteten Landoperationen hoffte der Kaiser auf einen Blitzerfolg. Karl zog auch den Umstand ins Kalkül, daß seit der Heeresreform von 1534 sieben Jahre verstrichen sind und daß sich die Organisation und die Ausbildung seiner *tercios* nunmehr ihrem Höhepunkt näherten. Mit anderen Worten, man konnte auf noch mehr Effizienz hoffen als bei Tunis, unmittelbar nach der Einführung der Reform der Infanterie.

Doch kaum erfolgte die erste Feindberührung zu Land, so fegte bereits in der Nacht des 24. Oktober 1541 ein entsetzliches Unwetter den besten Teil der kaiserlichen Flotte hinweg, 130 von Karls stolzen Schiffen gingen verloren. Die Landstreitkräfte wurden somit des Proviants an Bord der gesunkenen Schiffe beraubt. Die kaiserlichen Truppen standen hilflos auf schwierigem, zerklüftetem Gelände, wo sie vom Feind, nämlich der Besatzung von Algier, sofort heftig angegriffen wurden. Die kaiserliche Vorhut wurde in die Flucht geschlagen. Doch „der Kaiser, tapfer und kampfbereit, wie immer, bewies wieder seine Tüchtigkeit im Felde, und er trug mit seinen Truppen dazu bei, die feindlichen Angriffe aufzuhalten" (Mulhacen, S. 150).

Doria wollte retten, was zu retten war, und riet zum allgemeinen Rückzug, um nicht noch die verbliebenen Schiffe zu gefährden. So war das Invasionsheer genötigt, an Bord der übriggebliebenen Schiffe zu gehen. Ungünstige Winde beeinträchtigten obendrein die Rückfahrt. Unter solchen Umständen hätte Barbarossa mit seinem Geschwader die ursprünglich überlegene spanische Flotte angreifen können. Er wurde allerdings auch durch für seine Schiffe ungünstige Winde gehindert, einzugreifen. Die Jahreszeit war sicherlich zu sehr fortgeschritten für eine planmäßige Seekriegführung. Die spanischen, ebenso wie die osmanischen Galeeren waren den Herbststürmen nicht gewachsen. Oder waren da bei Barbarossas Untätigkeit gegenüber Doria und jetzt auch gegenüber dem Kaiser die Imponderabilien im Spiel, wie vielleicht bei Perenza?

Gegen den Rückzug sprach sich nur Cortés – alt und gewiß kein Admiral – aus: Er schlug vor, daß sich der Kaiser in Sicherheit bringt und ihm das Kommando der Streitkräfte überträgt, welche für die Eroberung von Algier weiterkämpfen sollten.

Karl mußte nach der Einschiffung der Armee (2. November) noch drei Wochen lang in Afrika ausharren, da eine sichere Überfahrt durch die. schlechte Witterung verhindert war. Erst am 23. November konnte er in Bougie an Bord eines Schiffes gehen, das ihn dann am 27. November 1541 nach Palma de Mallorca brachte.

Der Kaiser sah auch im verheerenden Ausgang der Expedition eine Fügung Gottes. In der Tat, das Desaster wurde durch die ungünstige Witterung, nicht durch eine militärische Niederlage herbeigeführt: Seine *tercios* waren „im Felde unbesiegt". Doch trug die militärische Führung – trotz legitimer Bedenken gegen die Kriegführung in der sommerlichen Hitze Afrikas – die Verantwortung für die riskante See-Expedition zu vorgerückter Jahreszeit. Ausnahmsweise erwies sich Karl als Hasardeur – und er verlor das Spiel.

Offene Waffenbrüderschaft Franz' I. mit Barbarossa im Seekrieg 1542/43

Zu einer unmittelbaren Konfrontation zwischen kaiserlichen und vereinten französisch-türkischen Streitkräften kam es nur einmal: Es war das Jahr 1542. Der Waffengang war nicht entscheidend, aber er war durch das unverschleierte direkte militärische Zusammenwirken von Franzosen und Türken gekennzeichnet. Am 20. Mai 1542 erklärte Franz I. Karl V. den Krieg, am 28. Mai stach Barbarossa mit seiner Flotte in See, um dem französischen Verbündeten zu Hilfe zu eilen. Das türkische Geschwader bestand aus zehn Galeeren und vielen kleineren Schiffen. Unterwegs verwüstete Barbarossa Streifen der süditalienischen Küste, so bei Reggio in Kalabrien. An den Küsten des Kirchenstaates segelte Haireddin dann ohne Kampfeinsatz vorbei, trotzdem ging in Rom die Angst um. Die osmanische Flotte vereinigte sich in Marseille mit dem auf 50 Segel angewachsenen französischen Geschwader, und die Verbündeten liefen erst Villefranche, westlich der heutigen französisch-italienischen Grenze, an. Die beiden Flotten kreuzten anschließend vor Nizza auf, das dem mit dem Kaiser verbündeten Herzog von Savoyen gehörte, und sie belagerten die Stadt, die am 8. August 1542 fiel. Die Zitadelle verteidigte sich weiter. Barbarossa drängte nach weiteren Operationen, aber König Franz entschied sich dafür, die Kriegshandlungen zur See im Spätsommer abzubrechen und die gesamte osmanische Flotte in Südfrankreich überwintern zu lassen! In Toulon richtete Franz für die türkische Streitmacht einen Marinestützpunkt ein. Barbarossas Schiffe blieben mit ihren Geschützen, Vorräten und Mannschaften von September 1542 bis Ende April 1543 in Toulon, wo sie sich regelrecht einrichteten. Um Konflikte mit der französischen Bevölkerung zu vermeiden, befahl der König, daß die Bewohner Toulons ihre Stadt unverzüglich verlassen. „Soviel Moslems waren dort erst wieder zu sehen, als im späteren 20. Jahrhundert die große Wanderung Maghrebiner nach Frankreich begann" (Majoros/Rill, S. 239).

Im Winter und im Frühjahr 1543 kam es zu keinen nennenswerten Kampfhandlungen mehr. Mit der Rückkehr des osmanischen Geschwaders im Frühjahr 1543 endete der Seekrieg zwischen Kaiser Karl V. und Suleiman – zumindest zu Barbarossas Lebzeiten. Um die 80 Jahre alt, starb der große „Seeräuber-Admiral" 1546. Bei späteren Auseinandersetzungen standen dem Kaiser Barbarossas Nachfolger im Flottenkommando, darunter der nicht minder begabte und draufgängerische Torgut (Dragut) gegenüber.

Etwa gleichzeitig mit der Trennung der französischen und türkischen Waffenbrüder zur See im April 1543 endete auch die „mediterrane Phase" im Leben Karls. Der Kaiser schiffte sich in Spanien am 19. Mai 1543 Richtung Italien ein. Unterwegs wurde das Geschwader Dorias, das Karl nach Genua brachte, vor Marseille von französischen Galeeren und von Geschützen der Küstenartillerie beschossen. Der Kaiser kam am 26. Mai allerdings unversehrt in Genua an. Nach sechswöchigem Aufenthalt verließ Karl Norditalien über den Landweg Richtung Innsbruck. Bereits Mitte August befand er sich im Rheinland. Für all die Jahre danach blieb er im Norden. Ein neuer Abschnitt seiner Regierungszeit hatte begonnen.

KAPITEL X

Karl V. und Suleiman II. – Konfrontation oder „Koexistenz" zweier Weltreiche?

Ein Vergleich der beiden Persönlichkeiten kann in der Biographie Karls V. zwar nicht gänzlich fehlen, er entbehrt jedoch der Bedeutung einer parallelen Vorstellung des Kaisers und des Königs von Frankreich: Keine persönliche Begegnung des Kaisers mit dem Sultan, kein gefühlsbetontes Verhältnis – etwa purer Haß oder gar Haßliebe – eher nur unendliche Distanz: Welten trennten die beiden Kaiser voneinander, das tief religiös motivierte Oberhaupt der Christenheit vom Sultan und Kalifen.

Dem Temperament und dem Gebaren nach sind bei den beiden Männern allerdings mehr Parallelismen zu verzeichnen als bei Karls und Franzens Gegenüberstellung! Es kann sogar von gewissen Ähnlichkeiten gesprochen werden! Bedächtiges, wohlüberlegtes Handeln, keine schnellen Entschlüsse, keine Blitzreaktionen; betont würdevolles Verhalten im Alltag, wobei letzteres schon aus der Machtfülle beider Herrscher folgte.

Vergleichbar ist die lange Regierungszeit (Suleiman: 1520 bis 1566) – vor allem aber die Weltmachtstellung: Kaiser und Sultan herrschten über riesige Gebiete – in beiden Fällen bunt zusammengewürfelte Einheiten; beide konnten große Heere auf die Beine stellen, wobei der Padischah allerdings die finanziellen Nöte nie zu beklagen hatte, die Karl ständig plagten. Schließlich: Dynastisches Sendungsbewußtsein als treibende Kraft im politischen und militärischen Handeln empfand auch Suleiman auf seine Weise. Dem Reich des Hauses Osman zu weiterem Ruhm zu verhelfen – eher, als den Islam zu verbreiten! – war die Devise aller Sultane (vgl. Majoros/Rill, S. 39).

Worum es uns aber in erster Linie geht: Wollten, mußten – konnten! – die beiden Weltmächte aufeinanderprallen oder waren sie dazu „verdammt", nebeneinander fortzubestehen, die Existenz der anderen Macht – aus ihrer Sicht jeweils des Reiches der „Ungläubigen" – als Tatsache zu akzeptieren?

Es stellen sich zwei Fragen: Ermöglichten die Kräfteverhältnisse einen Kampf auf Leben und Tod, oder herrschte ein etwaiges Kräftegleichgewicht, das eine fatale Kraftprobe von vornherein vereitelte? Und: Waren über die unversöhnbare religiös-weltanschauliche Kontroverse hinaus Interessenkonflikte einer Dimension zwischen Karls und Suleimans Weltreich zu verzeichnen, welche zwangsläufig zum entscheidenden Kräftemessen führen mußten?

In Kapitel VIII wurde ein etwaiges Kräftegleichgewicht zwischen den beiden Weltmächten bereits angedeutet, das einen Entscheidungskampf von vornherein ausschloß. Die fünf Seekriege, welche uns beschäftigt haben, weil sie Karls lange „mediterrane Lebensphase" beherrschten, wenn nicht ausfüllten, und direkte Schlüsse auf seine Persönlichkeit, Politik und Kriegführung gestatteten, waren keine Entscheidungskämpfe. Sie waren Auseinandersetzungen mittleren Ausmaßes auf Nebenkriegsschauplätzen, wie Koron und Preveza; durch konkrete Anlässe hervorgerufene, wenngleich bedeutsame Einzelaktionen – wie Tunis und Algier; oder durch ihre Kuriosität auffallende Kriegshandlungen minderer Bedeutung, wie Nizza-Toulon. Den Versuch, die Expeditionen in Entscheidungskämpfe zwischen Christentum und Islam umzustrukturieren, hat noch kein Militärhistoriker unternommen.

Im Landkrieg trat ein einziges Mal die Situation ein, wo die kaiserliche und die osmanische Hauptstreitmacht – beide von den Kaisern persönlich angeführt – einander überhaupt näherten: bei Wien im September 1532. Seitens Karls V. handelte es sich um den „Marsch außer dem Gefecht", was nichts anderes ist, „als die Ausführung der strategischen Bestimmung. Durch diese wird gesagt, wann, wo und mit welcher Streitkraft ein Gefecht gegeben werden soll, und dies zur Ausführung zu bringen, ist der Marsch das einzige Mittel", so der Großmeister der militärischen Theorie und Praxis, Carl von Clausewitz (S. 273).

Bei seinem Marsch zum Entsatz von Wien, das heißt zur „Ausführung der strategischen Bestimmung", hat Karl gesagt, daß er zur Schlacht sofort bereit ist: Somit ist die Frage „Wann?" beantwortet worden. „Wo?": versteht sich, vor dem bedrohten Wien. Und „mit welcher Streitmacht"?: eben mit seiner Hauptstreitmacht. Damit bot Karl dem Gegner die Schlacht an. Sein resolutes Vorgehen – wohl kombiniert mit den Nachrichten über den kaiserlichen Seeangriff in griechischen Gewässern – reichte aus, um Suleiman zum Rückzug mit seiner Hauptstreitmacht zu bewegen. Karl V. verfolgte das defensive Ziel, Wien zu schützen, und hatte damit totalen Erfolg, ohne einen Schwertstreich, ohne Feindberührung. Den Großkampf mit Suleiman hat der Kaiser in Kauf genommen, nicht gesucht. Schon gar nicht konnte da der Gedanke eines Beginns des Vernichtungsfeldzuges gegen das Osmanenreich auftauchen, selbst beim Sieg in einer Schlacht vor Wien nicht. Bis zur Schlacht am Kahlenberg mußten noch mehr als 150 Jahre verstreichen.

Über die beschränkte Größenordnung der See-Expeditionen können auch die Wunschvorstellungen der Verbündeten Anfang des Jahres 1538 nicht hinwegtäuschen, die im vorangehenden Kapitel zitiert worden sind. In jedem Fall hat die bloße Erwähnung eines unrealistischen Entscheidungskampfes zwischen Karl und dem Sultan Königin Maria in den Niederlanden aufgeschreckt und zu militärisch höchst aufschlußreichen Stellungnahmen im Rahmen ihrer intensiven Korrespondenz mit Karl veranlaßt.

Karls Schwester Maria: eine habsburgische Kassandra und Militärexpertin

Über die besondere Intensität des Briefwechsels zwischen dem Kaiser und der Statthalterin der Niederlande, die Karl auch über militärische Einzelheiten informierte, erfuhren wir schon anhand der Tunis-Expedition. 1538 nun eskalierte der Gedankenaustausch zu einer Auseinandersetzung über Grundfragen der Strategie. Durch den Briefwechsel zwischen Karl V. und Maria von Ungarn im Jahr 1538 gewinnt man besonders tiefe Einblicke in das strategische und staatsmännische Denken beider und auch in den Charakter der Geschwister. Vergessen wir nicht, daß Maria immer schon die Lieblingsschwester von Karl gewesen ist; allerdings waren die beiden über lange Zeit nach der Abreise von Maria aus den Niederlanden bis zu ihrer Rückkehr als Statthalterin voneinander getrennt. Jetzt, in den dreißiger Jahren, lernten sie sich beide so richtig kennen.

Nun aber zum Brief des Kaisers an Maria vom 18. Juli 1538. Karl hielt es für erforderlich, Maria ganz ausführlich nicht nur über den äußeren Verlauf seines Treffens mit Franz I. in Südfrankreich, sondern auch über seine sehr persönlichen Eindrücke bzw. Überzeugungen zu informieren. In diesem langen Schreiben heißt es unter anderem: „Wir haben vereinbart, daß wir gute Brüder, Verbündete und Freunde sind und bleiben werden, wir werden nichts glauben oder veranlassen zum Nachteil des anderen ... Diejenigen, welche Freunde und Diener des einen sind, sollen auch diejenigen des anderen sein ..." Zu gemeinsamen Aktionen bzw. zu einem geplanten gemeinsamen Großangriff gegen die Türken hieß es bezeichnenderweise in einem späteren Passus des Briefes: Wir haben vereinbart, „mit guten und mächtigen Streitkräften nicht nur in der Defensive, sondern auch in der Offensive gegen den Türken vorzugehen, mit einer so großen Streitmacht wie es erforderlich ist; und diese Punkte werden durch unsere Minister und Botschafter von Zeit zu Zeit vervollständigt, was die Einzelheiten anbelangt ... In der Sache hat der genannte König sehr guten Willen bekundet und sich liebevoll verhalten, so daß die Sachen in Treu und Glauben durchgeführt werden; nur war der uns zur Verfügung stehende Zeitraum sehr kurz ..."

Maria, schon durch die Kunde über die völlig unrealistischen Pläne der neuen Allianz für einen Großangriff auf das Osmanenreich tief besorgt, beeilte sich, bald nach Eintreffen des Kuriers dem ausführlichen Brief des Kaisers zu antworten. Am 10. August 1538 schrieb sie dem Bruder liebevoll, zugleich aber voller Sorgen und Mahnungen. Es ging Maria in ihrem Brief vom 10. August 1538 um nicht mehr und nicht weniger als darum, von einem großangelegten Türkenfeldzug dezidiert abzuraten. Man soll der Überzeugung sein, daß die Warnungen Marias weit über die Sorge um die persönliche Sicherheit des Bruders, zugleich des Oberhauptes der Christenheit, hinausgingen. Sie sah nicht nur das Leben des Kaisers gefährdet. Vielmehr bezweifelte die Regentin, daß ein Großangriff auf die Türken überhaupt Chancen auf Erfolg hatte.

Selbstverständlich schöpfte die Königin aus ihren unmittelbaren Erfahrungen in ihrer Zeit in Ungarn, wo sie die Katastrophe von Mohács, den Tod ihres königlichen Gemahls 1526 erlebt hatte und wo sie auch begann, die Art der Kriegführung der Türken zu durchblicken. Hier gerät die militärische Begabung der Königin in den Vordergrund. Es ist ihr nicht entgangen, daß Suleiman Ungarn nach seinem Sieg am 29. August 1526 durchstreift, aber nicht besetzt, schon gar nicht annektiert hat; dies erfolgte erst viel später (1541), unter ganz anderen Bedingungen. Welche Folgerungen zog nun die kluge Königin aus solchen Vorgängen? Diesen Feldzug des Sultans und andere darauffolgende bewertete sie ohne Zweifel nicht etwa unter dem Blickpunkt von momentanen Launen des Großherrn. Vielmehr erkannte sie mit scharfem Blick die Grundzüge der türkischen Strategie und Taktik. Sie sah die bedächtige Planung, den langsamen Vormarsch des Schachspielers Suleiman, der jetzt in Ungarn nicht anders vorging als einst Mehmed II. auf dem Balkan. Eine Burg nach der anderen wurde belagert.

Von der schnellen Okkupation großer Landstriche oder gar von Blitzkrieg war da nicht die geringste Rede. Einer solchen Kriegführung kann man nicht, so dachte Maria zu Recht, durch einen einzigen großangelegten Heerzug entgegnen, der einen ephemeren Erfolg, auch den Sieg in einer großen Feldschlacht, bringen kann, die Macht des Osmanenreiches aber nicht zu brechen vermag. Es war die Zeit, als Suleimans Weltreich den Höhepunkt seiner Macht erreicht hat, als seine Militärmaschinerie in die Nähe der Perfektion gerückt war. Enthusiasmus, ein großes christliches Heer, Entschlossenheit, betrachtete Maria – selbst unterstellt, daß genügend Geld für die Finanzierung des Feldzuges aufgetrieben werden sollte – als unzureichend, um den Feind in der Substanz zu treffen.

Gleichzeitig bemühte sich Maria, das allzu große Vertrauen des Kaisers dem Franzosen gegenüber zu relativieren, wenn nicht zu zerstreuen. Zum einen sei dem Franzosen von vornherein nicht zu trauen, zum anderen sei schon gar nicht darauf zu hoffen, daß sich Franz jemals an einem Großkampf gegen seinen osmanischen Verbündeten beteiligen werde. Kurzum, die habsburgische Kassandra warnte vor den süßen Worten – den „Danaischen Geschenken" – des Königs von Frankreich. Keine vier Jahre verstrichen, und ihr warnender Aufschrei sollte sich mit der französischen Kriegserklärung 1542 bewahrheiten.

Im einzelnen kamen die militärischen Überlegungen Marias wie folgt zum Ausdruck: „Der Weg in die Levante ist lang; das Ziel ist weit. Dafür muß man doppelt gerüstet sein. Dies ist etwas ganz und gar anderes als Tunis, so nahe vor den Häfen von Sizilien. Und wenn der Türke, anders als Barbarossa, dem Kampfe ausweicht, zerstörte Länder oder Lebensmittel hinterläßt? Erfolge sind da in Jahren, nicht durch rasche Schläge zu erzielen, und dies kostet unendlich viel Geld." Diesen kurzen und mit einer gewissen Zurückhaltung, aber dennoch deutlich formulierten Zeilen ist die klare Aussage von Marias militärischen Überlegungen in den folgenden Punkten zu entnehmen:

Die Regentin hat in der Nähe zu den eigenen Versorgungsbasen einen entscheidenden militärischen Faktor erkannt und damit auf die Absurdität der nebulösen Vorstellung – Pläne kann man sie gar nicht nennen – über eine Land- und See-Expedition nach Thrazien hingewiesen.

Maria hat die Hypothese in ihre Überlegungen einbezogen, daß die Osmanen einer großen Feldschlacht – wie bei Wien 1532! – ausweichen, sich zurückziehen und obendrein die Methode der verbrannten Erde anwenden.

Sie sah die Unmöglichkeit der Zerstörung der militärischen Macht der Osmanen durch einen einzigen Entscheidungsschlag, und sie betonte zugleich, daß Geduld und viel Zeit vonnöten wären.

All ihre Überlegungen beruhten auf der Erkenntnis, daß das vor Kräften strotzende Osmanische Reich in absehbarer Zeit nicht in die Knie gezwungen werden kann. Im Gegensatz zu den vorangehenden Folgerungen hat sie jedoch diesen Punkt nicht im Klartext dargestellt, weil sie dies nicht konnte, ja nicht durfte! Um dies dennoch deutlich zu machen, ohne daß die momentane Unbesiegbarkeit der Türken direkt aus der Feder von Maria selbst zum Ausdruck gelangt, fügte die Regentin dem Brief ein Memorandum – quasi aufgrund der Angaben von Militärexperten – bei, das sie so kommentierte: „Mein Wunsch auf Euer Wohl und Eure Ehre hat mich dazu gezwungen, folgendes zu tun, obgleich dies nicht meine Sache ist, und meine Kenntnisse noch geringer sind, als die von denjenigen, welche die Macht der Türken aus Erfahrung kannten, von Sachkundigen, mit denen ich sprach: Ich nahm mir die Freiheit, eine kurze Zusammenstellung der Schwierigkeiten beizufügen, wobei es noch viele andere gibt ...“

Und der Kaiser? Und Karls militärisches Konzept zum Türkenkrieg? Darum und um nichts anderes geht es hier: Bei aller Betonung von Marias hervorragenden militärischen Kenntnissen geht es hier nicht darum, den Scharfsinn der Königin zu preisen, sondern um den Versuch der Klarstellung einer der Schlüsselfragen in der Biographie des Kaisers: Welcher war der genaue Stellenwert des Kreuzzuggedankens in Karls politischem und militärischem Konzept.

Historiker stellen sich diese Frage immer wieder. Nur darf die Antwort nicht etwa dergestalt ausfallen, daß der Kaiser, vom Gedanken beseelt, seine Pflicht als Oberhaupt der Christenheit zu erfüllen, sich am liebsten mit gezückter Klinge blindlings in den Entscheidungskampf gegen die Ungläubigen gestürzt hätte. Zu einer solchen Folgerung müßte es führen, wenn man davon ausgehen würde, daß die Schwester Karl über militärische Schicksalsfragen etwa „aufklären", ja „eines Besseren belehren" mußte, um ihn von einem tollkühnen, selbstmörderischen Feldzug abzuhalten! Das hieße, den großen Staatsmann und Strategen, den an römischer Kriegskunst geschulten Kaiser, den Urheber einer epochalen Heeresreform gründlich zu unterschätzen und eines zu vergessen: Der Kaiser konnte in keinem Fall offen verkünden, daß der Türke nicht oder zumindest nicht entscheidend zu schlagen ist! Aus mehreren Gründen konnte er dies selbst bei seiner eigenen nüchternen Überlegung nicht tun: Er durfte die Motivation seiner Truppen, seiner Admiräle und Generäle, die sich an seinen in der Zielsetzung begrenzten militärischen Aktionen gegen die Osmanen tatkräftig beteiligten, nicht durch das Eingeständnis schwächen, der Türke sei im Endeffekt unbesiegbar!

Es war auch unvorstellbar, daß Karl das Mitwirken der protestantischen Reichsfürsten an tatsächlich durchzuführenden, zwangsläufig begrenzten Kriegshandlungen einfordert und gleichzeitig zugibt, daß es im Endeffekt ein völlig hoffnungsloses Unterfangen ist, dem Feind eine vernichtende Niederlage zuzufügen. Durch die Offenbarung eines Verzichts auf die Hoffnung, in einem entscheidenden Waffengang den Sieg davonzutragen, hätte der Kaiser zugleich gegen ein elementares Gebot der Kriegführung, nämlich die Siegeszuversicht der Truppen und Verbündeten, verstoßen und somit selbst das Erreichen seiner beschränkten Kriegsziele ernsthaft gefährdet.

So war es nicht zu erwarten, daß Karl auf die einzelnen Ausführungen Marias etwa Punkt für Punkt reagiert oder sich gar mit der Schlußfolgerung, der Türke sei auf absehbare Zeit nicht entscheidend zu schlagen, auseinandersetzt, entweder durch eine offene Zustimmung, die unvorstellbar, oder durch eine Scheinpolemik, welche mit dem Vertrauensverhältnis zu Maria unvereinbar war!

Karl war gezwungen, sich in dieser Schicksalsfrage bedeckt zu halten. Auf die Grundlagen seines strategischen Denkens, was einen Entscheidungskampf gegen das Osmanische Reich anbelangt, kann man nur aus seinen Handlungen schließen: Der Kaiser beließ es bei begrenzten Aktionen; er stürzte sich nicht unverantwortlich in einen Großangriff, welcher nicht die geringste Chance auf Erfolg hatte.

Abschließend stellt man sich die Frage über die Schärfe der objektiv bedingten Interessenkollision zwischen beiden Weltmächten, über die unüberbrückbare religiös-ideologische Kontroverse hinaus: „Die Interessensphären der beiden Reiche rieben sich aneinander, in einigen Sektoren schnitten sie sich von Zeit zu Zeit, aber ihre Gegensätze haben eine Auseinandersetzung auf Leben und Tod keineswegs heraufbeschworen. Oft wurden sie miteinander gar nicht durch echte Interessenkollisionen konfrontiert, sondern durch politische Intrigen und Machenschaften ..." (Bárdossy, S. 14). Dieser Umschreibung der allgemeinen Interessen sollte man sich anschließen.

Franz I. (1494–1547), König von Frankreich.
ÖNB, Wien.

Sultan Suleiman II. (1494–1566) der Prächtige.
KHM, Wien.

Ferdinand I. (1503–1564). Jüngerer Bruder Karls V. und dessen Nachfolger als Kaiser. KHM, Wien.

Anna von Ungarn (1503–1547). Frau Ferdinands I. ÖNB, Wien.

Don Juan d'Austria (1547–1578), ein illegitimer Sohn Karls V. mit der Regensburger Bürgertochter Barbara Blomberg, wurde durch seinen Seesieg bei Lepanto 1571 gegen die Türken berühmt. Eine Allegorisierung von Tizian. Prado, Madrid.

Margarete von Parma (1522–1586) war eine illegitime Tochter Karls V. mit Johanna van der Gheenst aus Oudenaarde. In zweiter Ehe war sie mit Ottavio Farnese, Herzog von Parma und Piacenza, verheiratet. ÖNB, Wien.

KAPITEL XI

Weltreich und Weltwirtschaft

Um 1516/17, also etwa zur Zeit, als Ferdinand von Aragoón, Karls müterlicher Großvater, starb und Karl sein spanisches Königreich zum ersten Mal besuchte, beschränkte sich der geographische Raum spanischer Entdeckungen und Eroberungen noch auf die karibische Inselwelt und einige Küstenstreifen des mittelamerikanischen und südamerikanischen Festlandes. Es waren die Jahrzehnte von Karls Regierungszeit, als ein riesiges Imperium entstand. Dieses erstreckte sich dann vom Nordrand des Golfes von Mexiko bis Chile.

Karl erkannte früh die politische und vor allem die religiöse und wirtschaftliche Tragweite der Eroberungen in Übersee. Der Kaiser nahm vor allem seine Aufgabe bei der Betreuung der zum Christentum bekehrten Indianer wahr. Zugleich sah er die Notwendigkeit, adäquate soziale Voraussetzungen auch durch Gesetzgebung zu fördern. Dieser Aufgabe kam er zielbewußt nach, wovon Karls verschiedene Gesetze und Verordnungen zeugen.

Frühe Gesetzgebung für die Neue Welt

Bereits bei seinem ersten Aufenthalt in Spanien, in den Jahren 1518/19, als Karl schwere Sorgen in Spanien selbst und alle Hände voll zu tun hatte wegen der Vorbereitung der Kaiserwahl, sind Gesetzgebungsakte über Westindien zu registrieren, wovon wir einige zitieren: Der junge König erließ in Valladolid eine 40 Paragraphen umfassende Verordnung zur

Regelung der Verwaltung in den westindischen Gebieten (13. Januar 1518). Nach der Eroberung der gewaltigen mexikanischen und anderen Territorien wurde die Verwaltungsstruktur dann geändert, wie wir gleich sehen werden.

Hier erinnern wir an die selbständige epochale Entscheidung des kaum 18jährigen Karl, Magellans Entdeckungsfahrt tatkräftig zu fördern: Der 26. März 1518 war der Tag, als ein regelrechter Vertrag mit Magellan und Ruy Faleiro unterzeichnet wurde. Durch Gesetz erklärt Karl am 14. September 1519 Westindien für ewig zum Hoheitsgebiet der Krone von Kastilien. Bald sollte dann ein Bericht nach dem anderen von Cortés eintreffen, der am 16. August 1519 den Marsch von der mexikanischen Küste ins Landesinnere antrat.

Nachdem der erste Konquistador das Aztekenreich bezwungen hatte, schlug er (1522) Karl vor, sich den Titel eines Kaisers von Neuspanien, wie Cortés Mexiko nannte, anzueignen, denn dieser Titel sei „nicht weniger honorig, als derjenige des Kaisers von Deutschland", so schrieb dem Kaiser der Abenteurer großen Stils mit seiner ihm eigenen Dreistigkeit; Neuspanien sei doch fünfmal so groß wie Deutschland, fügte er hinzu. Hier dürfte die zwiespältige Haltung vieler Spanier zu Deutschland und zur Kaiserwürde Karls zu erkennen sein: Einerseits brüstete man sich gern mit dem in Übersee schon früh legendär gewordenen Namen des Kaisers Carlos. Andererseits war es lästig, daß deutsche Staatsgeschäfte den Kaiser von Spanien fernhielten, so auch 1520 bis 1522. Das war ein Gefühl der Eifersucht, allerdings nicht vergleichbar mit dem Haß, den die Spanier „den Flamen" gegenüber empfanden.

So ließ sich Cortés 1522 diesen Vorschlag einfallen, Karl sollte eben „nicht allein der Kaiser der Deutschen" sein. Karl, später sehr angetan vom Haudegen, der sein Gegenteil war, blitzschnell handelnd, total rücksichtslos, nahm den Vorschlag freilich nicht an; die Territorien in Übersee, einfachheitshalber nennen wir sie mit anderen Verfassern „Westindien", wurden nicht zum zweiten Kaiserreich Karls. Vielmehr gehörten die von Cortés eroberten Gebiete ebenso der Krone von Kastilien, wie die schon früher erschlossenen Kolonien, gemäß dem Gesetz vom 14. September 1519.

Selbst wenn Karl den Vorstoß von Cortés ernstgenommen hätte, wäre dieser für den Kaiser indiskutabel gewesen. Karl ging von fundierten staatsrechtlichen Überlegungen aus: Imperium, das heißt Reich, Kaiserreich gab es nur eines; für Karl waren die westindischen Gebiete mit den

Worten von Pidal eine „Verlängerung" *(prolongación)* von Kastilien (S. XX, LX).

Karl kümmerte sich um die westindischen Angelegenheiten selbst während der ereignisvollen zwei Jahre im Norden. So dekretierte er am 6. September 1521 in Brüssel die Freiheit des Umgangs zwischen Spaniern und Indianern zum beiderseitigen Nutzen, eine bedeutsame Verordnung, welche der Ausbeutung der Indianer entgegenwirken sollte. Weniger „liberal" war die dann bereits nach der Rückkehr nach Spanien am 15. September 1522 unterzeichnete Verordnung Karls, wonach es den getauften Mauren und Juden in der ersten und der zweiten Generation verboten wurde, sich nach Westindien zu begeben.

Am 15. Oktober unterzeichnete der Kaiser in Valladolid die Ernennungsurkunde von Cortés zum Generalkapitän, das heißt, zum militärischen Befehlshaber Neuspaniens. Eine Verordnung Karls vom 8. März 1523 verbot, „den Indianern Sachen wegzunehmen, ohne dafür zu zahlen". Waren die Urbewohner selbst Freiwild, so verfügte man auch rücksichtslos über ihr Hab und Gut, wogegen der Kaiser nun einschritt. Am 5. Juni 1523 wurde die noch in Brüssel erlassene Verordnung über die Freiheit des Umgangs zwischen Spaniern und Indianern (6. September 1521) bekräftigt und erweitert.

Wie verbreitet der Kannibalismus unter den Indianern tatsächlich war, und ob es ihn überhaupt gab, wobei er von den Menschenopfern der Azteken selbstverständlich zu unterscheiden ist, kann man schwer belegen. In jedem Fall verbot Karl am 26. Juni 1523 den Verzehr von Menschenfleisch durch die Indianer. Gleichzeitig wurde die Vernichtung aller Götzenbilder verordnet. Dieser war übrigens der Tag der Verkündung einer ganzen Reihe von Verordnungen über Westindien – noch keine umfassende Gesetzgebung, doch ein Paket von konstruktiven Regelungen: Am 26. Juni 1523 dekretierte Karl generell, daß die den Indianern eingeräumten Freiheiten *(privilegios y exenciones)* respektiert und gewahrt werden. Der Kaiser befahl die gerichtliche Bestrafung von denjenigen, welche die Indianer „malträtierten", was das immer auch konkret bedeuten mag. Die Indianer sollten „dazu bewegt werden", daß sie dem König von Kastilien „irgendeine gemäßigte Steuer" zahlen. Eine Verordnung vom 26. Juni 1523 regelte die Vergabe von Grundstücken und Häusern an die neuen Siedler, eine andere vom 26. Juli den Bau von Siedlungen in Westindien.

Die Vereinigung von Westindien mit Kastilien, welche von Karl am 14. September 1519 bereits feierlich erklärt worden war, ist vom Kaiser am 22. Oktober 1523 in Pamplona auf die Ebene einer „Pragmatica", sinngemäß eines Verfassungsgesetzes, erhoben worden.

Das Jahr 1524 brachte eine wichtige institutionelle Neuerung: Am 1. August wurde der Indienrat *(Consejo de Indias)* geschaffen, sicherlich auch ein Beratungsgremium, doch darüber hinaus mit weitgehenden Vollmachten der Judikatur, aber praktisch auch der Exekutive und der Legislative ausgestattet. Zum Teil eignete sich der Indienrat solche Funktionen in seiner Tätigkeitspraxis an. Die richterliche Funktion bestand in der Rechtsprechung in wichtigen Sachen als letzte Instanz. Als Organ der Exekutive übte der Indienrat eine Funktion aus, welche man mit dem modernen Ausdruck eines Ministeriums für die Kolonien bezeichnen kann. Was die Legislative anbelangt, war die Gesetzgebung freilich dem König vorbehalten. In der Praxis gingen Verordnungen vom Indienrat aus, und Karl beschränkte sich oft auf die formale Unterfertigung von Urkunden der Gesetzgebung für die Gebiete in Übersee. Dies war allerdings bei den soeben aufgezeichneten Verordnungen prinzipiellen Charakters über die Rechtsstellung der Indianer nicht der Fall.

In der Beurteilung dieses Zyklus der frühen legislativen Akte betreffend die Indianer (wir bleiben bei dieser Bezeichnung, entspricht sie doch dem in vielen deutschen und englischen Geschichtsbüchern gebrauchten spanischen Wort: Indios) herrscht keine Einigkeit in der Historiographie. Es wird auch die Meinung vertreten, sie seien von Karl halbherzig verabschiedet worden, weil er – voller Bewunderung für die Konquistadoren, vor deren Übergriffen die Indianer doch geschützt werden sollten – sich in den frühen zwanziger Jahren noch nicht zu einer „Charta" durchringen konnte, wie das bemerkenswerte „Indianergesetz" von 1543. Letzteres sei ohnedies dem Einfluß des „Indianerapostels" Las Casas zuzuschreiben.

In der Suche nach Karls wahrhaftiger Einstellung soll man diese Darstellung insofern ablehnen, als behauptet wird, der Kaiser habe sich anfangs nur aus Rücksicht auf die von ihm hochgeschätzten Konquistadoren zurückgehalten im Ausbau der Rechte der Indianer. Dieser Gedanke würde nämlich zur falschen Folgerung führen, es handle sich um eine Art von Interessenausgleich, der im Prinzip sicherlich jedem Gesetz zugrunde liegen muß. Außerdem muß man der gutgemeinten Annahme entgegentreten, wonach der Kaiser über haarsträubende Greueltaten von Konquistadoren gar nicht informiert worden sei.

Was einen „Interessenausgleich" in Karls Gesetzgebung angeht, ist er anderswo in Kompromissen, etwa in der Form einer nur eingeschränkten

Anerkennung gewisser „Grundrechte" der Indianer, zu suchen: Der Kaiser dachte sehr wohl an die Interessen der Konquistadoren, vor allem der neuen Siedler – in den Beziehungen zu den Indianern der unverhältnismäßig Stärkeren; man denke zum Beispiel an die Verordnung vom 26. Juni 1523 über die Zuteilung von Grund und Boden; durch die Annexion Westindiens erlangten die kastilischen Untertanen Karls außerdem den stärkeren Status des „Staatsvolkes" auch in Übersee! Richtigerweise sollen Karls frühe Indianerpolitik und Gesetzgebung, wie sein gesamtes Verhalten in diesen Fragen über die folgenden Jahrzehnte von seinem christlichen Glauben, von der Aufgabe abgeleitet werden, die er von Anfang an in einer echten friedlichen und geduldigen Bekehrung der Indianer zum Christentum erblickte. Daraus folgt, daß er mit brutalen Mitteln durchgesetzte Zwangstaufen ablehnte, und gleichzeitig auch, daß er den Ausbau einer Rechtsstellung der Urbewohner auf gerechter und humaner Basis wünschte.

Für den Christen Karl V. war eine authentische Christianisierung von Menschen von vornherein unvorstellbar, welche von getauften Europäern rücksichtslos und grausam ausgeraubt oder ausgebeutet, bis zum Blut gequält werden, welche, durch den Staat ungeschützt, nichts anderes als Freiwild sind.

Was wußte Karl über die Zustände in Westindien?
Las Casas, der Indianerapostel

Die Frage nach dem „Informationsstand" des Kaisers dürfte klar zu beantworten sein: Bartolomé de Las Casas hat seine mahnende Stimme lange vor Karls Regierungsantritt erhoben, die Versklavung der Ureinwohner, die er als ein Begleiter von Kolumbus vor Ort bitter erlebt hatte, gegeißelt. Knapp vor seinem Tod (1517) wurde Kardinal Cisneros von Las Casas informiert, und er fand auch Gehör beim greisen Regenten. Wird Las Casas von einigen modernen Historikern sogar gerügt, weil er durch seine „Greuelberichte" das Bild vom „häßlichen Spanier" schon im frühen 16. Jahrhundert geprägt habe, wie kann dann jemand behaupten, Karl sei von der blutigen Unterdrückung der Indianer nicht informiert gewesen, bereits 1518, in den zwanziger Jahren und danach kontinuierlich?! Schmiedet man einen Schutzschild, so weiß man, daß gegen etwas geschützt werden muß und wogegen zu schützen ist. Und diesen Schutzschild begann Karl eben durch seine frühe Gesetzgebung sehr wohl zu schmieden, um ihn dann in den vierziger Jahren weiter zu stählen. Der Institutionalisierung des Schutzes der gequälten Indianer diente auch die Tätigkeit des Indienrates als Aufsichtsorgan einer erstarkenden Verwaltung.

Erst aber zur Hispanophobie aufgrund von Schandtaten der Konquistadoren, die zum Teil als Verleumdung dargestellt und wofür Las Casas verantwortlich gemacht wird: „Die antispanische Greuelpropaganda der neueren Geschichtsschreibung – eine solche gab es und gibt es! – hat das Bild des spanischen Siedlungswerkes in Amerika vollkommen verzeichnet, ja oft sogar bewußt verfälscht. Ein großer Teil der Legenden ... geht auf Las Casas zurück" (Litschauer, Band II, S. 676). Indes kann Las Casas für die „schwarze Legende" welche dieser Verfasser unter der antispanischen Greuelpropaganda versteht, nicht verantwortlich gemacht werden. Vielmehr hat sie ganz andere Wurzeln. Die Berichte von Las Casas und die von ihm bezeugten Tatsachen wurden höchstens gebraucht oder auch mißbraucht, um eine spätere hispanophobe Kampagne zu belegen. Diese ernährte sich in erster Linie aus der englisch-spanischen Rivalität in der Beherrschung der Weltmeere, was viele britische Historiker seit dem Angriff der spanischen Armada (1588) bis zum heutigen Tag zur Schwarzmalerei all dessen veranlaßte, was spanisch ist. Waren deutsche, französische und auch gewisse englische Historiker um ein ausgewogenes Urteil bemüht, so trifft dies auf das Gros der Engländer nicht zu.

Sogar die religiöse Motivation der Spanier wurde in Frage gestellt. Nach einer Darstellung ging es den Spaniern gar nicht so sehr um die Erhaltung der katholischen Religion. Vielmehr sollen sie „mit dem Mantel der Frömmigkeit" nur ihre nackten Machtinteressen verdeckt haben. Ihr Religionseifer habe den Spaniern hohes Ansehen eingebracht, wovon sie auf der Ebene der Expansion mittelbar profitiert haben (vgl. Majoros, Das Spanienbild der Gegner, S. 30–31). All dies hatte gar nichts zu tun mit Las Casas, dem wir in Verbindung mit Karls Gesetzen zum Schutz der Indianer noch begegnen werden.

Was den Aufbau der Verwaltung anbelangt, ist dafür die systematische Ablösung der Konquistadoren und deren Helfer durch königliche Beamte charakteristisch, die vom Hof ernannt wurden. Diese ersetzten allmählich die selbsternannten Kapitäne. „In Übersee wie in Spanien war der Berufsjurist der natürliche ... Helfer einer zentralisierenden Politik", bemerkt Parry (S. 572). Audiencias wurden nacheinander auf den Inseln (Santo Domingo 1526) und auf dem Festland (Mexiko 1527, Panama 1535, Guatemala 1543 usw.) errichtet. Es waren Appellationshöfe, welche gleichzeitig auch die obersten Verwaltungsorgane der Provinzen berieten und durch eine gelegentliche gerichtliche Kontrolle von deren Handlungen sogar die Funktionen der modernen Verwaltungsgerichte ausübten. Zutreffend faßt Parry zusammen: „Sie waren ausdrücklich mit dem Schutz der Rechte der Indianer beauftragt; es handelte sich um ein Bindeglied zwischen der väterlichen königlichen Autorität und einem beherrschten Volk fremder Kultur" (a. a. O.). Die Richter der Audiencias hießen *oidores* (oir: hören). Die spanische Bezeichnung lebte weiter in der ursprünglichen lateinischen Form bis ins 20. Jahrhundert dank des Ranges der Militärrichter in der k. u. k. Armee, zum Beispiel: Oberstleutnant-Auditor. Innerhalb von „Westindien" war die offizielle Benennung von Mexiko: „Neu-Spanien". Der erste Vizekönig von Neu-Spanien war der vom Kaiser sehr geschätzte effiziente Antonio de Mendoza (seit 1535).

Kultureller Aufbau. Die Gründung der Universität von Mexiko

Bekannt, berüchtigt und zeitlos ist die Methode der Unterdrückung eines Volkes durch den Entzug der Möglichkeit zur Bildung. Umgekehrt, die Förderung einer höheren Bildung ist ein nicht zu unterschätzendes Mittel zur kulturellen Emanzipation von Völkerschaften. Besser als durch die Errichtung einer Universität kann ein Herrscher diesem Zweck nicht dienen.

Die Vorgeschichte der Gründung der Universität von Mexiko, welche von Karl 1539 beschlossen wurde, kann wie folgt skizziert werden: Während seiner Aufenthalte in Valladolid suchte der Kaiser zuweilen das Franziskanerkloster im benachbarten Abrojo auf. Der hochkultivierte Franziskaner Juan de Zumárraga gewann die Sympathie und den Respekt des Kaisers, der dem Heiligen Stuhl die Ernennung Zumarrágas zum Bischof von Mexiko vorschlug. Der gelehrte Abt hatte Mexiko schon früher besucht und dort unter anderem die Grundlagen für eine erste Bibliothek in Westindien gelegt und die Buchdruckerkunst eingeführt.

Über den genauen Zeitpunkt der Weihe von Juan de Zumárraga wird nicht berichtet, es werden aber genaue Daten über seinen Vorstoß im Interesse der Gründung der Universität und das weitere Verfahren zitiert: Zumárraga sandte im November 1536 eine Abordnung unter der Leitung des Kardinals Don Francisco de Quiñones zu einer Bischofskonferenz und zugleich zum Kaiser. In den Vollmachten der Delegation stand unter Punkt 7 geschrieben: „... Es gibt überhaupt keinen Ort in der christlichen Welt, wo eine Universität, in welcher sämtliche Fakultäten und Wissenschaften sowie die heilige Theologie vertreten sind, so notwendig wäre.

Denn, wenn Eure Majestät in Spanien, wo es so zahlreiche Universitäten und so viele Wissenschaftler gibt, für Granada wegen der dortigen neuerdings getauften Mauren eine Universität gegründet hat, so ist es um so notwendiger für dieses Land auf gleiche Weise zu sorgen, wo so viele neu getaufte Heiden leben ..."

Nach dieser Begründung unterbreitete Zumárraga seinen Antrag:

„Deswegen bitte ich Eure Majestät, Sie möge in jedem Fall die Errichtung und Gründung einer Universität in dieser großen Stadt Mexiko veranlassen, wo in allen Fakultäten gelesen wird, welche in allen Universitäten üblicherweise vertreten sind ..." (Cuevas, S. 66). „Doch war der Bischof ein praktischer Mensch, der verstanden hat, daß es nicht reichte, die Universität zu schaffen, vielmehr waren die notwendigen finanziellen Mittel für ihre Erhaltung sicherzustellen" (Carreño, S. 528). So bat Zumárraga den Kaiser, für die Gehälter der Lektoren und das für den Lehrbetrieb erforderliche Gebäude durch die Finanzierung aus den Kassen örtlicher Kommunen zu sorgen „und gleichzeitig Seiner Heiligkeit zu schreiben, damit den Personen, welche sich für diese heilige Sache betätigen, Ablaß gewährt wird". Denn, fügt der Bischof hinzu, wenn denjenigen, die im Hospital Jesu zu Mexiko die menschlichen Körper pflegen, Ablaß gewährt wurde, bestcht um so mehr Grund dafür im Fall derjenigen, die für die Seelen Sorge tragen (Carreño, a. a. O.).

Der Hof – in Abwesenheit Karls die Regentin Isabella – holte im Februar 1538 die Meinung des damaligen Vizekönigs von Mexiko, Don Antonio de Mendoza, ein, der die Errichtung der Universität als „verfrüht" erachtete. Der Vizekönig konnte nicht umgangen, sein Vorbehalt nicht ignoriert werden. Doch setzten sich Karl und die ihn vertretende Kaiserin beharrlich für die Gründung der Universität ein, indem sie Mendoza wiederholt, so am 21. Februar 1539, zur erneuten Begutachtung des Antrags Zumárragas aufforderten. Das heißt, sie legten dem Vizekönig nahe, umzudenken.

Eine für den Kaiser charakteristische vorsichtige und auch ungeschriebene Spielregeln respektierende Vorgehensweise ist auch hier zu erkennen: Karl war der Gedanke der Universitätsgründung sympathisch, Bischof Zumárraga genoß sein Vertrauen. Gleichzeitig wollte er den Vizekönig nicht durch ein Machtwort brüskieren, in die offensichtliche Meinungsverschiedenheit, wenn nicht Rivalität zwischen ihm und dem Bischof nicht eingreifen. Der Hof ließ aber merken, wie seine eigene Stellungnahme ausfallen wird, und es wurde sanfter, aber klar erkennbarer

Druck auf Mendoza ausgeübt. Mit Erfolg: Der Vizekönig gab klein bei, das heißt, er gab seinen Widerstand – oder seine Verzögerungstaktik – auf und teilte dem Hof 1539 mit, daß er „seine Meinung geändert" habe und daß er „von nun an" den günstigen Verlauf der Sache fördern werde (Carreño, S. 531).

Dann handelte der Hof: Am 3. Oktober 1539 erging die Verordnung Karls aus Madrid, aus welcher anschließend zitiert wird: Die Stadt Mexiko beantragte, „daß wir die Gründung einer Universität mit Studium Generale dort anordnen, wo die Söhne von Spaniern und von Urbewohnern studieren, da dies notwendig ist; zum Aufrechterhalten (des Universitätsbetriebs) ist es erforderlich, daß wir es dotieren ... obgleich unsere Meinung bisher war, daß es nicht so schnell zu machen ist, scheint es uns jetzt, daß wir sofort dafür sorgen müssen, da es zahlreiche gut gebildete Söhne von Spaniern und genauso von Indianern im Kolleg (Santa Cruz von Tealtelolco) gibt, und da auch in den Klöstern Novizen leben, welche Zeit verlieren würden, wenn es niemanden für ihren Unterricht gibt ... Man soll dafür sorgen, daß zwei oder drei Personen in den genannten Fächern und in Theologie Vorlesungen halten ... Wir tragen dazu aus unserem Fiskus bei, je nach der Qualifikation der Personen ..."

Der Vizekönig wird aufgefordert, im Einvernehmen mit dem Bischof zu prozedieren und die Sachen mit ihm zu koordinieren. Der klare Wille des Herrschers betreffend die Befugnisse des Bischofs geht aus der Formulierung hervor (Carreño, a. a. O.). Die Universitätsgründung, ein Studium von Indianern ebenso wie Spaniern lagen dem Kaiser am Herzen, und es ging keineswegs nur um die Einweisung in die katholische Theologie und die Ausbildung von indianischen Pfarrern. Vielmehr wird da auch die Vermittlung einer gewissen Allgemeinbildung für alle ins Auge gefaßt.

Wo die Sonne nicht untergeht. Weitere Entdeckungen und Eroberungen

In Vertretung des Kaisers, der sich in Barcelona gerade einschiffte, um nach Italien zu segeln, unterschrieb die Regentin Isabella am 26. Juli 1529 Vollmachten für Francisco Pizarro (1478 bis 1541), der im königlichen Auftrag als „Statthalter und Generalkapitän" in den zu erobernden Territorien nach Peru aufbrechen sollte. Ob Karl Pizarro durchschaut hätte, wenn ihm die Gelegenheit geboten worden wäre, diesen rücksichtslosen, grausamen und primitiven Mann näher kennenzulernen, bleibt dahingestellt. Karl V. war schließlich ein ritterlich gesinnter christlicher Herrscher und kein Sultan, für den Effizienz allein zählte. Wie dem auch sei, Pizarro war ein Unmensch, er hatte auch nicht das Format eines Cortes, aber er erwies sich als hocheffizient!

In Peru stieß Pizarro auf das Großreich der Inkas, das im Zeitpunkt der Konquista von Bürgerkrieg zerrissen war. Diesen Umstand ausnützend, gelang es Pizarro, das Inkareich Anfang der dreißiger Jahre zu zerschlagen und in der unwirtlichen Bergregion der Kordilleren das Fundament für eine riesige spanische Kolonie zu legen, welche zu einem Eckpfeiler des Weltreiches werden sollte.

Und so erfuhr der Kaiser durch einen Brief des Gouverneurs von Panama im Frühjahr 1533 über den Verlauf des Eroberungszuges: „Am 15. März 1533 legte ein Schiff in Nicaragua Anker ... mit einem Brief von Franz Pizarro ... und anderen Kapitänen und Offizieren in seiner Begleitung, in welchem sie schrieben." Der ausgehende Brief war von Pizarro, der Analphabet war, wohl diktiert und ihm dann vorgelesen worden. Pizarro setzte sich von der Küste „mit 200 Spaniern, teils Berittenen, teils Fußvolk, in Gang und fand einen Großherrn und Kaziken namens Atabalicque vor" (im französischen Brief, anstatt von Atahualpa). „Und nachdem die Spanier mit ihm gesprochen und Frieden angeboten haben" – wie recht hat Clausewitz mit seiner zeitlos tiefsinnigen ironischen Feststellung: „Der Angreifer ist immer friedliebend." – „Und nachdem sich dieser zur Wehr setzte, bekämpften und besiegten sie ihn; sie setzten ihn gefangen und nahmen ihm über 50.000 kastilische Golddukaten und über 20.000 Mark (?) in Silber ab."

„Vierzig Tage später kam in Nicaragua eine Karavelle an" mit einem weiteren Brief, wo geschrieben stand: „Der genannte Kazike hatte ... den Spaniern versprochen, einen großen Raum vom Umfang eines großen Schlosses voller Gold zu geben ... Und er ließ auch 60.000 Mark aus feinem Silber herbeischaffen ... Außerdem sagen die Spanier, daß dort auch große Mengen von Edelsteinen vorhanden sind ..." (Lanz, Band II, S. 50–51, Brief Nr. 332).

„Die Wege des Goldes und des Silbers", so lautet der Untertitel eines Bandes von Carandes Monumentalwerk, „Karl V. und seine Bankiere", faktisch einer Wirtschaftsgeschichte der Epoche. Diesen Wegen werden wir im anschließenden Abschnitt über die Weltwirtschaft folgen. Doch zunächst noch zum Weltreich als solchem: Zu Karls Regierungszeit eroberten die Spanier im Norden des südamerikanischen Kontinents Teile des heutigen Kolumbiens und von Venezuela. Über Peru drangen sie bis nach Chile vor.

Im Westpazifik hatte der vom jungen König Karl so tatkräftig unterstützte Weltumsegler Magellan noch 1521 Inseln für Spanien in Besitz genommen, welche später nach dem 1527 geborenen Sohn Karls Philippinen genannt wurden. Durch eine höchstpersönliche Initiative 1543 verfolgte Karl ganz andere Ziele als eine zusätzliche Eroberung à la Pizarro, das heißt, durch Blut und Schwert, Wortbruch und Schurkerei. In Peru hatte Pizarro nämlich das sagenhafte Lösegeld in Gold von Atahualpa kassiert und den Inka dann doch ohne jeglichen politischen Vorteil durch die Garrotte, die berüchtigte spanische Würgschraube, hinrichten lassen.

Dank Karls Aktion wurde 1543 wieder der treue Bischof von Mexiko, Juán de Zumárraga, auf den Plan gerufen: Am 1. Mai 1543 unterzeichnete der Kaiser, unterwegs auf hoher See, auf einer erneuten Italienfahrt, Vollmachten für Zumárragas Entdeckungs- und Missionsreise, welche den Bischof und die ihn begleitenden Priester in nicht erforschte Gebiete Mittelamerikas und auf Inseln im Pazifik führen sollte. Zugleich wurde Zumárraga eine diplomatische Mission von nicht alltäglicher Bedeutung anvertraut:

Gemäß der Vollmacht sollte Zumárraga ohne bewaffnete Eskorte reisen und evangelisieren – kein unriskantes Unterfangen. Gleichzeitig wurde Zumárraga aufgetragen, mit den noch unbekannten Völkerschaften „bei Wahrung von deren Souveränität" (Pidal, S. LXI) Vereinbarungen über Handel sowie „Freundschaft und Gehorsam dem Kaiser gegenüber" zu treffen. An eine Annexion solcher Territorien dachte der Kaiser also nicht. Zugleich sollte die Mission ausloten, was denn die – noch bei einem ganz anderen, das heißt, sehr eingeschränkten Kenntnisstand, unmittelbar nach der ersten Fahrt von Kolumbus von Spanien nach Portugal 1494 in Tordesillas vereinbarte – Demarkationslinie zwischen den Hegemonialsphären der beiden Kolonialmächte nunmehr konkret auf sich hat. Mit anderen Worten: herauszufinden, welche Gebiete, welche Pazifikinseln in den spanischen Hegemonialbereich noch einbezogen werden können, ohne Portugal zu brüskieren.

Zur Ausführung der großangelegten Aktion wäre es 1545 gekommen. Jedoch Papst Paul III., über dessen verbissene Gegnerschaft Karl V. gegenüber wir im nächsten Kapitel lesen werden, verweigerte Zumárraga die pontifikale Genehmigung, sein Bistum in Mexiko zu verlassen.

Weltwirtschaft

Der Begriff Weltwirtschaft als System ist so zu verstehen, daß sich die moderne Weltwirtschaft erst im 19. Jahrhundert herausgebildet hat, indem sich mit der Industrialisierung ein weltweites Netz von Außenhandelsbeziehungen entwickelte. Einen „Welthandel" gab es aber auch zu Karls Zeiten, insbesondere nach der Entdeckung Amerikas, im Sinne von Handelsbeziehungen zwischen unterschiedlichen, voneinander entfernten Wirtschaftsräumen. Auf diesen Welthandel wenden wir hier den Ausdruck „Weltwirtschaft" als Korrelat zu dem ebenfalls nicht präzisen Ausdruck „Weltreich" an.

Es mag als Floskel erscheinen, es ist aber nichtsdestoweniger wahr, wenn man behauptet, daß mit der Entdeckung der Neuen Welt für die Menschheit auch die Perspektive und die Problematik einer neuen Welt entstanden sind. Dies gilt ganz besonders für Handel und Schiffahrt und mit deren Ausweitung auf den mittel-, den süd-, später auf den nordamerikanischen Kontinent für die damit verbundene Entwicklung der Finanzen und der Technik.

Der Darstellung dieser Erscheinungen wurden ganze Bibliotheken gewidmet, und hier beschränken wir uns auf zwei Aspekte: Inwiefern erfaßte Karl V. die immense Problematik, inwiefern war er ihr gewachsen? Und, klar erkennend, daß Spanien nicht etwa zum Mittelpunkt des damaligen Welthandels wurde, wie sich die neuen Dimensionen der Wirtschaftsbeziehungen einschließlich der Gold- und Silberlieferungen gigantischen Ausmaßes nach Kastilien auf Spanien als Kernland von Karls „Weltreich" auswirkten.

Karls Sachkunde in Finanzfragen

Es ist vielfach belegt, daß sich Karl insbesondere in Finanzfragen echte Sachkenntnisse aneignete. Diese gingen weit über die Erkenntnis der zentralen Bedeutung der Problematik hinaus. In seinen berühmten Instruktionen an seinen Sohn Philipp, deren Aussage zu den politischen Gedanken und zur Person des Kaisers in dieser Biographie schon gewürdigt wurde, behandelte Karl „mit besonderem Nachdruck ... die Finanzverwaltung, von der Erfolg und der Mißerfolg meiner Politik abhängt. Du mußt Dich intensiv mit den Finanzen beschäftigen und lernen, die Probleme zu verstehen." Resignierend fügt Philipps Biograph Pierson hinzu, daß sich Philipp zwar bemühte, dem väterlichen Rat zu folgen, „ohne jemals wirklich alle Kompliziertheiten zu durchschauen" (S. 20). Nicht so der Kaiser!

Ob er dafür ursprünglich ein echtes Interesse entwickelt hat oder nicht, Karl hat sich insbesondere in die Problematik und die Praxis des Kreditwesens mit der ihn charakterisierenden Gründlichkeit eingearbeitet, freilich eingedenk der Unumgänglichkeit, sich der Problematik zu stellen. Dazu zwang ihn die ständige bittere Geldnot. Wenn jemand die Tragweite eines Problems allgemein erkennt, so bedeutet dies noch lange nicht, daß er auch in der Lage ist, dessen Einzelheiten zu erfassen, Tücken zu erkennen, subtile Lösungen zu suchen und zu finden. Und gerade dieses Eindringen in die Problematik des Kreditwesens hat Karl gemeistert.

Geldwirtschaft und Bankwesen gehörten bereits in die europäische Wirtschaft des Hoch- und insbesondere des Spätmittelalters. Herrscher standen dazu – dauernde Geldnot vorausgesetzt – recht unterschiedlich. Lassen wir das primitive Beispiel des Tyrannen außer acht, der von Finanzfragen nichts versteht, seinen Finanzminister oder Hofjuden in den Hochadel erhebt, wenn er Geldquellen erfolgreich eröffnet, und auf das Schafott schickt, wenn er versagt. Doch kann man davon ausgehen, daß die meisten Renaissanceherrscher, wohl mit Ausnahme italienischer Kleinfürsten, die das Verständnis für Bankgeschäfte mit der Muttermilch aufgesogen haben, die Betreuung ihres Finanzwesens den Fachleuten anvertrauten, ohne in der Lage zu sein, eine Kontrolle über ihre Finanzminister und Bankiers anders als auf der Oberfläche auszuüben.

Der in sich undifferenzierten und sterilen Frage, ob nun Karl „ein mittelalterlicher oder ein moderner Staatsmann" war, darf man, wenn überhaupt, so freilich nicht unter einem einzigen, wenn auch wichtigen Aspekt begegnen. Doch ist nicht zu übersehen, daß die Aussage von Karls subtilen Kenntnissen des Kreditwesens, seine Initiativen zur Lösung komplizierter Fragen über die Erkenntnis hinausreicht, daß es da um notgedrungenes Handeln angesichts des notorischen Geldmangels geht oder um die Gewissenhaftigkeit des Kaisers, der sich in Fragenkomplexe einarbeitet, wo er wichtige Entscheidungen zu treffen hat. Man soll da vielmehr den modernen Staatsmann erblicken, der sich den unerbittlichen Problemen auf der Ebene der Geldbeschaffung mutig stellte und sich auch in die Lage versetzen konnte, differenzierte Sachkunde des Finanzwesens zu erwerben.

Ausgangspunkt ist, daß der Kaiser die Anwendung von direkten Machtmitteln von vornherein ablehnte. Die ungeschriebenen Spielregeln im Umgang mit den kastilischen und aragonesischen Cortes, von welchen er Subsidien erwartete, waren für Karl von Anfang an tabu, aus welchen

Gründen auch immer. Bei den historischen „General-Cortes", die Karl am 15. Oktober 1538 in Toledo eröffnete, mußte er gar von den vereinten kastilischen Ständen eine bittere Niederlage einstecken. Der Kaiser stieß auf breiter Front vor, legte das Haushaltsdefizit, auf welches wir anschließend zurückkommen, offen und beantragte die Zustimmung zur berüchtigten allgemeinen Verbrauchssteuer, der „sisa". Die Kontrahenten waren mit einer finanziellen und politischen Schlüsselfrage konfrontiert. Eine politische Schlacht wurde geschlagen, und Karl verlor sie. Der Adel fühlte sich in seinem Privileg der Steuerfreiheit verletzt, und die Stände einschließlich der Städte lehnten Karls Antrag rundweg ab. Da „der Kaiser nicht durchzugreifen wagte, scheiterte der Plan" (Brandi, S. 387). Eine fürchterliche Schlappe, mit Prestigeverlust sondergleichen verbunden, was den Kaiser besonders verbitterte. In Kriegen, in Konfrontationen mit dem Ausland erwies sich Karl als „guter Verlierer", bei Mißerfolgen gegen die Türken sah er gar „Gottes Fügung". Nicht so, wenn er seinen Willen in seinen spanischen Königreichen nicht durchzusetzen vermochte! Die Schmach entfiel obendrein in die Zeit, wo er vom Schicksalsschlag des Todes von Isabella (1. Mai 1539) getroffen wurde. Übrigens gab Karl die *sisa* – ein theoretisch effizientes, zugleich aber gefährliches Heilmittel zur Sanierung seiner unheilbaren Finanzen – nicht auf. In seinen vielzitierten programmatischen Instruktionen von 1543 stellte er Philipp anheim, die *sisa* in einem gegebenen Augenblick doch noch durchzusetzen.

Lehnte Karl die Anwendung von Machtmitteln bei den spanischen Cortes ab, so stellte sich die Frage im Fall der Reichsstände auf diese Weise erst recht nicht, auch nicht in der kurzen Periode kaiserlicher Machtentfaltung nach Mühlberg. Christliche Solidarität bei den Türkenkriegen und bei Auseinandersetzungen mit dem Osmanenfreund Franz, dies war ein Argument zugunsten der Bewilligung von Geldmitteln seitens der deutschen Stände einschließlich der Protestanten; Gewaltanwendung und ähnliche Druckmittel standen im Gefüge der Reichsverfassung und der Reichspolitik von vornherein außer Frage. Da blieben die Bankiers, falls die Ständeversammlungen nicht genug Geld herausrückten und selbst die Ressourcen der Neuen Welt nicht ausreichten. Der Kaiser mußte sich dann – sicherlich mit persönlicher und politischer Autorität nicht minder als mit Sachkunde gewappnet – ins Gewühl der Kreditgeschäfte stürzen.

Dirigismus? Merkantilismus?

Von einer eigentlichen „Wirtschaftspolitik der Regierung" im heutigen Sinn kann zu Karls Zeiten keine Rede sein, weder in Spanien noch erst recht im Weltmaßstab. Zwar erkennen die Historiker, daß „die spanische imperiale Politik immer von einer engen Regulierung des Handels gekennzeichnet war" (Parry, S. 584, im Zusammenhang mit dem Überseehandel). Dies bedeutet jedoch keine Reglementierung nach einem umfassenden wirtschaftlichen Konzept, vielmehr eine Reihe von dirigistischen Maßnahmen.

Wesenszüge eines frühen Merkantilismus kann man zwar in einzelnen Verordnungen Karls erkennen. Doch bemüht sich Carande, die größte Autorität, geradezu verzweifelt, die Darstellung abzuwehren, wonach unter Karl in Spanien ein echtes System merkantilistischer Prägung errichtet worden sei (Band I, S. 142–144). Dabei dürfen wir auch nicht vergessen, daß der Begriff Merkantilismus ohnedies aus dem 17. und 18. Jahrhundert stammt.

Von der Substanz des Problems her kann die Notwendigkeit des Ausbaus eines merkantilistischen Systems allerdings auf Karls Regierungszeit zurückgeblendet werden: Der Beweggrund war der erhöhte Geldbedarf des Staates, vornehmlich für das Heer, die Marine und später für eine aufgeblähte Verwaltung. Somit stimmt zwar der Ausgangspunkt, alles andere jedoch, was den erfolgreichen Ausbau eines merkantilistischen Systems anbelangt, schlägt im Fall Spaniens ins Gegenteil über. Dieser Gedankengang eignet sich allenfalls dazu, daß man an ihm die desolate Entwicklung der Wirtschaft und der Gesellschaft Spaniens im 16. Jahrhundert illustriert. Das werden wir gleich im nächsten Abschnitt sehen.

In den Geschichtsbüchern werden drei Einheiten genannt, und sie müssen klaren Verständnisses halber erläutert werden. Der Golddukat wurde bereits – in Kapitel VI, anhand Isabellas Mitgift – vorgestellt: Ein Dukat wog 0,986 g, das heißt ein knappes Gramm Feingold. Der Wert des Escudo war dem Dukaten ähnlich (0,917 g), was am besten wiederum im Vergleich zur dritten Währung – zum „Kleingeld" Maravedi – dargestellt werden kann: Der Escudo entsprach zu Karls Zeiten 350, später 400 Maravedis, der Dukat etwas über 400 Maravedis. Alles in allem erfaßt man also die Werte am ehesten, wenn man sich nur an den Dukaten hält.

Was nun die Menge der in Spanien glücklich eingetroffenen Lieferungen anbelangt, zeigen penibel durchgeführte Schätzungen, daß zwischen 1503 und 1560 Edelmetall im Wert von 46,156.820 Dukaten in Kastilien effektiv abgeliefert wurde. Das zeigt aufgrund der niedrigsten Schätzung der Produktion (Haring, rund 100 Millionen Dukaten) eine knappe Hälfte bzw. ein knappes Drittel oder weniger gemäß den beiden höheren Schätzungen der Produktion (Soetbeer: 173 Millionen, Lexis: 150 Millionen), die glücklich im Hafen von Sevilla oder anderswo in Kastilien angelangt ist.

Die Unterschiede, das heißt die Verluste zwischen Produktionsstätte und Zielhafen entfallen nur in geringem Ausmaß auf Havarie, viel eher auf die nicht erfaßbaren Mengen von Gold und Silber, welche in die Kanäle des Schmuggels gelangt sind, sowie freilich auf die Piraterie.

Die Aufschlüsselung der Daten über die Zufuhr von Edelmetall zeigt einen gewaltigen Aufwärtstrend, ganz besonders 1536 bis 1555: In der Fünfjahresperiode von 1536 bis 1540 vergrößerten sich die Lieferungen vom Wert 1,980.277 Dukaten der Periode davor auf 4,725.470 Dukaten. Von 1551 bis 1555 wurde gar Edelmetall im Wert von insgesamt 11,838.637 Dukaten eingeführt! (Vgl. für die Daten Carande, Band I, S. 232, 234, 240.)

An den zur Veranschaulichung herangezogenen merkantilistischen Maßstäben gemessen, wurde im Weltreich dem ersten Postulat, nämlich der Zufuhr von Edelmetall, in einem Ausmaß Genüge getan, wie nie zuvor und nie danach in der Wirtschaftsgeschichte. Einströmendes Gold und Geld sollte der Wirtschaft des Landes Impulse verleihen, die Produktion fördern, die Staatsfinanzen stärken und den Wohlstand der Bevölkerung erhöhen. Für die Erreichung dieser Ziele kannte der Merkantilismus diverse Maßnahmen, die hier gar nicht erwähnt werden, weil sie allesamt voraussetzen, daß der Reichtum dafür auch zur Verfügung stand, indem er im Lande blieb.

In Spanien wurde bereits diese selbstverständliche Bedingung nicht erfüllt. Geld und Gold bereicherten die Wirtschaft des Landes nicht. Vielmehr floß der größere Teil in die Kasse ausländischer Hersteller von Fertigwaren und vor allem von niederländischen, deutschen und in zunehmendem Maße italienischen, hauptsächlich genuesischen Banken. Die enorme Zinslast hing mit dem Ungleichgewicht des Staatshaushalts zusammen, wie wir gleich sehen werden. Doch zuerst zur Produktion und zur Wirtschaftsstruktur Spaniens unter Karl V.

Waren an allem die Schafe schuld?

Der Absatz spanischer Wolle in den Niederlanden war ein wichtiger Faktor im internationalen Kreislauf von Waren und von Bargeld. In Flandern war der massenhafte Import von guter spanischer Wolle, welche dort die teure Wolle aus England zu ersetzen hatte, eine der Voraussetzungen für den rapiden Aufschwung der Tuchindustrie und damit der allgemeinen Bereicherung des Landes.

Anders in Spanien. Dort hatte die Ausbreitung der Schafzucht für den Zweck des Exports negative Folgen. Die Exorbitanz der kastilischen Schafzucht wird von vielen Historikern als einer der Hauptgründe, wenn nicht als Hauptgrund der spanischen Misere in einem Gleichklang genannt, der schon skeptische Gedanken auslöst. Handelt es sich nicht etwa um Übertreibung oder um die Wiederholung irrtümlicher Annahmen, wie im Fall von „Karls" – und nicht eher um Gattinaras – Plan der Monarchia Universalis (Kapitel VI) oder beim Vorhaben, direkt auf Konstantinopel loszumarschieren (Kapitel IX und X)? Diesmal überzeugt jedoch vieles, und es geht nur um das Ausmaß der verheerenden Auswirkungen dieses Phänomens, das vom Wirtschaftshistoriker schwer einzuschätzen ist, vom Biographen ganz zu schweigen.

Den riesigen Schafherden sind wir schon begegnet, als sie zur Ursache der Verkarstung des Hochplateaus wurden, indem sie Sprößlinge und Heister flächendeckend niedertrampelten (Kapitel VI). In der Gesamtperspektive des Schadens an der Landwirtschaft sah es noch schlimmer aus: „Die bewaffneten Hirten der mächtigen Schafzüchterzunft, der Mesta, trieben ihre Herden über Hunderte von Meilen ... über die ganze Länge von Kastilien; die Tiere trampelten Kornfelder und Umzäunungen nieder, so daß viel bebaute Fläche in einem Land" zerstört wurde, dessen Boden ohnedies wenig fruchtbar war (Koenigsberger, S. 322).

Die Grundbesitzer protestierten heftig, aber die Mesta-Lobby war stärker, und die Regierung hielt die Privilegien der Schafzüchterzunft aufrecht. Viel mehr noch als in England galt es, daß „die Schafe die Menschen auffressen" (a. a. O.).

Es ist zu bemerken, daß diese Erscheinungen nicht erst in Karls Regierungszeit, sondern schon vorher zu registrieren waren, allerdings dauerte aber der Trend bis in Philipps Zeiten an. In jedem Fall war die übertriebene Schafzucht auch innerhalb der Landwirtschaft des rohstoffproduzierenden und exportierenden Spanien ein negativer Faktor, indem sie die Struktur der Landwirtschaft ungünstig beeinflußte und andere

Produkte, welche, wie Getreide, den Inlandsbedarf decken sollten, verdrängte. So war die Wollproduktion nicht nur ein Faktor des Abbaus der Vielfalt in der Landwirtschaft, sondern auch der Armut: Die Getreideproduktion nahm ab, und es gab nicht genug Brot für die Bevölkerung, deren Zahl im Anwachsen war.

Die Lage der spanischen Wirtschaft und die Frage, warum sie denn durch den Goldstrom keine Impulse bekam, lassen sich nur im Zusammenhang des Welthandels erklären. Spaniens Wirtschaft war zwar rückständig, wenn man sie mit den Niederlanden, Italien oder Deutschland vergleicht, sie erreichte auch das Niveau Frankreichs nicht. Aber Rückständigkeit ist eben ein relativer Begriff, sie hat viele Grade: Karls Spanien war kein Land ohne eigene Kreditwirtschaft, ohne Industrie. Es gab spanische Banken, Werften, Textil- und im Norden auch Metallindustrie. Nur litten sie allesamt unter der überlegenen ausländischen Konkurrenz. Sie waren dem Wettbewerb im europäischen Maßstab nicht gewachsen, und da half auch der vordergründige Reichtum an Edelmetall nicht. Er wurde nämlich nicht in Spanien investiert! Weder in die Industrie des Landes noch zum Ausbau der Infrastruktur. Es geht keineswegs um ausländische, vielmehr um Investitionen von Spaniern. Gold und Silber aus den Kolonien Kastiliens wurden vorerst in Spanien, nicht anderswo, abgeliefert, Sevilla war die Drehscheibe.

Wer sollte da investieren?

Die Krone, der von vornherein ein Viertel des Edelmetalls gehörte? Sie litt an chronischer Geldnot. Sie brauchte vor allem schnelles Geld. Deshalb auch die Allmacht der ausländischen Bankiers. Der spanische Adel, Hidalgos nicht weniger als die Granden, war jeder anderen Tätigkeit abgeneigt als der in der Armee, im Klerus und zu Karls Zeiten immer mehr auch in der Verwaltung. Dieser Widerwillen war auf der Iberischen Halbinsel noch ausgeprägter als in anderen Ländern, wo das Fehlen einer robusten Schicht von Handel- und Gewerbetreibenden für die allgemeine wirtschaftliche Rückständigkeit zum Teil verantwortlich war, wie beispielsweise in Polen und in Ungarn, bis in die Moderne. So war vom Adel weder Investition noch überhaupt nennenswerte Teilnahme am wirtschaftlichen Prozeß zu erwarten.

Was die spanischen Kaufleute und Bankiers anbelangt, kämpften sie um ihr Überleben. Gegen die ausländische Konkurrenz standen sie meistens auf verlorenem Posten. Sevilla präsentierte freilich das Bild einer lebendigen Handelsmetropole; das Privileg des Überseehandels von Sevilla war königlich verbrieft, und somit waren daraus ausländische Kaufleute, zumindest nominell ausgeschlossen. Wenn sich die Vertreter der größten niederländischen, deutschen und italienischen Handelshäuser und Banken trotzdem in der Hafenstadt tummelten, so hatte dies mannigfache andere Gründe als das Ansinnen, sich in den Überseehandel einzuschleichen. Sie konkurrierten vielmehr mit den spanischen Kaufleuten auf dem iberischen Binnenmarkt und in der Kreditvergabe.

Die spanischen Banken galten als beliebter Gegenstand von Schriften zeitgenössischer Literaten und sogar großer Denker wie zum Beispiel Fancisco de Vitoria! Wirtschaftlich versiert war Tomás de Mercado, dem wir wertvolle Beschreibungen verdanken. Von „Hofbankiers" ist da die Rede, die allerdings auch „verschwenderischen und müden Rittern" Geld liehen und die Einkünfte ihrer Güter kassierten (vgl. Carande, Band I, S. 296 –297). Drei große spanische Banken werden 1553 zu Sevilla registriert, namentlich die berühmte Bankierfamilie Espinosa, die Banken von Juan Iniguez mit de Negron sowie von Pedro de Morga. Im katastrophalen Wirtschaftsjahr 1553 blieben zwei von dreien auf der Strecke (vgl. Carande, Band I, S. 320). Es sind ausführliche Beschreibungen der einzelnen großen Bankhäuser überliefert (Carande, Band I, S. 305–314), nicht aber Statistiken über die genaue Zahl der Konkurse. Dafür enthält der Abschnitt „Die kurze Lebensdauer der Banken von Sevilla" (Carande, Band I, S. 319 f.) eine Analyse der Gründe für die Labilität dieser Geldinstitute.

Zusammenfassend beklagt Carande, daß „Kastilien einen immensen Teil seiner Lieferungen aus Westindien verlor, neben anderen Ursachen deswegen, weil es über keine Organisation des internationalen Kredits verfügte, welche in der Lage war, mit derjenigen anderer Länder des Kaisers zu konkurrieren. So erklärt es sich, daß die Patrizierfamilien von Augsburg und Genua sowie die Börse von Antwerpen freieren Zugang zum Edelmetall als Entgelt für ihre Darlehen hatten als die kastilischen Kaufleute auf den Messen von Medina oder die Bankiers von Sevilla" (Carande, Band I, S. 159).

Genua beherrschte Karls Finanzen gegen Ende der Regierungszeit des Kaisers. Die genuesischen Bankiers, darunter eine Reihe von Geldleihern aus der Sippe Doria – in Kapitel VII wurden mehrere namentlich genannt –, berechneten Wucherzinsen, 37 Prozent bis zu 67 Prozent jährlich, während der Zinssatz für die Fuggerschen Darlehen 12 bis 15 Prozent betrug.

Ohne den unschätzbaren militärischen und politischen Wert der seit 1528 bestehenden Allianz mit Andrea Doria zu relativieren, zieht Alvárez den Schluß, daß diese „politische Symbiose, welche eine der interessantesten war, die das 16. Jahrhundert zu bieten hatte ..., der normalen Entwicklung der spanischen Marine und des spanischen Bankwesens schadete" (S. 346). Ein „Teufelspakt" unter Europäern ...?

Vom direkten Zusammenhang zwischen der neuen Technik, insbesondere den Feuerwaffen, und dem gewaltigen Anstieg der Kriegskosten war bereits die Rede. Dies ist über die Kosten der Kanonengießerei hinaus noch zu ergänzen. Es mußte auch für die Fortbewegung des Artillerieparkes gesorgt werden, zu Kriegs- wie zu Friedenszeiten, und dies schloß die Zurverfügungstellung einer großen Zahl von Zugpferden und Rindern ein. Eine Kanone mittleren Kalibers wurde von zehn Pferden gezogen, eine große von 20 Ochsengespannen. Karls besondere Aufmerksamkeit galt schon immer den Feuerwaffen – auch in den Schlachten des Tunis-Feldzuges marschierte der Kaiser mit seinen Artilleristen –, und so lag es ihm stets an einem großen Artilleriepark. Bei Mühlberg siegte er eher anhand der guten Taktik und Qualität, die Artillerie des Gegners war der kaiserlichen zahlenmäßig überlegen.

Der wachsende Bedarf an Geschützen war auch auf die Anordnung Karls zurückzuführen, daß gewisse Handelsschiffe mit Kanonen zu bestücken waren – im Zweiten Weltkrieg würde man von „Hilfskreuzern" sprechen. Die Bewaffnung war, versteht sich, für Gefechte mit Piraten bestimmt. Der Sicherheit der transatlantischen Schiffahrt diente auch die Vorschrift über die Zusammenstellung von Geleitzügen, die freilich im Schutz von Kriegsschiffen segelten. Es ist von über 77 Schiffen für einen Geleitzug die Rede (Carande, Band I, S. 367).

So ergab sich gegen Ende von Karls Regierungszeit folgendes Bild: Spanien exportierte vorwiegend Rohstoffe und kaufte für teures Geld Fertigprodukte im Ausland ein, die klassische Formel für eine rückständige Wirtschaft. Unter den eingeführten Produkten heben wir – neben den Waren für den alltäglichen Gebrauch, deren Markt mit der Verarmung freilich schrumpfte – Handels- und Kriegsschiffe aus fremden Werften, welche die im Baskenland hergestellten spanischen Fabrikate allmählich verdrängten, und in erster Linie die Waffen hervor.

Aus dem Edelmetall der Kolonien profitierte die spanische Wirtschaft weniger als die ausländischen Banken, deren Darlehen hauptsächlich für militärische Zwecke wie generell für die Füllung der gewaltigen

Haushaltslücken allmählich die Finanzen des Kaisers zu beherrschen drohten.

Man darf allerdings nicht verschweigen, daß eine führende deutsche Autorität ein von dem aufgrund der Mehrheit der Quellen soeben Dargestellten zum Teil radikal abweichendes, gar nicht so pessimistisches Bild insbesondere über die spanische Landwirtschaft während Karls Regierungszeit vermittelt. „Obwohl die spanische Agrargeschichte der frühen Neuzeit bislang nicht sehr intensiv erforscht worden ist, gibt es doch hinreichend sichere Anhaltspunkte für die Annahme, daß zumindest die Landwirtschaft Kastiliens, und zwar keineswegs nur die Schafzucht, in der ersten Hälfte des 16. Jahrhunderts einen deutlichen Aufschwung nahm. Die Zunahme der Bevölkerung, der agrarische Importbedarf der neuen amerikanischen Besitzungen, dazu der gerade bei den landwirtschaftlichen Erzeugnissen zuerst einsetzende Preisanstieg führte zur Ausweitung der Produktion; bisher kaum genutztes Land wurde oft mit Hilfe bürgerlichen Kapitals kultiviert; die Ernten und die Erlöse aus den Ernten wuchsen an. Dieser Aufschwung kam indessen weniger den Bauern als vielmehr den adligen oder kirchlichen Grundherren zugute. Entweder nämlich behielten sich die Grundherren selbst den Verkauf der Ernte auf den Märkten vor oder sie nahmen die Vergrößerung des den Bauern überlassenen Landes zum Anlaß, die bisherigen Lehnsverhältnisse mit ihren unveränderlichen bäuerlichen Abgaben in Pachtverhältnisse auf Zeit umzuwandeln, um mit deren Zinsen den wachsenden Erlös aus den Ernten abzuschöpfen. Immerhin, solange Produktion und Preise kräftig stiegen, mochten auch die Bauern einen, wenngleich bescheidenen Anteil an den steigenden Erträgen ihrer Arbeit genießen" (Rabe in Schieders Geschichtswerk, Band 3, S. 626).

Auch die Lage der industriellen Produktion sieht dieser Verfasser, der immerhin auch Carandes Monumentalwerk kennt, viel rosiger, insbesondere was die spanische Woll- und Seidenherstellung anbelangt: „Für die gewerblich-industrielle Entwicklung Spaniens kam der kastilischen Wollindustrie mit den Zentren Segovia, Toledo, Córdoba und Cuenca die größte Bedeutung zu. Trotz des Mangels an zuverlässigen statistischen Angaben ist ziemlich sicher, daß diese Wollindustrie in der ersten Jahrhunderthälfte einen bedeutenden Aufschwung nahm. Durch die Einführung des Verlagssystems wurde jetzt ... die ländliche Bevölkerung in die Produktion einbezogen. In der Stadt und im Territorium Toledo soll die Zahl der Tuch- und Seidenweber allein zwischen 1525 und 1550 auf das Fünffache gestiegen sein; aus Segovia und Cuenca wird berichtet, daß es in der Umgebung dieser Städte zeitweise kein Haus gegeben habe, in dem man nicht vollauf mit Spinnen und Weben beschäftigt gewesen wäre" (S. 627).

Ob Aufschwung oder nicht, in einem sind sich die Historiker einig: daß nämlich die Bauern kaum Vorteile aus der unterstellt expandierenden Landwirtschaft zogen – so die Formulierung der Optimisten – bzw. daß eine generelle Verarmung der landwirtschaftlichen Bevölkerung in der ersten Hälfte des 16. Jahrhunderts zu beklagen war. Der Umstand, daß Karl in Spanien keine florierende Wirtschaft, keinen Wohlstand zurückließ, ist allerdings weniger auf strukturelle Umwandlungen, wie etwa die Verdrängung des Ackerbaus durch die Schafzucht, als auf die schwere Steuerlast zurückzuführen. Die rapide wachsenden Kriegskosten bedrückten die Finanzen der europäischen Herrscher generell, denn Kanonengießen und Burgenbau waren im gegnerischen Lager nicht weniger kostspielig als im kaiserlichen.

Durch militärische Operationen fern von Spanien, etwa auf dem nordfranzösischen und dem italienischen Kriegsschauplatz, wurde die iberische Rüstungsindustrie aus dem simplen Grund benachteiligt, daß die Waffen vor Ort gebraucht wurden. Warum dann schweres Gerät wie auch Munition über den langen Seeweg aus Kantabrien herbeischaffen?!

Karl wie anderen Herrschern gelang es nicht, das Gleichgewicht des Haushalts zu gewährleisten, vornehmlich aus Gründen der fast ununterbrochenen Kriegführung. Der Kaiser, der sich in den Mäandern von komplizierten Wechselgeschäften auskannte, verstand sehr wohl die Bedeutung eines ausgewogenen Budgets, aber er sah sich veranlaßt, wenn nicht so viel auszugeben, wie er wegen seiner militärischen und politischen Ziele eigentlich ausgeben mußte, doch so viel wie er eben unter Nutzung der inländischen, vornehmlich steuerlichen Einnahmen und in Abhängigkeit von ausländischen wie auch spanischen Geldleihern ausgeben konnte. Kurzum, die Herrscher streckten sich nicht nach der Decke.

Selbst in der Schatzkammer Niederlande war die Geldnot bedrückend, als 1536 der nächste Krieg mit Frankreich drohte. Hier nur ein einziges Beispiel für die Probleme, welche auf dem Kaiser – und in diesem Fall direkt auf die Statthalterin – lasteten. Lanz faßt unter dem Titel „Rüstungen von allen Seiten; Mangel an Geld und Truppen" (Band II, S. 657, Brief Nr. 628) einen aus dem Jahr 1536 stammenden, ansonsten undatierten

Brief Marias an Karl zusammen: „Die Königin ist ... perplex angesichts der Allianz von Franzosen, Engländern und Gelderner; überall werden Truppen ausgehoben ... Hier ist nichts zur Verteidigung bereit, angesichts der Armut der Finanzen und des Mangels an Subsidien. Die Seigneurs werden ersucht, für 250.000 Dukaten gutzustehen, um den Verpflichtungen nachzukommen und um den Sold zu zahlen. Dies reicht nicht für die Verteidigung der Grenzen, und es ist notwendig, daß Hilfe von seiner (des Kaisers) Seite kommt ..." Und weiter heißt es: „Wie soll sie (die Statthalterin) sich im Kriegsfall verhalten? Den Herrn von Reulx bitten, eine gewisse Zahl von in Deutschland ausgehobenen Infanteristen hierher zu schicken? Und auch Geschütze in Deutschland herstellen zu lassen, oder die 24 Kanonen hier lassen?" Abschließend rät Maria zu einer friedlichen Lösung. In einem nächsten, ebenfalls undatierten Brief (Lanz, Band II, Brief Nr. 630) erfreut sich die Statthalterin der Friedensvermittlung seitens der Schwester Eleonore, Königin von Frankreich, dank der dynastischen Ehe der Herzogin von Mailand mit dem Prinzen von Orléans (!).

Welcher Herrscher des frühen Absolutismus würde sich schon unter solchen Umständen um einen ausbalancierten Haushalt kümmern? Entweder bewahrt er den Frieden um jeden Preis oder greift er in die Staatskasse, so tief er nur kann, und nimmt horrende Auslandsdarlehen in Anspruch. In Ermangelung einer friedlichen Lösung tat Karl in diesem Fall das letztere. Zur Finanzierung seines großangelegten Feldzuges in die Provence (Kapitel XII), durch welche er die bedrohte Nordfront auch entlastete, nahm der Kaiser die folgenden Kredite in Anspruch:

100.000 Dukaten von Anton und Hieronymus Fugger (12. April 1536). Die Bruttobelastung belief sich auf rund 128.000 Dukaten.

10.000 Dukaten und 10.000 Escudos vom deutschen Bankier Christoph Peutinger (gemischtes Geschäft: Kredit und Kauf von Juwelen, 18. April 1536).

140.000 plus 31.530 plus 56.000 Dukaten (drei Geschäfte) vom genuesischen Bankier Ansaldo de Grimaldo (29. April 1536), Bruttobelastung insgesamt rund 260.000 Dukaten.

30.000 Dukaten von Anton Fugger & Co. (30. April 1536).

93.334 Dukaten von den genuesischen Bankiers Augustino Centurione und Francesco de Grimaldo (25. Mai 1536), Bruttobelastung rund 125.000 Dukaten (!).

186.668 Dukaten vom genuesischen Bankier Niccoló de Grimaldo (27. Mai 1536), Bruttobelastung 213.000 Dukaten.

Das Übergewicht der Darlehen der genuesischen Geldgeber und die harten Bedingungen, so insbesondere beim Darlehensgeschäft vom 25. Mai 1536, sprechen eine klare Sprache.

Und so gliederte sich das Haushaltsdefizit Kastiliens in das Gefüge der „Weltwirtschaft", deutlicher gesagt, in die Welt des internationalen Finanzwuchers, ein: Die öffentlichen Ausgaben wiesen in fünf Jahren (1538 bis 1542), auf welche allerdings das Preveza-Unternehmen, die Algier-Expedition und die unmittelbare Vorbereitung zum nächsten Franzosenkrieg entfielen, ein Minus von 3,153.000 Dukaten auf, das „größtenteils auf die hohen Zinsen an ausländische Bankhäuser zurückging" (Alvarez, Karl V., S. 136).

Der wiederholte Vorwurf der Cortes, so schon 1527, wonach „man die Geldmittel und die Macht der Nation für nichtnationale Zwecke verwende" (Alvarez, Karl V., S. 83), traf im Zeitabschnitt des soeben genannten Haushaltsdefizits von über drei Millionen Dukaten nur teilweise zu: Denn die kostspieligste unter diesen Operationen, nämlich der Algier-Feldzug, sollte ureigenen spanischen Interessen dienen. Es war ein Präventivschlag gegen den feindlichen Hauptstützpunkt der Angriffe auf die iberischen Küsten (Kapitel IX und X).

Und was nun den Franzosenkrieg von 1542 bis 1544 angeht, wurde dieser dem Kaiser von Franz I. aufgezwungen (Kapitel XIII). Überhaupt, man ist nicht glücklich, wenn es auch in den besten Geschichtswerken des öfteren heißt, „Karls Kriege" verschlangen riesige Summen, vorwiegend kastilischen Geldes. Die Wortwahl kann falsche Eindrücke wecken: Der Kaiser führte keine Eroberungskriege. Expansion lag ihm immer fern. Wir kennen auch den defensiven Grundcharakter seines strategischen Denkens. Das gilt sogar für einen entscheidenden Coup gegen die Türken – theoretisch ohnedies durch den Kreuzzuggedanken gerechtfertigt. Ein solcher gigantischer Feldzug konnte nie ernsthaft geplant werden, schon gar nicht wurde der Schlag effektiv geführt, sagen wir offen, es war ein Märchen (Kapitel IX, X), das nur das Papier kostete, auf welchem fabuliert wurde.

Das wachsende Übergewicht der genuesischen Geldgeber – freilich nicht nur des halben Dutzends Bankiers namens Doria (vgl. Kapitel VII) – wird eindeutig registriert: „Zusammengerechnet liehen die Genuesen mehr Geld als Welser und Fugger, und ihre Zinsen sind höher" (Carande, Band III, S. 307). Doch erschöpften sich die Vorteile Genuas nicht in ihren äußerst vorteilhaften Geldgeschäften mit Karl und den spanischen Auftragen an die genuesische Industrie: Den Genuesen wurden „seit dem Bünd- nis des Andrea Doria mit Karl V. (1528)" ausgedehnte wirtschaftliche Pri- vilegien in Spanien „eingeräumt. Eben diese Privilegien ermöglichten den Genuesen auch, den alten Rivalen im Mittelmehrhandel, nämlich Barce- lona, weit zurückzudrängen" (Rabe, S. 629).

Illustrieren wir an einem einzigen Beispiel, wie kompliziert manche Geldgeschäfte waren, in deren Gestrüpp sich der Kaiser zwangsläufig gut auskannte. Gemäß einem Darlehensvertrag, den Los Cobos im Auftrag Karls in Regensburg am 16. April 1532 unterzeichnete, stellte der Bankier Ansaldo de Grimaldo über verschiedene Vermittler 100.000 Goldescudos in Genua oder Mailand in zwei Raten bar zur Verfügung gegen Wechsel, im Wert von insgesamt 36,500.000 Maravedis, die auf einen Alonso de Baeza auszustellen waren. Die Rückzahlung hatte in Kastilien bis Juni 1533 zu erfolgen. Etwas kompliziert, aber bis zu diesem Punkt „beinahe normale Konditionen", bemerkt Carande im Abschnitt „Zwei ärgerliche Bankdarlehen" (Band III, S. 112–115), er fährt aber fort, um das skurrile Geschäft weiter zu schildern: „Dagegen ist eine Klausel merkwürdig, die es nicht ermöglicht, den Preis des Darlehens zu bemessen, und wonach an den Bankier eine Leibrente von 4000 Dukaten pro Jahr zu gewähren war, welche dieser an eine von ihm zu benennende Person in beliebigem Zeit- punkt übertragen konnte. Ansaldo starb 1539, aber ich weiß nicht, wie lange Lucas, sein Neffe, Sohn des Kardinals Grimaldo, der Begünstigte, nachher noch lebte." Karl belastete mit der Leibrente „nicht Kastilien allein" (S. 112). Ein nicht nur kompliziertes, vielmehr zugleich ein unsi- cheres, risikoreiches Wuchergeschäft!

Schließen wir dieses Kapitel jedoch nicht mit Daten über rücksichts- lose, eiskalte Ausnutzung von Karls Geldnöten, vielmehr mit Fällen, wo Solidarität mit dem bedrängten alten Kaiser, wenn nicht Patriotismus überwogen: In Kapitel XIII werden wir über die tragische Lage erfahren, wie Karl, durch Moritz von Sachsen und anderen mit Frankreich verbün- deten Fürsten 1552 arg bedrängt, bei Nacht und Nebel aus Innsbruck flie- hen mußte, um einer Gefangennahme zu entgehen. Der Kaiser wandte sich mit einem verzweifelten Hilferuf an seine Spanier. Dort regierte Philipp, den Karl als Regenten eingesetzt hatte. Prompt wurden dem Kaiser 500.000 Dukaten zur Verfügung gestellt, „die größtenteils von in Kanzleien und Klöstern niedergelegten Beträgen der Casa de Contratación in Sevilla (des Handelshauses, das seit 1503 die Verbindung nach Amerika kontrollierte) stammten und weiter von Privatpersonen, vor allem dem

Herzog von Escalada, geborgt waren" (Alvarez, Karl V., S. 186f.). Der Herzog von Alba eilte mit 5000 Mann zum Kaiser, und der Marquis von Denia, ansonsten auch kein sympathischer Mensch, der den Hofstaat der Königin Johanna in Tordesillas viel zu lieblos führte, offerierte 130.000 Dukaten, den Erlös für zwei seiner Dörfer zwischen Valencia und Alicante, an der „Nasenspitze" von Spanien, im Raum der historischen Stadt Denia.

KAPITEL XII

Stets die gleichen Personen des Dramas: Karl V. und Franz I.

Den innersten Kern des tragischen Geschehens, der jahrzehntelang nicht aufhörenden sterilen Kriege, dürfte man in einem verhängnisvollen Mißverständnis zwischen Karl und Franz erblicken. In Kapitel V wurde darauf schon hingewiesen. Jetzt verdeutlichen wir es anhand Karls historischer Rede vor Papst und Kardinalskollegium am Ostermontag 1536: Der Kaiser konnte zwar sehr wohl die Landkarte lesen und sehen, daß Frankreich geographisch von habsburgisch beherrschten Ländern umgeben war. Jedoch, ich, der ehrliche, berechenbare, auf christliche Solidarität bedachte Kaiser, so dachte Karl, habe schon nach Pavia bewiesen, daß ich die Substanz des Königreichs Frankreich respektiere. Von mir habe nun Franz keinen Vernichtungsschlag gegen sein Staatswesen, gegen sein zugegeben geographisch eingekreistes Reich zu befürchten. Ich wünsche diesen Schlag, ich wünsche den Krieg zwischen beiden christlichen Reichen in keinem Fall!

Wozu dann Franzens Kesseltreiben in Savoyen und in Italien – Stichwort Mailand –, wozu dann die ständige Drohung mit einem neuen Waffengang – vom Türkenpakt und dem Flirten mit den deutschen Protestanten gar nicht zu reden?

Und Franz? Der König hat die Echtheit von Karls konzilianter Frankreichpolitik längst erkannt. Er zweifelte nicht daran, daß es Karl mit der Ritterlichkeit und mit der christlichen Solidarität ernst meinte. So konnte er Ruhe bewahren – zu Karls Lebzeiten! Der Franzose dachte aber an die Zeit danach und wollte eben gute Ausgangspositionen sichern für eine Zeit, wenn die objektive Gegebenheit der habsburgischen Einkreisung die mit den Valois rivalisierende Dynastie zur Aufgabe der Pax Carolina und zu dem Versuch verleitet, gegen Frankreich einen Angriff von allen Seiten zu führen. Franzens Ängste und seine dadurch hervorgerufenen Handlungen bargen schon die Sorgen eines Richelieu und eines Ludwigs XIV. in sich, mithin bis zum Spanischen Erbfolgekrieg Anfang des 18. Jahrhunderts.

Es ist nicht bekannt, ob Franz je Anspielungen auf diese Gedanken über eine langfristige französische Grundhaltung ob des habsburgischen Würgegriffs bei den Begegnungen und scheinbaren Verbrüderungen beider Männer gemacht hat, etwa in diesem Sinn: „Eurer ... Kaiserlichen Majestät vertrauen wir uneingeschränkt, nicht aber späteren Nachfolgern", die uns irgendwann im Bündnis mit weiß Gott wem, etwa mit England, überrumpeln möchten.

Das Mißverständnis war zutiefst tragisch, es war aber nicht aufzulösen. Selbst bei Offenlegung der französischen Grundposition hatte Karl keine Alternative in seinem praktischen Handeln.

Karls Ostermontagsrede 1536

Der Sieger von Tunis, geliebter und gefeierter König der Spanier, Herrscher über die spektakulär erweiterten Territorien der Neuen Welt, in den Niederlanden dem Anschein nach fest im Sattel sitzend, mit seinen deutschen Fürsten und Ständen momentan arrangiert, stand auf dem Höhepunkt seiner Macht. Seit dem 13. Oktober 1534 trug ein anderer Mann die Tiara. Der Farnese-Papst Paul III. war ein betagter, resoluter Mann, dem Lieblingsgedanken Karls, dem Konzil, damit einer Reform der Kirche zugetan, ein Kirchenfürst, mit dem man Weltpolitik machen konnte. Der gemeinsame Kampf gegen die Kirchenspaltung war ohnedies selbstverständlich. Blieb die Gefahr einer latenten Frankophilie des Heiligen Stuhls, auf deren differenzierte, teils objektive Beweggründe in Kapitel VII hingewiesen wurde. Dies sei um eine weitere Komponente ergänzt: Die ständige Befürchtung vor dem Alleingang irgendeines selbstherrlichen Königs von Frankreich war nicht aus der Luft gegriffen, eines Herrschers, der ohne Abweichung vom wahren katholischen Glauben und natürlich ohne Scheidungsskandal à la Heinrich von England, eine Loslösung der Kirche von Frankreich von Rom anstrebt. Kurzum, die Sorge ob einer Art von Gallikanismus spukte, und eine Rücksichtnahme des Papstes auf

Frankreich, zumindest seine Neutralität, in der Kontroverse Karl – Franz war zu verstehen und zu respektieren.

So trat der Sechsunddreißigjährige, der mächtigste christliche Herrscher der Welt, der in seinem wahren Katholizismus Tadelfreie – der nunmehr im klassischen kastilischen Idiom Geübte – am Ostermontag 1536 vor den Papst, das Kollegium der Kardinäle und die eingeladenen Mitglieder des diplomatischen Korps und hielt eine rhetorisch meisterhaft vorbereitete Rede von mehr als einer Stunde. Der Kaiser sprach frei, blickte gelegentlich auf einen kleinen Zettel, und er sprach Spanisch. Die Reverenz einer Ansprache auf Latein wollte Karl dem Papst keineswegs verweigern, auch keine Akzente etwa im Sinn seiner spanischen Hausmacht setzen; einfach wollte er seine Diktion nicht mit sprachlichen Schwierigkeiten seines Latein befrachten.

Der bittere Vorwurf an den Störenfried Franz war der Kern von Karls Rede. Zutiefst empört über die Ablehnung einer friedlichen Lösung verschiedener Konfliktfragen seitens des Franzosen und über dessen Winkelzüge, ohne Verständnis für dessen Verhalten, streckte er seine Hand zum Frieden aus. Zugleich sprach der Kaiser aus der Position der Stärke und ließ keinen Zweifel daran, daß er mit scharfer Klinge kämpfen werde, falls ihn Franz zu dem von ihm nicht gewünschten Krieg zwingen sollte.

Das tragische, unauflösbare Mißverständnis, welches in diesem Kapitel eingangs schon umschrieben wurde, war Karls gesamtem Gedankengang inhärent: Der Kaiser war aufrichtig bei der Bekundung seines Friedenswillens, und gleichzeitig wollte Franz mit all seinen Forderungen in Italien und allen Intrigen seine guten Ausgangspositionen für zukünftige Generationen sichern.

Die Aussage von Karls Rede, gepaart mit der persönlichen Ausstrahlung des Kaisers, verfehlte ihr Ziel nicht: Zumindest im Augenblick konnte von einem Bündnis Pauls III. mit Frankreich keine Rede sein. Der Papst nahm eine neutrale Stellung ein, und er war aufgeschlossen für eine Vermittlung eines Friedens. Da die Verhandlungen mit Frankreich erfolglos blieben, kam es wieder zu einem der fruchtlosen Waffengänge, welche alle Franzosenkriege nach Pavia charakterisierten. In der Provence, wohin Karl mit seinem Heer im Juli 1536 eindrang, um das von Franz besetzte Savoyen zu umgehen, verweigerten die Franzosen die Schlacht. Sie wandten die Methode der verbrannten Erde an, die Kaiserlichen wurden von Seuchen heimgesucht, sie hungerten, und schon Anfang September war Karl gezwungen, den Rückzug anzutreten.

Beide Seiten wurden schnell kriegsmüde, zumindest was den südlichen Kriegsschauplatz anbelangt. An der französischen Nordgrenze wurde nämlich ebenfalls gekämpft. Karl begab sich schon im Spätherbst 1536 zurück nach Spanien, wo er sich freilich der dortigen Innenpolitik zuwandte, sich aber auch auf den Friedensschluß mit Frankreich vorbereitete.

Über das von Jorga verspottete tatsächlich unrealistische Bündnis Karls mit Venedig und dem Papst vom 8. Februar 1538, von welchem in Kapitel IX berichtet wurde, war man in Frankreich „begreiflicherweise sehr erregt" (Brandi, S. 322). Es wuchs die Sorge angesichts dieses Zusammenschlusses und auch eines Angriffs welcher Größenordnung auch immer auf den türkischen Verbündeten. Diese Umstände trieben Franz wohl ebenfalls zu einer Verständigung mit dem Kaiser.

Verbrüderung der Kontrahenten in Aiguesmortes

Nach einer Waffenruhe von zehn Monaten konnte in Nizza nach langem Tauziehen, über Vermittlung des Papstes, unter Mitwirkung von Karls Schwester Eleonore, Königin von Frankreich, ein regelrechter Waffenstillstand für zehn Jahre unterzeichnet werden. Die Vereinbarung (18. Juni 1538) kam ohne eine persönliche Begegnung der beiden Herrscher zustande. Dazu kam es erst am 14. Juli desselben Jahres in Aiguesmortes westlich der Rhônemündung. Es war ein kurzes, insgesamt viertägiges, glänzendes „Gipfeltreffen", und moderne Publizisten würden nicht zu Unrecht den „Geist von Aiguesmortes" preisen. In der Tat wurde auch ohne konkrete neue Abmachungen „atmosphärisch" viel erreicht. Karl überschätzte zwar die Früchte der Verbrüderung, wie aus einem Briefwechsel mit seiner Schwester Maria hervorgeht, welchen wir in Kapitel IX in Verbindung mit strategischen Überlegungen zitiert haben. Zwar schenkte er Franz viel zu viel Glauben. Dennoch entstand ein gewisses Kapital an Vertrauen, das anderthalb Jahre danach noch ausreichte, um Karls zweimonatiger Paradefahrt durch Frankreich zu einem eindeutigen Erfolg zu verhelfen.

Der schwerste Schlag in Karls Privatleben

Am 1. Mai 1539 starb in Toledo Kaiserin Isabella, kaum 36 Jahre alt, an den Folgen einer Fehlgeburt zehn Tage nach der Entbindung. Die menschliche Betroffenheit Karls konnte größer nicht sein. Er hatte die einzige große Liebe seines Lebens, die Mutter von drei überlebenden Kindern, seine treue Weggefährtin über die dreizehnjährige Ehe verloren. Mit Isabella von Portugal verschied die kluge, die über alles zuverlässige Regentin, die bei Karls Auslandsreisen die Geschicke Spaniens im Geist des Kaisers gelenkt hatte und die durch ihre Person einen Trost für die Spanier spendete, für die es ansonsten kaum etwas Schlimmeres gab als die Abwesenheit ihres Königs.

Für sechs Wochen, vom 12. Mai bis zum 26. Juni, zog sich Karl in das Hieronymus-Kloster zurück. Der Kaiser betete und versuchte, Kraft zu schöpfen für die Bewältigung von unmittelbar bevorstehenden schweren Aufgaben. Vor einem langen unaufschiebbaren Auslandsaufenthalt blieb ihm nicht mehr als ein halbes Jahr, um sein Haus in Spanien zu bestellen.

Am 1. Juli bat Karl seine Schwester Maria, in der Gemäldesammlung von Tante Margarete nach Bildern zu suchen, welche die verstorbene Kaiserin darstellten, dann aber konzentrierte sich der weitere Briefwechsel mit der Statthalterin der Niederlande auf Dinge ganz anderer Art: Maria mußte über alarmierende Vorgänge in Gent berichten. Karls Geburtsstadt war in hellem Aufruhr. Statthalterin Maria ist fürwahr die am besten geeignete Vertreterin des Kaisers in den Niederlanden gewesen, doch ersetzen konnte sie Karl vor Ort nicht! Um die Ruhe wiederherzustellen, versuchte es Maria mit Verhandlungen, mit Kompromissen, mit Härte, wozu sie recht wohl fähig war, aber der Kaiser mußte kommen, denn die rebellierende Stadt geriet völlig außer Kontrolle. Die Ursachen der offenen Rebellion können in einer tiefen wirtschaftlichen Krise erblickt werden: „Die Verschiebung des wirtschaftlichen Schwergewichts ... nach Antwerpen brachte für das industrielle Gent einen Rückgang der Aufträge, peinliche Arbeitslosigkeit und schwindende Finanzkraft ... mit sich. Dergleichen pflegt politische und soziale Gereiztheiten zu erzeugen" (Brandi, S. 355 f.). Die Genter „Unabhängigkeitskämpfer" und „kleinbürgerlichen Sozialrevolutionäre", wenn man sie denn so einstufen kann, übernahmen die Macht in der Stadt und baten Franz I. um Hilfe, Blut floß.

So entschloß sich Karl zur Fahrt in die Niederlande, die er seit 1531 nicht mehr besucht hatte. Thronfolger Philipp war erst zwölf Jahre alt, trotzdem bestellte ihn Karl zum Regenten für Spanien, nicht ohne einen kräftigen Regentschaftsrat mit Kardinal Tavera an der Spitze zu ernennen und diesem die entsprechenden Vollmachten einzuräumen.

Der Kaiser verbrachte die Zeit von Mitte Juli bis Ende November ununterbrochen in Madrid, wo er die dringendsten Regierungsgeschäfte nacheinander erledigte. In Tordesillas nahm er Abschied von seiner Mutter Johanna (19. bis 20. November). Am 26. November 1539 verließ er dann Spanien Richtung Norden, nicht, wie geplant, über den Seeweg, sondern über den Landweg, über Frankreich.

Eine zweimonatige Reise ins Reich des Erbfeindes

Ganz im „Geist von Aiguesmortes", im Zeichen des gegenseitigen Vertrauens, legte Franz I. seinem Schwager Karl anheim, für seine Reise in die Niederlande die Route über Frankreich zu wählen. Sollte es der Kaiser, versteht sich, in erster Linie aus Mißtrauen dem König von Frankreich gegenüber, ablehnen, so würde dies die neue Freundschaft der beiden Monarchen ernsthaft gefährden, wenn nicht zerstören, so argumentierte, so drohte Franz. Karl willigte ein, etwas anderes war von ihm gar nicht zu erwarten.

Bei Fuenterrabia überschritt der Kaiser die Grenze und wurde vom Dauphin Heinrich, vom Kardinal de Chastillon und vom Connétable von Frankreich feierlich und mit großer Herzlichkeit empfangen. Vom 27. November bis zum 12. Dezember waren Karl und sein Gefolge ununterbrochen unterwegs Richtung Loiretal, sie übernachteten jeden Tag an einem anderen Ort. In Loches erwartete Franz I. seinen kaiserlichen Schwager. Anschließend reisten sie zusammen. Der Reihe nach übernachteten sie in den Loireschlössern Chenonceaux, Amboise, Blois und Chambord, wo sie sich am 18. Dezember einfanden.

Eine *joyeuse entrée* nach der anderen, Turniere, Jagd, Musik, Tanzvorführungen, keine politischen Besprechungen, dies war ausgemacht zwischen Franz und Karl. Die Ehrungen und raffinierten Amüsements nahmen kein Ende während jener zwei Monate der Reise über Frankreich; gleich folgen einige Schlaglichter. Ganz gewiß war all dies eine Ablenkung von der tiefen Trauer und den Sorgen der Regierungsgeschäfte, und dies wahrscheinlich im günstigsten Zeitpunkt, das heißt, nicht unmittelbar nach dem Sterbefall, vielmehr, wenn der Heilungsprozeß der Seele schon eingesetzt hat. Erst Gebet und Besinnung zur göttlichen Fügung, Wochen der Ruhe in der Abgeschiedenheit des Hieronymus-Klosters. Danach Monate intensivster Arbeit in Madrid, vor der Abreise, und schließlich Franzens Feuerwerk, nicht ohne Bekundungen von echter freundschaftlicher Aufmerksamkeit und menschlicher Wärme. Vielleicht das Optimale für Karl nach dem Verlust Isabellas und vor den bevorstehenden dramatischen Ereignissen im Norden.

Kaiser Karl V. Gemälde von Bernard von Orley. Szépmüvészti Múzeum, Budapest.

Das Grabmal Karls V. im Escorial von Pompeo Leoni. Archiv Verlag Styria, Graz.

Der Verlauf von Karls immerhin zwei Monate langen Reise durch Frankreich hat seine eigene umfangreiche Literatur. Die Franzosen ziehen die Literatur überall heran, es gehört noch heutzutage zum Ritual, daß selbst Schriften über „trockene" Themen (wie Jura!) womöglich literarisch zu spicken sind. Dann stelle man sich vor, welchen Effekt da die pausenlosen raffiniertesten Festveranstaltungen auslösten, welche die Durchreise des Kaisers begleiteten! Allein die Literatur und die Musik der Reise sind literarisch großspurig aufgearbeitet worden. All dies bezeugt die außergewöhnliche Autorität des mächtigsten Herrschers in der christlichen Welt.

Sorbonneprofessor Saulniers moderne Zusammenfassung „Karl V. durchquert Frankreich. Was sagten dazu die französischen Dichter?" unterscheidet sieben Literaturgattungen, freilich auch Prosa, in der das Ergebnis besungen, gefeiert und pompös registriert wurde:

1. Historisierende Poesie: Anonyme Gedichte sind vor allem dem Besuch in Paris gewidmet: „Als der Kaiser von Rom nach Paris ankam", „In die gute Stadt Paris ist der Kaiser angekommen", „Höret, alle zusammen, edle und treue Franzosen!".

2. Mündlich vorgetragene Lobeshymnen, Inschriften von Dekorationen, außer Paris besonders in Poitiers und Orléans.

3. Eigenständige Szenen in Bühnenwerken, wo der Kaiser dargestellt wird.

4. Epigramme: Der größte französische Renaissancedichter Clément Marot allein widmet ihm fünf Gedichte, darunter „Die Gunst des Himmels strahlt, wo Du vorbeigehst", „Hier ist Caesar, der soviel Ehre errang", „Lebwohl Caesar, glücklicher Fürst". Marot, der Karl als dem Gegenspieler Frankreichs ansonsten recht feindlich entgegnete, versteigerte sich jetzt in solche, damals freilich nicht unübliche Elogien, wie „Deine Größe rückt ganz in die Nähe der Göttlichkeit".

5. Epische Aufarbeitungen: René Macé, ein Benediktinermönch aus Lendôme, beschrieb Karls Reise in 1700 Zeilen, ein nur in Manuskriptform erhaltenes Epos, gleichzeitig eine reichhaltige historische Quelle. Macé verhehlt seine Überraschung nicht: Zu Zeiten der Feindschaft wurde Feind Karl in Frankreich, was Wunder, als Monster dargestellt. „Um ehrlich zu sein, waren wir auf Deine Freundschaft nicht gefaßt!" Und jetzt tritt der Vierzigjährige als leibhaftiger Freund in Erscheinung, ein in seiner Würde sympathischer großer Herrscher.

Schließlich werden noch zwei Genres registriert: 6. Gedichte in Neolatein und 7. nicht aufhörende Hinweise auf das große Ereignis von Karls Frankreichreise in den diversesten französischen und lateinischen dichterischen Werken.

Die hochgepriesene, gelegentlich quasi vergöttlichte große historische Gestalt im befreundeten, oft verfeindeten Gallien: Karl genoß vorwiegend aus politischen Gründen all die Ehrerbietungen und die prunkvollen Feste bis zu einem gewissen Grad. Denn auf der anderen Seite war der Kaiser müde, sehr müde, allein schon durch das pausenlose anstrengende protokollarische Auftreten als Protagonist auf dieser Bühne. Er wäre lieber „mit kleiner Gefolgschaft, ohne Zeremonie in die Schlösser eingezogen", schreibt er am 21. Dezember 1539 dem Erzbischof von Toledo. Schon eine Woche zuvor, in Amboise, „hätte der Kaiser irgendein Konzert der Besichtigung der Jagdhunde vorgezogen, die ihm Franz I. aufzwang" (Bridgman, S. 237).

Alles in allem eine enorme Machtdemonstration, dieser Triumphzug durch Frankreich, zugleich Ablenkung für den traurigen Witwer.

Die Tragödie von Gent

Die Revolte, die Tötungen und Plünderungen, die Zerstörung von Kirchen auf dem Hintergrund von echten und vermeintlichen Frustrationen der Bevölkerung waren zwar kein Einzelfall in der Geschichte des Mittelalters oder der Frühen Neuzeit, doch entbehrten sie spezifisch in Gent nicht einer besonderen Tragik: Es ging hier um Karls Geburtsstadt, um „sein Gent". Lange Zeit, zumal vor der Kaiserwahl, bezeichneten ihn so manche als „Karl von Gent".

Als sich die aufrührerische Stadt dem Kaiser ergab und als Karl am 14. Februar 1540 seinen – keinen „fröhlichen", doch prunkvollen – Einzug in Begleitung der Statthalterin, des päpstlichen Legaten und von Fürsten aus den Niederlanden, Deutschland und Spanien in Gent hielt, hofften viele auf Milde und Vergebung: „Er ist doch einer der Unseren."

Doch sollte schon die Demonstration militärischer Stärke seitens des Kaisers – 5000 Soldaten, viel Artillerie – nicht darüber hinwegtäuschen, daß eine Vergeltung bevorstand: Kein Blutbad, eine beschränkte Zahl von vollstreckten Todesurteilen, nach einigen Quellen neun, zugleich aber unbarmherzige unblutige Maßnahmen: Schleifen von ganzen Stadtvierteln, um dort eine Festung zu bauen; Konfiszierung des öffentlichen Eigentums und vor allem Abschaffung der für die Zeit sehr demokratischen

Verfassung der Stadt. Nach Brandis Einschätzung übte der Kaiser „in seinem tiefverletzten Souveränitätsgefühl furchtbare Justiz" (S. 359).

Halten wir uns einen Augenblick bei Karls Motiven für die Vergeltung auf. Der Kaiser, ansonsten sehr auf Jubiläumsdaten und dergleichen eingestellt – die Kaiserkrönung an seinem 30. Geburtstag ist nur ein Beispiel –, beging übrigens seinen 40. Geburtstag am 24. Februar unter solchen düstersten Umständen: Keine Amnestie, kein Gnadenerlaß zu jener Gelegenheit.

Der Umstand, daß er seine Geburtsstadt bestrafte, war eine Quelle der Härte, nicht der Milde. Gerade hier fühlte sich der Kaiser veranlaßt, die Gerechtigkeit der Strafe gelten zu lassen, erst recht an dieser Stelle ein Exempel zu statuieren. Wenn wir wieder die Geschichte Caesars heranziehen, den Karl dermaßen verehrte, führt uns dies in diesem Fall nicht weiter. Die historischen Bedingungen waren grundverschieden, als Caesar seine sprichwörtlich gewordene Milde nach siegreicher Beendigung des Bürgerkriegs in seinem Rom walten ließ, wo er auf die politische Unterstützung aller angewiesen war, wobei er gegen den äußeren Feind schon einmal rücksichtslos vorging. Im Fall von Karl V. war es umgekehrt: Zumindest mit besiegten christlichen Gegnern ging er meistens im Geist der Vergebung um.

Nettes lapidare Feststellung, wonach den Aufständischen „eine protestantische Republik unter dem Protektorat Frankreichs" vorschwebte (S. 91), mag zu weit gehen; falsch ist sie indes nicht, und vergegenwärtigen wir uns, was solche Befürchtungen bei Karl auslösen konnten: Hinter der südlichen Frontlinie der Niederlande eine zweite französische Bastion neben Geldern, das die Region in Allianz mit Frankreich wiederholt mit Kleinkrieg und Verwüstungen überzogen hatte; erst in einem nächsten Krieg gelang es Karl 1543, Geldern unter persönlichem Einsatz zu bezwingen.

Letztmalig sprechen die Waffen

Noch befand sich die Expedition nach Algier, über welche wir in Kapitel X gelesen haben, im Stadium der Vorbereitung, als den Kaiserlichen in der Po-Ebene ein großer Coup gelang: Ob zufällig oder durch eine vom Geheimdienst geplante Aktion wurde der Spitzendiplomat des Königs von Frankreich, ein Architekt der französisch-türkischen Freundschaft und Franzens langjähriger Botschafter an der Pforte, Antoine Rincón, ein gebürtiger Spanier, bei Pavia (!) am 3. Juli 1541 von spanischen Soldaten abgefangen und ermordet. Unvorsichtig genug für eine, auch geheimdienstlich tätige Schlüsselperson reiste Rincón in Begleitung seines genuesischen Mitarbeiters Cesare Fregeso, der als „Verräter" von Doria steckbrieflich gesucht wurde, über kaiserlich kontrolliertes Gebiet, wo dann beide der Tod ereilte.

Eine geschriebene völkerrechtliche Norm über diplomatische Immunität gab es damals noch nicht, doch pflegten christliche Mächte untereinander die Person von Botschaftern zu respektieren. Sultane kerkerten Gesandte christlicher Herrscher gelegentlich ein, ohne mit den Wimpern zu zucken.

Der Kaiser befand sich vom 3. Mai bis Ende Juli 1541 auf dem Reichstag zu Regensburg, wo er sich, wie wir in Kapitel XIII lesen werden, eher sanft, im Geist der Konzilianz mit den deutschen Protestanten auseinandersetzte.

Lag nun ein auf geheimdienstlicher Ebene irgendwann ergangener Mordbefehl gegen Rincón bei den Truppen vor, der ganz gewiß nicht vom Kaiser ausgehen konnte, oder erkannten die Spanier Rincón aus reinem Zufall, um ihn dann an Ort und Stelle „spontan" ins Jenseits zu befördern, oder aber wurde ein Mordkommando gezielt auf Rincón angesetzt, der unterwegs von Konstantinopel zurück nach Frankreich war? Wir werden die Wahrheit ebensowenig erfahren wie die Untersuchungskommission, welche vom kaiserlichen Statthalter zu Mailand, Marquis del Vasto, sogleich eingesetzt wurde – auch, um die Franzosen zu beschwichtigen.

Wie dem auch sei, der französische Statthalter zu Turin, Du Bellay, nahm eine starre Haltung aus der Position der beleidigten französischen Souveränität an und lehnte eine Entschuldigung ebenso ab, wie die französische Beteiligung an der Untersuchung des peinlichen Vorfalles.

Die Historiker vertreten wohl nicht zu Unrecht die Meinung, daß Franz I. ohnedies einen neuen Krieg vorbereitet hat und den Fall Rincón als willkommenen Casus belli aufgriff. In jedem Fall posaunte die französische Propaganda das Attentat in die Welt und beschuldigte den Kaiser der Mitwisserschaft.

Die Ausmaße der französischen Kriegsvorbereitungen für die Feldzüge von 1542 werden in der offiziösen Militärgeschichte Spaniens von General Almirante beschrieben (Band V und VI, Teil II, S. 117), wohl mit Übertreibung: Demnach rüstete Franz fünf Armeen zur Invasion kaiserlicher Territorien. Von Roussillon ausgehend sollte Spanien mit 40.000 Mann unter dem Kommando des Dauphins angegriffen werden, der Herzog Karl von Orléans habe den Befehl gehabt, mit einer Streitmacht von 30.000 Mann gegen Luxemburg zu marschieren; in dem Angriff auf Brabant gelangte ein 20.000 Mann starkes geldrisches Heer unter dem Kommando des berüchtigten „brandschatzenden Marschalls" Martin van Rossem zum Einsatz; 16.000 Mann hatten Flandern unter dem Kommando des Herzogs Anton von Vendôme anzugreifen, und ein Heer sollte im Piemont operieren. Insgesamt wären das 106.000 Mann ohne die Piemont-Armee, deren Stärke in dieser Quelle nicht genannt wird, welche zusammenfassend folgert: Diese Zahlen allein reichen, um die Dimension des Kriegsplans zu erfassen.

Bevor die Gegenmaßnahmen des Kaisers und der beinahe totale Mißerfolg der französischen Operationen skizziert werden, noch ein Blick auf die für die christliche Welt verheerenden Ereignisse des Jahres 1541, also vor den eigentlichen Kriegshandlungen auf dem französischen Kriegsschauplatz: Über die verhängnisvolle Algier-Expedition vom Oktober bis November 1541 haben wir in Kapitel IX gelesen. Womöglich noch schicksalsträchtiger als das Desaster der Kaiserlichen im westlichen Mittelmeer war der Verlust der ungarischen Hauptstadt Buda an der Donaufront; sie fiel im September 1541. Die tragische Niederlage der Christenheit, welche den Verlust des größten Teils des Karpatenbeckens für fast 150 Jahre zur Folge hatte, erfolgte in der recht eigenartigen Lage, nämlich in der raren Situation, wo zwei untereinander verfeindete Heere eine Festung quasi parallel belagern: Die Armee Ferdinands I. zog unter Buda, um die Burg der rivalisierenden magyarischen Macht zu entreißen. Sultan Suleiman rückte mit einem Riesenheer an. Die Festung Buda wurde von einer kleinen ungarischen Garnison verteidigt. In der Poesie wurde die Tragödie so besungen: „Zwei Feinde an der Donau zwei Ufern. Mein einziges gutes Schwert reicht da nicht aus." Suleimans überlegenes Heer schlug General Wolfgang Freiherr zu Roggendorfs Truppen in die Flucht, und die Ungarn kapitulierten vor dem Sultan.

Die gigantischen Gesamtzusammenhänge erläuterte der Kaiser in einer Instruktion an Statthalterin Maria, noch immer auf einen Hauch des Geistes von Aiguesmortes und auf ein Minimum an christlicher Solidarität vertrauend: Der König von Frankreich werde es trotz des Falles Rincón doch nicht wagen, den Krieg zu beginnen, solange der Kaiser (in der bevorstehenden Schlacht von Algier) gegen die Ungläubigen im Kampf liege.

Wahrscheinlich hatte Karl recht, und Franz schlug Ende 1541 auch mit Rücksicht auf die christliche Weltöffentlichkeit und nicht bloß aus dem einfachen Grund noch nicht los, daß seine Kriegsvorbereitungen noch nicht abgeschlossen waren. 1542 war es aber soweit. Die Franzosen belagerten Perpignan, wie Almirante meint, mit ihrer Hauptstreitmacht „von vielleicht 50.000 Mann aus allen Waffengattungen", vom 26. August bis zum 4. Oktober und scheiterten.

Im Norden war der mit Frankreich verbündete geldrische Martin van Rossem schon erfolgreicher, was Almirante den Fehlern der Verteidigung unter Maria von Habsburg zuschreibt, die ihre Streitkräfte allzusehr verzettelte. Der spanische Militärhistoriker erteilt der Statthalterin kräftige Seitenhiebe, „der unermüdlichen maskulinen Amazone und Jägerin mit Ansprüchen auf staatsmännische Qualitäten" und auf strategische Kenntnisse (S. 117). So konnte „der Schwarze Martin" geringe, also keine entscheidenden Erfolge erzielen, für welche er wiederum auf ein Mitwirken des französischen Korps des Herzogs Anton von Vendôme (16.000 Mann) angewiesen war, das Flandern angreifen sollte. Der Herzog blieb aber erfolglos und beschränkte sich schließlich auf die Verwüstung des Grenzgebiets.

Da hatte Herzog Karl von Orléans mit seinem angeblich 30.000 Mann starken Heer schon mehr Glück. Er eroberte eine Reihe von Städten, darunter Luxemburg. Dann aber „zieht sich dieser inmitten seiner Triumphe zurück, entläßt seine Truppen und flüchtet nach Roussillon. Im September gingen all seine Eroberungen wieder verloren" (Almirante, S. 118). Der spanische General berichtet tendenziös, aber die Fakten sind auch dann nicht anzuzweifeln, wenn Almirante von all den französischen Heerführern und von den strategischen Tugenden der Maria von Habsburg nicht viel hält.

Fügen wir an dieser Stelle hinzu, daß Barbarossas spektakuläre Präsenz in Südfrankreich vom Spätsommer 1542 bis Frühjahr 1543, von der wir in Kapitel X gelesen haben, auf den Ausgang des Krieges kaum Einfluß hatte. Dafür erzeugte die unverhüllte militärische Zusammenarbeit mit den „Ungläubigen" Entfremdung und Haß gegen die Franzosen in der gesamten christlichen Welt.

Ob nun der Mißerfolg der großangelegten französischen Pläne eher die Folge der Unfähigkeit der Franzosen oder vorwiegend des Geschicks der kaiserlichen Verteidiger war, so steht fest, daß Karl seine Ressourcen 1542 noch nicht mobilisieren konnte und auf den Feldzug des Jahres 1543 setzte.

Karl, der sich vom Algier-Feldzug Ende 1541 nach Spanien zurückzog und dort bis zum 1. Mai 1543 seinen spanischen Regierungsgeschäften nachging, widmete sich dann im Sommer 1543 voll dem Krieg gegen Frankreich. In Spanien hat er den nunmehr 16jährigen Sohn Philipp als Regenten zurückgelassen und ihm mit großer Ausführlichkeit Instruktionen für die wichtigsten Regierungsangelegenheiten erteilt.

Geld für die massive Kriegführung kam wieder einmal aus einer portugiesischen Mitgift: Die Tochter König Johanns III., Maria, vermählte sich in Salamanca mit dem Thronfolger Philipp am 15. November 1542. Vater Karl verweilte bereits an der Nordfront, in Valenciennes, seine schriftlichen Mahnungen lagen aber Philipp vor. Neben überaus wichtigen ethisch-politischen Ratschlägen, auf die wir noch zurückkommen, heißt es da spezifisch zu Philipps Privatleben: „Mein Sohn, Ihr werdet Euch, so Gott will, bald verheiraten. Für die Zeit danach muß ich Euch ermahnen, ... daß Ihr Euch in Acht nehmet und Euch nicht gleich ohne Maß hingebet. Denn nicht genug mit der Schädigung Eurer Gesundheit, hinterläßt das oft eine solche Schwäche, daß es die Nachkommenschaft gefährdet und ans Leben geht wie bei Eurem Onkel, dem Prinzen Don Juan, durch dessen Tod ich in den Besitz dieser Reiche kam ... So bitte und beschwöre ich Euch, daß Ihr bald nach Vollzug der Ehe Euch von Eurer Frau unter irgendeinem Vorwand wieder entfernt und nicht so bald zurückkehrt, und dann immer nur für kurze Zeit ...“

Anschließend teilt der Kaiser mit, daß er verschiedenen Personen des Hofstaates aufgetragen hatte, auf eine Enthaltsamkeit Philipps im ehelichen Liebesleben zu achten. Der Hinweis auf Don Juan, den ältesten Sohn Ferdinands von Aragon und Isabellas von Kastilien, basiert auf der Annahme, daß dieser im Alter von 19 Jahren, ein halbes Jahr nach seiner Vermählung mit Margarete von Habsburg (der späteren Statthalterin der Niederlande) 1497 an der Auszehrung starb, weil er ein viel zu intensives Liebesleben in seiner jungen Ehe führte. Diese Überlieferung ist nicht umstritten, doch darf man daran zweifeln, daß es so etwas gibt, wenn ein Jungvermählter nicht gerade von Natur aus gebrechlich oder krank ist.

Wie dem auch sei, der Kaiser hatte solche Befürchtungen im Fall seines Nachfolgers, um in den Ermahnungen dann fortzufahren: „Und wenn Ihr Euch, wie Ihr mir gestandet, noch keine Frau vor der Euren werdet berührt haben, so laßt Euch auch nach der Ehe in keine Dummheiten ein ..., bleibt erhaben über Gerede und Versuchungen.“

Hier sprach nicht der Tugendbold, vielmehr der um königliche Würde und um den Ausschluß einer Beeinflussung durch Mätressen Sorge tragende kaiserliche Vater. Man muß Karl zubilligen, daß er selbst nach den eigenen Prinzipien lebte. Dies wird bestätigt durch Karls äußerste Diskretion bei der einzigen überlieferten – und wohl tatsächlich der einzigen – Liebschaft des Witwers (1546). Da nun die portugiesische Mitgift allein nicht ausreichte, sorgte Karl noch für weitere Mittel im Interesse der Kriegführung; diese wurden von den Cortes in Valladolid gewährt. Auch die Medici steuerten immerhin 150.000 Dukaten bei. Dafür zog der Kaiser seine Garnisonen aus Florenz und Livorno zurück.

Der Kaiser versammelte eine Nordarmee von 30.000 Mann und warf sich zuerst auf die Streitkräfte von Franzens Verbündeten, auf die von Geldern und des Herzogs Wilhelm I. von Kleve, um dem Spuk einer ewigen Bedrohung im Rücken ein Ende zu bereiten, was ihm nach einem kurzen blutigen Feldzug auch gelang. Karl V. annektierte das Herzogtum Geldern, begnadigte den reumütigen Herzog von Kleve und übernahm Martin van Rossem in seine Dienste! Ein dritter, weniger bekannter, aber nicht unwichtiger Frontwechsel nach Bourbon und freilich Andrea Doria!

Im Jahr 1543 suchte Karl die Entscheidungsschlacht zwischen der Hauptmacht der kriegführenden Parteien – doch vergebens: Im Herbst standen sich das kaiserliche und das französische Heer an der Nordfront gegenüber, aber Franz wich der Schlacht mit seiner Streitmacht von 32.000 Mann Fußvolk und 12.000 Kavalleristen aus. Für den Feldzug 1544 unternahm dann Karl zusätzliche Anstrengungen. Das Paktieren von Franz mit den Türken und Karls Zugeständnisse an die Lutheraner bei der Religionsausübung bewirkten im Reich, daß die Stände Mittel für ein Heer von 28.000 Mann für ein halbes Jahr bewilligten.

Zu einer Feldschlacht kam es an der Nordfront auch 1544 nicht. Bei seinem sogenannten Marne-Feldzug drang der Kaiser mit einer imposanten Armee, deren Stärke auf 40.000 bis 50.000 geschätzt wird, von Metz ausgehend im Juli 1544 in das Marnetal vor und erreichte über Châlons-sur-Marne einen Punkt 18 Meilen vor Paris (Château-Thierry). Dies geschah am 8. September. Es brach Panik aus in Paris, zahlreiche Einwohner ergriffen die Flucht. Sie konnten nicht wissen: Die feindliche Armee war zwar in Sichtweite der Hauptstadt, aber gleichzeitig war auch der Frieden in Sichtweite! Bei größter Geheimhaltung waren Verhandlungen im Gange, die bereits im September 1544, also in wenigen Tagen, zum Friedensschluß führen sollten!

Auf dem italienischen Kriegsschauplatz hatten die Franzosen zwar im Frühjahr einen Erfolg für sich verbuchen können: Der Herzog von Enghien besiegte bei Carignan am 14. April ein zahlenmäßig unterlegenes Korps des Marquis del Vasto in einem äußerst blutigen Gefecht. Almirante schildert, wie alle flohen und wie „die spanische Infanterie, auf sich allein gelassen und von allen Seiten umzingelt", den Widerstand noch fortsetzte. „Diese Soldaten waren von einem militärischen, von einem Geist echter Disziplin erfüllt, ... der sie einte." Schließlich kam es nach Verhandlungen mit dem tapferen Herzog von Enghien zu einer ehrenhaften Kapitulation der Spanier (S. 124).

Der französische Sieg bei Carignan erfolgte auf einem Nebenkriegsschauplatz. Den Marsch der Kaiserlichen über das Marnetal konnten die Franzosen nicht verhindern. Andererseits ging Karls Heer vor Paris der Atem aus. Verpflegungs- und Soldzahlungsschwierigkeiten traten auf. Beide kriegführenden Seiten waren erschöpft, der Weg zum schnellen Friedensschluß stand offen. Der in Crépy am 19. September 1544 ausgefertigte Friedensvertrag schrieb im wesentlichen den Besitzstand im Zeitpunkt des Waffenstillstands von Nizza (1538) fest. Ein gleichzeitiger Geheimvertrag enthielt, neben dem üblichen nicht ernstzunehmenden Versprechen von König Franz, sich massiv am Kampf gegen die Türken zu beteiligen, bedeutsame politische Absichtserklärungen des Franzosen: Franz sollte stets bereit sein, Karl zu helfen, die Lutheraner in die Mutterkirche zurückzuführen; er sollte die Sache der Kirchenreform und des Konzils unterstützen. Dazu schrieb ein namentlich nicht genannter, von Almirante zitierter deutscher protestantischer Historiker: „Der Ritterkönig hat in Crépy die Protestanten an den Kaiser ebenso verkauft, wie er fünf Jahre davor die Genter verkauft hatte" (Almirante, S. 125).

Zu dieser Sache ist zu vermerken, daß Franz I. von Karls Verhalten unter verschiedenen Aspekten zutiefst beeindruckt war und daß der König seine eigenen Handlungen auch danach gestaltete – pro und kontra.

Pro: Franz lernte aus dem Umstand, daß der Kaiser innerhalb seiner Reiche umherreiste und deren Geschicke nicht etwa nur von einem zentralen Ort aus lenkte. So ging dann Franz in seinem Frankreich öfter auf Reisen, nicht nur um hier oder dort zu jagen oder sich sonst zu vergnügen, sondern auch, um Land und Leute systematisch kennenzulernen, sich ihre Bitten vor Ort anzuhören.

Und kontra: Bei der Befriedung des ewig aufrührerischen La Rochelle – einer späteren hugenottischen Hochburg – ließ sich Franz vom Gedanken der Milde und der Vergebung mit direktem Hinweis darauf leiten, er werde doch nicht so grausam vergelten wie Kaiser Karl in Gent.

Mit dem Frieden von Crépy endete der letzte Krieg zwischen Karl V. und Franz I., ein Krieg, den wir stellvertretend für alle Franzosenkriege nach Pavia skizziert haben: blutiger Kleinkrieg an den Grenzen, Märsche von großen Heeren ohne Feldschlacht, scheinbar unerklärbare Rückzüge, Abbruch von Feldzügen wegen Hunger, Durst, Seuchen und vor allem Geldmangel, Friedensschlüsse gemäß dem früheren Besitzstand: Übrigens Erscheinungen, welche der Kriegführung der gesamten Epoche eigen sind.

Wenige Jahre nach Crépy tritt einer der beiden großen Herrscher von der Bühne ab: Franz I. starb 1547 im Alter von 53 Jahren. Auch Heinrich VIII. von England starb in demselben Jahr. In Verbindung mit seiner unsteten Bündnispolitik, immer zwischen dem Kaiser und Frankreich lavierend, soll man ihm unter einem gewissen Aspekt Gerechtigkeit widerfahren lassen: Er wechselte seine Allianzen nicht etwa nur aus Laune oder kleinlichem momentanen Kalkül. Vielmehr steckte dahinter Methode; man dürfte da die Anfänge der englischen Politik der nächsten Jahrhunderte, die „Balance of Power", erkennen. Das heißt, England verbündete sich systematisch mit der zweitstärksten Macht auf dem europäischen Kontinent gegen den jeweils stärksten Staat. Keiner sollte übermäßig erstarken. Diese Politik Heinrichs kann man am besten an seinem Wechsel von einem Bündnis mit Karl zur französischen Allianz nach Pavia erkennen: Der Engländer stützte 1526 das Gegengewicht gegenüber dem, wie er meinte, übermächtigen Karl V.

KAPITEL XIII

Kaiser Karl V., das Reich und die Protestanten

Zwischen dem Reichstag zu Worms 1521 und 1555 wurde ein Kapitel der deutschen und der Weltgeschichte geschrieben, welches man unmittelbar mit dem Namen von Kaiser Karl V. verbindet. Diese dreieinhalb Jahrzehnte entfielen eben auf die Regierungszeit des Kaisers, dessen Gestalt und unmittelbares Wirken zumindest im letzten Drittel dieser Periode im Mittelpunkt der Entwicklungen standen. Es waren die Jahrzehnte der Etablierung des Luthertums und damit der religiösen Spaltung in Deutschland, ein komplizierter Prozeß von äußerster Dramatik. Dies auf einen einfachen Nenner zu bringen und in groben Zügen skizzieren zu wollen, erscheint auf den ersten Blick als ein unrealistisches Unterfangen.

Und dennoch: Es läßt sich zumindest die Richtschnur für das Handeln des Kaisers bereits zu Beginn all der Auseinandersetzungen erkennen: Mit dem Reichstag zu Worms 1521, mit Luthers Weigerung zu widerrufen, mit der Respektierung von Luthers freiem Geleit, mit Karls hohem Lied auf den eigenen unerschütterlichen katholischen Glauben vor dem Reichstag und dem Wormser Edikt und mit dem Eintritt des Kaisers in das Gefüge der Reichspolitik waren die Weichen gestellt!

In seinen Mahnungen an Philipp setzte der Kaiser nach dem Gebot der Frömmigkeit und der Liebe zu Gott gleich an nächste Stelle: „Ihr sollt ein Freund der Gerechtigkeit sein." Diesem Gebot und dem Postulat der Ehre hat der junge Kaiser 1521 entsprochen, indem er Luther nicht verurteilte, ohne ihn anzuhören und indem er das freie Geleit für den Reformator auch respektierte. Auf der Ebene des Glaubens, so stellten wir in Kapitel III fest, legte Karl sein beeindruckendes Bekenntnis im April 1521 ab. Und auf der Ebene der Reichspolitik bestand bereits bei diesem ersten Reichstag des Kaisers kein Zweifel daran, daß sich Karl nicht nur bemühte, die geschriebenen und die ungeschriebenen Regeln der Reichsverfassung, die Gepflogenheiten und Spielregeln der Reichstage zu verstehen, sondern diese auch penibel einzuhalten.

Mit all den Schwierigkeiten, mit all den immer wieder auftauchenden neuen Problemen, durch alle Mäander der Auseinandersetzungen um Fragen der Theologie, über alle machtpolitischen Praktiken sowohl der protestantischen als auch der katholischen Fürsten galten für den Kaiser über die Jahrzehnte die Prinzipien, welche sich von seinem Gebaren zu Worms ablesen ließen.

Bei den beiden Reichstagen zu Speyer (1526 und 1529) war der sich in Spanien aufhaltende Kaiser nicht zugegen. In solchen Fällen wurde der Reichstag durch eine sogenannte kaiserliche Proposition – etwa mit einer verlesenen Kronrede vergleichbar – eröffnet. Sowohl 1526 als auch 1529 vertrat Ferdinand seinen Bruder. In der Regel ging dieser schärfer gegen die Lutheraner vor, als der Kaiser es getan hätte, oder zumindest versuchte der jüngere Habsburger, strammer aufzutreten.

Der Entwurf des Reichstagsabschieds – also des Endbeschlusses – des Reichstages von 1529 entzog den Ständen das Recht auf kirchliche Neuerungen in eigener Kompetenz. Die katholische Mehrheit des Reichstages bestimmte gleichzeitig die Duldung des altkirchlichen Wesens in sämtlichen Territorien, und sie bedrohte die Lehren Zwinglis mit totaler Vertilgung. Durch ihre Protestation vom 19. April 1529 distanzierten sich entschieden von einem solchen Reichstagsabschied Kursachsen, Hessen, Markgraf Georg von Ansbach-Hohenzollern, der Fürst von Anhalt, die Botschafter der Herzöge von Lüneburg und die Gesandten von 18 Städten. Die Protestanten, so nannte man sie fortan, beriefen sich darauf, daß „in Sachen Gottes Ehr und unser Seelen Seligkeit belangend ein jeglicher für sich selbst vor Gott stehen und Rechenschaft geben muß". Die Protestierenden, eine Minderheit der Stände, setzten sich somit über Mehrheitsbeschlüsse des Reichstages hinweg – ein folgenschwerer Schritt.

Doch war es wiederum nicht so, daß man an beiden Seiten auf breiter Front auf Kollisionskurs ging. Die Protestierenden vertraten unter sich unterschiedliche Ansichten, und schon gar nicht hatte der Kaiser vor, auf Biegen und Brechen eine Lösung à la „alles oder nichts" zu erzwingen.

Zutreffend faßt Brandi zusammen: „Im Grunde hatte sich seine Meinung von Ketzerei und Kirchentum seit Worms nicht im geringsten geändert. Aber ihm stand ja längst gar nicht mehr ein einzelner Ketzer gegenüber, sondern eine Reihe von Ständen, die weniger durch dogmatische Angriffe als durch allerlei Neuerungen im äußeren Kirchenwesen und durch die Ablehnung von Edikt und Reichstagsabschieden sich als Rebellen erwiesen. Damit war die Frage auch für den Kaiser in den Bereich des Politischen getreten, wo man verhandelte, hinhielt, Gelegenheiten wahrnahm ... Man konnte in Güte verhandeln oder mit Gewalt vorgehen" (S. 253).

An dem Augsburger Reichstag von 1530 war der nunmehr gekrönte Kaiser, der den Frieden mit Papst und Frankreich 1529 wiederhergestellt hat, persönlich zugegen. Etwas näher eingehen werden wir auf die Religionsgespräche von 1540, also zu Beginn eines Jahrzehnts, wo der Kaiser dann bei den Reichstagen regelmäßig anwesend war. Vorher lassen wir jedoch Gedanken Revue passieren, welche Karls Reichspolitik von Worms 1521, wo er eben die Weichen gestellt hatte, bis zum Ende seiner Regierungszeit beleuchten können: Karls Lieblingsgedanke war, die Entscheidung eines Konzils in strittigen Fragen des Glaubens abzuwarten, wobei der Kaiser allerdings wußte, daß Papst Klemens VII. die Einberufung des Konzils entschieden ablehnte. Vielen unter den Harmoniebedürftigen war dieser Gedanke genehm; Abwarten oder gar salopp ausgedrückt: Die Lösung schwieriger oder unlösbarer Probleme auf dieses höchste Gremium „abzuladen", das sich selbst nach seiner – noch umstrittenen und damit unsicheren – Einberufung in schwerfällige und langwierige Beratungen verstricken wird: Keine Scharfmacherei, aber auch keine eindeutige Politik auf prinzipieller Basis.

Die Pläne der Unnachgiebigen in beiden Lagern braucht man nicht auseinanderzusetzen: Ausmerzung der Ketzerei mit Waffengewalt und Richtschwert auf der einen, sofortige kategorische Abspaltung mit fürstlicher Kampfbereitschaft auch auf der militärischen Ebene auf der anderen Seite. Uns geht es aber um die Biographie Karls V. eher als um allgemeine und Kirchengeschichte.

Die Tragweite des gesamten Fragenkomplexes konnte 1521 in Worms weder der junge Kaiser noch irgend jemand erkennen. Doch ganz anders 1530! So ist die folgende Behauptung in der ansonsten brillanten Kurzbiographie von Nette abzulehnen, und zwar aus den anschließend zu nennenden Gründen: Formulierungen des Kaisers über die Wahrung der konfessionellen Einheit bei der Einberufung des Reichstags „zeigen nicht nur, wie sehr der Kaiser um die Erhaltung oder Wiederherstellung der Kirchen-einheit bemüht war, sondern auch, daß er die religiösen Energien, von de-nen die neue Lehre getragen wurde, gar nicht begriff und deshalb die Tiefe des Gegensatzes zum alten Glauben verkannte" (S. 72 f.).

Ganz generell soll man eingangs Karls theologische Bildung bereits in der Jugend nicht unterschätzen: Vergessen wir nicht, daß sein Präzeptor ein Adrian von Utrecht war und daß Jung Karl aus seinem tiefen Glauben, wie auch aus Wissensgier und den vorgezeichneten Pflichten als späterer Herrscher über mehrere Länder ein authentisches Interesse für Fragen der Theologie hatte.

Während seiner „spanischen Zeit", also gerade zwischen den Reichs-tagen von Worms und Augsburg, hatte der Kaiser trotz der Last seiner lau-fenden Regierungsgeschäfte noch die meiste Möglichkeit, zu lesen und hinzuzulernen. Immerhin stellte sich die Frage der „Ketzerei" durch Luthers Auftritt 1521 in voller Schärfe, wenn auch nicht in der Tiefe, und eingehende Lektüren des Kaisers über aktuelle theologische Fragen sind in der Zeit zwischen 1522 und 1529 auch über den Gedankenaustausch mit Erasmus hinaus gut belegt.

Betrat Karl in jenen Jahren auch nicht deutschen Boden, so war er doch über die Entwicklungen im Reich einschließlich der beiden Reichstage zu Speyer selbstverständlich bestens informiert und über Erscheinungen der fortschreitenden Kirchenspaltung tief besorgt. Schon während der zwanziger Jahre pflegte Karl beharrlich den Gedanken der Einberufung ei-nes Konzils. Seine Äußerungen und Vorschläge in dieser Richtung haben eine reichhaltige Literatur, ebenso wie sein Vorhaben, die Auseinander-setzung mit dem Luthertum parallel mit einer Kirchenreform zu führen.

Gleichzeitig mit der Ablehnung der Feststellung über ein mangelndes Verständnis der konfessionellen Problematik seitens des Kaisers hat man sich mit einem schwerwiegenden Vorwurf auseinanderzusetzen, der etwa wie folgt lautet: Durch seine lange Abwesenheit bald nach der Krönung in Aachen habe der Kaiser die historische Chance nicht wahrgenommen, der konfessionellen Spaltung vor Ort rechtzeitig entgegenzutreten mit Härte für die einen, durch Schlichtung und ähnlichem für die anderen.

Über die prinzipielle Ablehnung der Befassung mit historischen Fra-gen im Konditional hinaus: „Was hätte geschehen können, wenn", sollte man bedenken: Schon angesichts der Tiefe und der historischen Dimensi-on der gesamten Problematik ist dieser Vorwurf fehl am Platz. Bei aller

Anerkennung von Karls staatsmännischer Größe und kaiserlicher Autorität ist schwer vorstellbar, daß ein im Reich anwesender Kaiser den Gang der Dinge, abgesehen von Einzelheiten, hätte ändern können.

Und hauptsächlich: Die konfessionelle Spaltung war 1530 und noch lange danach keine vollendete Tatsache. Die maßgeblichen Vertreter beider Lager bemühten sich bis in die vierziger Jahre mit großer Beharrlichkeit und mit gutem Willen zumindest um einen Modus vivendi, wenn nicht um die Einigung! Sicherlich: Bereits 1530 entstand die „Confessio Augustana", die Augsburgische Konfession der Lutheraner. Sie wurde an den Kaiser gerichtet: „Kaiserliche Majestät möge erkennen, daß hierin nicht unchristlich oder freventlich gehandelt, sondern daß wir durch Gottes Gebot gedrungen sind." Dieses Dokument widerspiegelte die Grundzüge von Luthers Glaubenslehre. Bis zum heutigen Tag werden die Lutheraner in manchen Ländern offiziell als „evangelisch Augsburgischer Konfession" bezeichnet. Diese enthielt unter anderem Luthers Lehre über die Kirche, über die Sakramente, über das Abendmahl, die Beichte und die Priesterehe.

Sicherlich: Am 27. Februar 1531 unterzeichneten protestantische Fürsten und Städte das „Verständnis von Schmalkalden" – ein weltliches, ein politisches –, kein militärisches Bündnis. Jedoch: 1530/31 und auch 1540 stand alles offen, die konfessionelle Spaltung war nicht vollzogen. Von harten Fronten war nicht die Rede.

Der Kaiser hielt sich 1530 und 1532 wieder in Deutschland auf. Vom 16. Juni bis 22. November 1530 war er in Augsburg; den Reichstag eröffnete er feierlich am 20. Juni. Die Zeit vom 1. März bis 1. September 1532 verbrachte er in Regensburg. Dann zog er an der Spitze seines Heeres Richtung Wien und bewirkte, wir haben es in Kapitel VII gelesen, den Abzug der türkischen Belagerer. Das Mitwirken der deutschen Protestanten ermöglichte die momentane Abwehr der Türkengefahr. Nach der langen Abwesenheit in Spanien in den zwanziger Jahren, nach den sporadischen Beteiligungen an den Reichstagen zwischen den Kriegen der dreißiger und der frühen vierziger Jahre konnte sich der Kaiser voll der Reichspolitik und damit der konfessionellen Frage zuwenden. Seit dem Regensburger Reichstag von 1541 war Karl bei den Reichstagen (bis einschließlich 1550) persönlich zugegen.

Doch nun zu den Religionsgesprächen von 1540, welche den besten Einblick in Karls konziliante Politik und in den konstruktiven Willen beider Lager zur Verständigung irgendeiner Art gestatten: „Für uns liegen die theologischen Verhandlungen" von 1540/42, schreibt Brandi in seiner zutreffenden Zusammenfassung, „ohne Bruch in der bisherigen Richtung der kaiserlichen Politik. Noch sind sie keine Irreführung, auch nicht bloß ein Mittel zum Zeitgewinn, sondern genau so, wie 1530 zu Augsburg durchaus Selbstzweck. Eine andere Frage bleibt natürlich, ... wie weit und wie lange sich der Kaiser Illusionen hingegeben hat in bezug auf die Durchführbarkeit seiner Mittel" (S. 363).

Es geht nicht um eine „objektive" Unvereinbarkeit der katholischen und der lutherischen Lehre über die eine oder die andere wichtige Glaubensfrage, eine Unvereinbarkeit, die erst später, eingedenk der weiteren Entwicklung, festgestellt wurde. Vielmehr beobachten wir den Willen zur Schlichtung seitens des Kaisers, den aufrichtigen Wunsch auf einen tragbaren Kompromiß in beiden Lagern Anfang der vierziger Jahre.

Ein Vergleich auf gemeinsamen christlichen Grundlagen konnte nur gelingen, stellte Brandi in seiner tiefschürfenden Analyse der Gespräche fest, „indem man gewisse Nebenfragen von doch entscheidender Bedeutung umging" (S. 363). „Bei der Transsubstantiation zum Beispiel die Frage der dauernden Gegenwart des Herrn in der gewandelten Hostie" (S. 363–364). Ohne den Anspruch eigener theologischer Ausführungen in diesem Rahmen sei diesem Beispiel Brandis hinzugefügt, daß da der trennscharfe Unterschied gar nicht zwischen der lutherischen und der katholischen, sondern vielmehr zwischen der lutherischen (= Bejahung der Präsenz) und der Calvinischen Lehre (= keine Präsenz) zu verzeichnen ist.

Die Religionsgespräche von 1540 fanden in Speyer, Hagenau und schließlich in Worms statt. Luther und Melanchthon, der das Krankenbett hütete, waren zwar nicht dabei, dafür aber andere Vertreter der theologischen Elite, wie protestantischerseits Bucer und Osiander, sogar Calvin. Die Beratungen wurden von König Ferdinand eröffnet; katholischerseits beteiligte sich eine entsprechend hochkarätige Delegation. „Der Kaiser bereitete sich auf die ihm bevorstehenden Entscheidungen genauso von langer Hand vor, wie König Ferdinand und die Parteien in Deutschland. Auch er durch Korrespondenzen, Beratungen und Erörterungen über die entscheidenden Punkte. Ihn beschäftigte in den Gesprächen mit seinem Beichtvater und anderen Theologen vor allem die Abgrenzung des ‚ewigen gegen das gesetzte Recht', des droit divin ou positif; er suchte gegenüber der starren Ablehnung nach den Grenzen des Möglichen" (Brandi, S. 364 f.).

Daraus folgte zum einen, daß sich der Kaiser auf der Ebene der Theologie systematisch sachkundig machte. Zum anderen, daß er bereit war, bis zur äußersten Grenze zu gehen, um eine Verständigung zustande zu bringen. Alles, was durch den Beschluß eines weltlichen Organs der Gesetzgebung – hier des Kaisers, des Reichstags –, also durch „gesetztes Recht" bestimmt werden kann, war er prinzipiell bereit, zu gewähren. Er achtete gleichzeitig penibel darauf, das „göttliche Gesetz" nicht zu verletzen, die Eckpfeiler des katholischen Glaubens nicht anzutasten.

Im Endeffekt betrachtete Karl die religiöse Auseinandersetzung aus der Sicht der Politik, und an dieser Stelle gelangen wir an das unlösbare (und gar nicht zu lösende!) Problem einer Entflechtung der konfessionellen Frage und der fürstlichen Macht im Gefüge der Reichspolitik. Luther war kein Politiker, ihm ging es um den Glauben und seine reformatorische Überzeugung. Fürsten, die sich der Reformation anschlossen, nutzten die Lage zur Festigung ihrer partikularen Machtposition. Die persönliche evangelische Überzeugung des einen oder des anderen Fürsten in allen Ehren, es ist nun einmal eine Tatsache, daß die graduelle kirchliche Loslösung von Rom zugleich geeignet war, die weltliche Macht des katholischen Kaisers im Reich zu schwächen, die Macht dieses kräftigen Kaisers, des Nachfolgers einer Reihe von weitgehend machtlosen Vorgängern.

In einer solchen Perspektive ist auch der sogenannte Schmalkaldische Krieg von 1546/47 zu betrachten. Die militärische Auseinandersetzung zwischen dem Kaiser, gestützt von den katholischen und einigen protestantischen Fürsten, und evangelischen Fürsten, die dem Schmalkaldischen Bund angehörten, war ein Krieg der besonderen Art, und als solchen muß man ihn auch betrachten. Er war nicht etwa ein Religionskrieg, der zwangsläufig auszufechten war, weil die konfessionelle Frage mit friedlichen Mitteln nicht mehr gelöst werden konnte: Nach dem Schmalkaldischen Krieg setzte sich der Kaiser mit den protestantischen Ständen nicht mit anderen Mitteln auseinander als davor, nur befand er sich in einer stärkeren Position nach dem Sieg von Mühlberg. Auf der anderen Seite war auch nicht etwa von einer reinen machtpolitischen Auseinandersetzung unter dem Deckmantel der Religion die Rede: Denn im schmalkaldischen Lager befanden sich nur protestantische Fürsten, in erster Linie Hessen und Sachsen; die Truppe war evangelisch, übrigens rein deutsch. Im kaiserlichen Lager, das man nicht als „das Katholische" bezeichnen soll, fochten ethnisch und konfessionell bunt zusammengewürfelte Kontingente: spanische *tercios*, Italiener, deutsche und niederländische Landsknechte beider Konfessionen, sogar ungarische leichte Reiterei aus dem schmalen Gebietsstreifen im Norden und Westen der Karpaten, der sich nicht unter türkischer Besatzung befand. Allerdings: Frankreich war nicht beteiligt. An seinem Lebensabend war Franz I. nicht bereit, sich erstmalig offen mit den deutschen Protestanten zu verbünden, so wie es sein Sohn Heinrich II. Anfang der fünfziger Jahre dann tat, der späteren französischen Bündnispolitik den Weg vorbereitend.

Mühlberg

Der in der Zeit davor von einem schweren Gichtanfall nach dem anderen geplagte Kaiser konnte körperlich und seelisch gestärkt in den Schmalkaldischen Krieg ziehen. Während des politisch fruchtlosen Reichstags zu Regensburg (1546) konnte er wieder munter auf die Pirsch gehen, nachdem er dank einer neuen Heilmethode, der Holzkur, seine Krankheit für einige Zeit losgeworden ist. In diese Regensburger Zeit entfiel auch die Liebesromanze mit Barbara Blomberg, die wir im nächsten Kapitel kennenlernen werden. „Er sei erfrischt und verjüngt, sagt man" (Brandi, S. 453).

Vor und nach dem Kriegsausbruch war die kaiserliche Diplomatie fieberhaft und recht erfolgreich damit beschäftigt, alle sich im Gestrüpp der familiären und anderen Fehden der großen und auch der kleinen deutschen Fürstentümer ergebender Möglichkeiten für die Gewinnung von Verbündeten und die Ausschaltung von eventuellen Gegnern zu nutzen. Dabei war die Verteilung der Kurwürde ein recht wirksames Mittel.

Der faktische Ausbruch des Krieges entfiel auf die Zeit nach dem 4. Juli 1546, als sich die beiden Häupter des Schmalkaldischen Bundes, der Kurfürst von Sachsen und der Landgraf von Hessen, in Ichtershausen südlich von Erfurt zur Aufstellung ihres Heeres verpflichteten. Sie hatten je 8000 Mann Fußvolk und 2500 Mann Reiterei zu stellen. Die Aufrüstung der Kaiserlichen lief ebenfalls auf Hochtouren. Als Kriegsgrund wurde vom Kaiser der Landfriedensbruch von Sachsen und Hessen am Herzog von Braunschweig bezeichnet. Faktisch wurde gekämpft, so faßt Brandi zusammen, „zwischen dem altkirchlichen Kaiser ... und einer Gruppe von reformatorisch gesinnten Reichsständen, die in ihrer Gesamtheit auch ein nationales Anliegen vertraten" (S. 458).

1546 kam es zu keinem Großkampf. Vielmehr bemühten sich beide Seiten, einander durch geschickte, schnelle Märsche auszumanövrieren, Verbündete und Heeresteile des feindlichen Lagers voneinander zu trennen und jeweils bessere Ausgangspositionen für den bevorstehenden Entscheidungskampf zu beziehen. Die Entscheidung fiel dann im Frühjahr

1547 bei Mühlberg an der Elbe, drei Meilen von Torgau entfernt. Das schmalkaldische Heer wurde vom Landgrafen Philipp I. von Hessen, vom Kurfürsten Johann Friedrich I. von Sachsen und vom Kondottiere Schertlin von Burtenbach befehligt, keine schlechten Heerführer, doch im Handeln durch die Schwerfälligkeit der Bundesverfassung und der städtischen Kriegsräte gehemmt. Die Artillerie der Schmalkaldener war der Kaiserlichen zahlenmäßig überlegen. Dafür zeichnete sich das kaiserliche Heer, schätzungsweise 17.000 Mann Fußvolk und 10.000 Reiter, unter anderem durch sein einheitliches Kommando aus.

Am 24. April, dem St.-Georgs-Tag, lag vormittags dichter Nebel über dem Strom, an dessen rechtem Ufer sich das schmalkaldische Heer „mit germanischer Langsamkeit", so der Spanier Almirante (S. 131), fortbewegte. Die Entscheidung fiel dank des überraschenden, schnellen Übersetzens der Kaiserlichen über die Elbe. Dem Kaiser gelang ein Überraschungsschlag dank einer besseren Kenntnis des Geländes und sonstiger günstiger Umstände, einschließlich des Nebels und freilich mangelnder Wachsamkeit des Feindes. Der kaiserlichen Generalität wurde bekannt, daß bei Mühlberg eine Furt durch die Elbe führte. Die Schmalkaldischen wähnten sich indes am rechten Elbufer in Sicherheit, sie begingen sogar den fatalen Fehler, ihre stolze Artillerie vorauszuschikken. Der Kurfürst befand sich beim Sonntagsgottesdienst; er hatte sich darauf beschränkt, seine Brückenschiffe flottzumachen und das Elbufer gegen einen feindlichen Angriff durch Arkebusiers zu verteidigen.

Der Kaiser gab den Angriffsbefehl. „Seine Augen ermunterten die Spanier zu den größten Kühnheiten" (Brandi, S. 473). „Zehn Spanier, ... nur durch ihren eigenen Instinkt und ihre unbezwingbare Tapferkeit getrieben, entkleideten sich und stürzten sich ins Wasser mit dem Degen zwischen den Zähnen, töteten die Lotsen der feindlichen Schiffe und brachten die Fahrzeuge ans eigene Ufer unter dem Applaus des Heeres." Die Schlacht bei Mühlberg, „eine der entscheidenden der Geschichte, kostete den Sieger nur 50 Mann (!)" (Almirante, S. 131).

Die schnellen Verbände zogen über die Furt, für das Gros der Infanterie und den Troß wurde eine Brücke improvisiert. Das kaiserliche Heer formierte sich auf dem rechten Elbufer in Schlachtordnung. Die Schmalkaldener ergriffen die Flucht. Es gelang ihnen nicht, die etwas weiter entfernt liegenden Wälder zu erreichen und dort Zuflucht zu finden. Ein Gegenangriff der Nachhut der schmalkaldischen Kavallerie mißlang, und das gesamte Heer wurde aufgerieben.

Kurfürst Johann Friedrich wurde im Gefecht gefangengenommen, der Herzog von Alba führte ihn zum Kaiser. Karl konnte sich nicht dazu durchringen, als großzügiger Sieger aufzutreten, und demütigte den alten Mann verbal. Karl ließ ihn dann in einem Scheinprozeß zum Tode verurteilen; sein Blut begehrte er freilich nicht, und er setzte die Vollstreckung des Urteils aus. Nach kurzen, zähen Verhandlungen unterschrieb anschließend der Kurfürst die sogenannte Wittenberger Kapitulation am 19. Mai 1547 und rettete damit sein Leben und die fürstlichen Rechte seiner Söhne.

Die Schmach von Mühlberg hat Martin Luther nicht erlebt. Er war ein halbes Jahr zuvor (im November 1546) in seiner Geburtsstadt Eisleben gestorben.

Landgraf Philipp von Hessen ergab sich im Juni 1547. Der Kaiser demütigte ihn nicht minder als den Kurfürsten von Sachsen und behielt ihn als Geisel für lange Jahre: Erst 1552 kam er frei, unter dem militärischen Druck von deutschen Fürsten, die sich wieder gegen den Kaiser auflehnten, diesmal mit unmittelbarer französischer Unterstützung: Der sogenannte Fürstenbund von protestantischen Landesherren, die sich gegen den Sieger von Mühlberg auflehnten, verbündete sich in aller Form mit Frankreich: Durch die Abrede von Lochau vom Oktober 1551, die dann in der Form des Vertrages von Chambord am 15. Januar 1552 von Heinrich II. ratifiziert worden ist, wurde der König von Frankreich zum Alliierten der deutschen Kriegsfürsten! Diese marschierten im Frühjahr 1552 nach Süddeutschland mit dem Ziel, sich der Person des Kaisers zu bemächtigen, der sich vom 3. November 1551 bis April 1552 in Innsbruck aufhielt. Karl nahm dort seine Amtsgeschäfte wahr und sorgte für keinen militärischen Schutz seiner Person, obgleich ihm sein Botschafter in Frankreich, Simon Renard, bereits Ende August 1551 über die Geheimverhandlungen zwischen deutschen Fürsten und dem französischen Hof berichtet hatte und er auch über deren Truppenbewegungen Anfang 1552 informiert war.

Der Kaiser war am 7. April 1552 erstmalig gezwungen, Innsbruck bei Nacht und Nebel zu verlassen, weil sich die Truppen des Moritz von Sachsen – Kurfürst von Karls Gnaden! – Innsbruck näherten. Er begab sich nach Füssen im Allgäu, fuhr dann aber bereits am 9. April in das momentan nicht unmittelbar gefährdete Innsbruck zurück – wieder, ohne sich gegen einen plötzlichen feindlichen Schlag zu wappnen! Dieser ließ auch nicht lange auf sich warten: Am 19. Mai waren Karl und sein Hof abermals gezwungen, dem Feind, der unmittelbar vor Innsbruck stand, durch einen nächtlichen Marsch, der Kaiser in der Sänfte, zu entweichen! Kurfürst Moritz konnte sich freilich nur einer Überlegenheit vor Ort erfreuen, die für einen Handstreich gegen den Kaiser reichen konnte. Ansonsten hatte der Fürstenbund militärisch keine Chancen, sobald der Kaiser erst einmal die Zeit gehabt hätte, die unerschöpflichen Kräfte seines Weltreichs zu mobilisieren!

Doch auf der politischen Ebene konnte Moritz – der Wendehals, der Intrigant, des öfteren auch der Unberechenbare – immerhin „jetzt ganz offen selbst als Träger sowohl der Forderungen des Tages wegen des Landgrafen, Frankreichs und der Kriegsvölker, wie der allgemeinen Reichsbeschwerden in Sachen der Religion und der Libertät" auftreten. „Damit wurde er vom ehrgeizigen Spieler zur historischen Figur. Durch ihn wurden ... die letzten großen Fragen und Lösungen der Reformationszeit schon so geformt, wie sie drei Jahre später die Verhandlungen über den Augsburger Religionsfrieden bestimmen sollten" (Brandi, S. 509 f.).

Vor dem Religionsfrieden von Augsburg mußte der Fünfzigjährige, wieder gichtgeplagt, aber noch immer von seinem Pflichtgefühl und dem eisernen Willen getragen, seinen letzten Krieg – zugleich den ersten nach Franzens Tod – führen. Dieser ist mit dem Namen der Stadt Metz verbunden, belagert vom Kaiser im Winter 1552/53. Die durch den Frontwechsel des vorher mit Frankreich verbündeten Markgrafen Albrecht Alcibiades von Ansbach-Bayreuth gestärkte kaiserliche Armee scheiterte letzten Endes eher an der tapferen französischen Verteidigung unter dem Kommando des Herzogs von Guise als an der unerbittlichen Meteorologie: Kälte und Nässe wie auch Seuchen führten zu einem rapiden Sinken der Moral der Truppen, und der Kaiser fühlte sich Anfang Januar 1553 gezwungen, die Belagerung aufzuheben.

Der Religionsfrieden von Augsburg vom 25. September 1555 brachte die endgültige Anerkennung der reichsrechtlichen Gleichberechtigung der Augsburgischen Konfession neben dem katholischen Glauben. Die Einigung erfolgte unter dem Namen des Kaisers Karl V. Doch hatte dieser zu jenem Zeitpunkt nur noch den Kaisertitel inne, denn die Regierungsgewalt hatte er – im Rahmen seiner graduellen Loslösung vom Reich – schon vorher an Ferdinand übertragen. Ausgehandelt hatte die Augsburger Vereinbarung der jüngere Habsburger.

Wie der große Kapitän endgültig von Bord ging, erfahren wir im Kapitel XV.

KAPITEL XIV

Der Witwer Karl

Der Vater: das Oberhaupt des Hauses Habsburg

Die Einheit der Sorge eines liebevollen Vaters und des dynastischen Pflichtgefühls formuliert keiner illustrativer als Brandi: „... Kein Vater konnte ängstlicher und besorgter um das geistige und leibliche Wohl seiner Kinder gewesen sein als dieser durch eine vierzigjährige Regierung unruhvoll vom häuslichen Herde ferngehaltene, von Land zu Land, von Krieg zu Kriegen ... gejagte Kaiser" (S. 13).

Als Kaiserin Isabella 1539 die Augen schloß, war Philipp zwölf, Maria elf, Johanna nur vier Jahre alt. Außer den Halbwaisen ging es Karl noch um seine 1522 geborene natürliche Tochter Margarete, die der Kaiser früh in seine dynastische Politik einbezog. Philipp wurde von seiner strengen Mutter während der frühen Kindheit in tiefer Religiosität und im Bewußtsein erzogen, daß er Sohn des mächtigsten christlichen Kaisers aller Zeiten sei und dem Vorbild des Vaters würdig zu sein habe. Kaum acht Jahre alt, wurde der Thronfolger aus der mütterlichen Obhut in die Welt der Männer geführt. Einer von Philipps Paten, Don Juan de Zuñiga, Karls treuer Weggefährte, übernahm die Erziehung des Knaben. Streng, wie Mutter Isabella, sorgte Zuñiga für Philipps körperliche Ertüchtigung; der Prinz lernte reiten, jagen, wie einst sein Vater, und darüber hinaus eignete er sich das spezifisch spanische Lanzenstechen (caña) an.

Die geistige Erziehung wurde dem Professor von Salamanca, Meister Juan Martinez Siliceo, anvertraut. Er war „ein gütiger, aber etwas bigotter

Geistlicher einfacher Abstammung" (Pierson, S. 13). Der Kaiser legte offenbar Wert auf ein liebevolles, vertrautes Verhältnis zu seinem Sohn. Er erwies sich auch nachgiebiger dem Knaben gegenüber als Isabella. Zeit seines Lebens blickte Philipp auf das Vorbild seines herausragenden Vaters; einige Historiker sprechen von Minderwertigkeitsgefühlen. Von einem ständigen Empfinden Philipps, mit dem Vater rivalisieren zu müssen, war wohl nicht die Rede.

Nominell übertrug Karl 1539 Philipp die Regentschaft für die Zeit seiner Abwesenheit, und der Zwölfjährige nahm an den Sitzungen des königlichen Rates teil; zugleich erlernte er die Staatskunst im Unterricht durch Zuñiga, Erzbischof Tavera und Los Cobos – allesamt Spanier! Am „Lehrstück" eines Mikrokosmos, wie einst Karl in seiner burgundischen Jugend, bereitete sich Philipp nicht auf die Wahrnehmung der Regierungsgeschäfte in einem weltweiten, komplizierten Gefüge vor. Eine effektive Regentschaft übernahm Philipp im Mai 1543, als Karl Spanien wieder verließ. Diese dauerte bis zur Reise Philipps in die Niederlande 1548.

Die ethisch-politischen Anweisungen Karls an seinen Sohn, zumal sein „Testament" von 1543, waren von entscheidender Bedeutung für die Entwicklung des Jünglings; Philipp beachtete sie während seiner ganzen langen Regierungszeit. Da diese Ermahnungen und Ratschläge Einblick in Karls Persönlichkeit und Ansichten gestatten, wurden sie in dieser Biographie bereits zitiert.

Karls und Isabellas 1528 geborene Tochter Maria bestimmte der Kaiser für ihren Vetter Maximilian II., Sohn und später Nachfolger Ferdinands als Kaiser. Nach mehrfachen anderweitigen Gedankenspielen der Heiratspolitik blieb es auch dabei; Karl hatte keine Schwierigkeiten mit der sympathischen, unkomplizierten Infantin. Maria und Maximilian vermählten sich 1548. Ihnen gemeinsam wurde die Regentschaft in Spanien 1548 bis 1551 anvertraut. Danach wurde der auf die Halbinsel zurückgekehrte Philipp abermals Regent im Königreich.

Aus der glücklichen Ehe Marias mit Maximilian II. gingen 15 Kinder hervor, als Witwe lebte sie bis 1603.

Die Infantin Johanna, Karls jüngstes überlebendes Kind, ging eine „portugiesische Ehe" ein: sie heiratete Johann Manuel, Sohn König Johanns III. Als Zwanzigjährige entwickelte sie ein inniges Verhältnis zum greisen Vater und erwies sich als besonders fürsorglich ihm gegenüber; davon erfahren wir im letzten Kapitel.

Karls natürliche Tochter Margarete wurde vom Kaiser 1529 offiziell anerkannt. Ihre Mutter, Johanna van der Gheenst, heiratete nach der Romanze mit dem jungen Karl den Edelmann Johann van den Dijcker. Das Ehepaar hatte neun Kinder, und der Kaiser unterstützte selbst diese Halbgeschwister Margaretes. Der Kaiser ließ Margarete „nur das Beste zukommen" (Rosine De Dijn, S. 168); gleichzeitig schickte er sich allerdings an, das Mädchen auf seinem Schachbrett der dynastischen Politik fortzubewegen. Margarete sollte – im Rahmen der Versöhnung Karls mit Papst Klemens VII. und dem Hause Medici – Alessandro de Medicis Gemahlin werden. Es war der junge Mann, dem wahrscheinlich das mißlungene Attentat gegolten hatte, über welches wir in Kapitel VII gelesen haben und das auch Karl beinahe das Leben gekostet hätte.

Margarete, erst elf Jahre alt, trat 1533 die Reise von Brüssel nach Neapel an. Noch hatte sie das heiratsfähige Alter nicht erreicht, lernte aber den Medici-Bräutigam bald kennen. Durchschauen konnte das Kind den berüchtigten Wüstling nicht. Die Ehe wurde geschlossen, und es gibt Rätselraten darüber, ob sie überhaupt vollzogen wurde. Denn Margarete wurde, noch nicht 15 Jahre alt, zur Witwe, Alessandro fiel Anfang 1537 dem Mordkomplott eines anderen Medici zum Opfer.

Inzwischen setzte der Kaiser auf eine andere Papstdynastie, die Farnese, welcher der uns bereits bekannte Paul III. entstammte. Karl versprach Margarete dem Enkel des Pontifex, Ottavio Farnese. Dieser war erst knappe 14 Jahre alt, und Margarete begegnete ihm auch darüber hinaus mit Abneigung. Sie wagte es, wie einst Karls ältere Schwester Eleonore, die spätere Königin von Frankreich, sich den dynastischen Plänen des Kaisers zu widersetzen. So ein Unterfangen war von vornherein hoffnungslos. Die Hartnäckige wurde vom kaiserlichen Vater mit harten Worten in die Schranken gewiesen: „Schon seit längerer Zeit bin ich über Euer Mißvergnügen unterrichtet." Es mißfällt mir, „daß Eure Worte viel mehr von der Leidenschaft als von der Vernunft diktiert scheinen ...", schrieb ihr Karl aus Toledo im März 1539.

Margarete mußte sich fügen, und schließlich gewann sie Ottavio sogar lieb. Dann kam es zu einem Konflikt mit umgekehrten Fronten: Ottavio hat sich mit dem französischen Erbfeind, Heinrich II., eingelassen, und der Kaiser legte Margarete nahe, sich vom Farnese zu trennen. Doch hielt sie „trotz heftiger Auseinandersetzungen zu ihrem Mann" (De Dijn, S. 178). Dies wurde ihr dank weiterer Wendungen in der großen Politik auch ermöglicht. Ottavio Farnese wurde vom neuen Papst, Julius III., zum Herzog von Parma ernannt. Seitdem ist seine Gemahlin als Margarete von Parma bekannt, und unter diesem Namen zog sie, deren Beichtvater kein Geringerer als Ignatius von Loyola war, in die Geschichte ein.

Margarete wurde von Philipp bald nach Karls Tod zur Statthalterin der Niederlande ernannt, wo sie sich vergebens um Ausgleich mit der Bevölkerung bemühte (1559 bis 1567). Dann kam der Elefant im Porzellanladen. Die Tragik des Schreckensregiments des Herzogs von Alba (1567 bis 1573) ist der Nachwelt nur zu gut bekannt.

Karls jüngster Sohn und dessen Mutter

Würde und Freude ... Gibt es da einen Gegensatz, etwa bei Herrschern der Frühen Neuzeit? Eine abstrakte Antwort ist fehl am Platze. Auf ihre königliche Würde haben Frauenhelden, wie ein Franz I. oder Heinrich IV. von Frankreich, ganz gewiß nicht verzichtet, als sie ihre Liebschaften quasi auf offenem Markt austrugen. Nicht so Kaiser Karl. Sein Verhalten hat sich zwischen seinem jugendlichen Verhältnis mit der Mutter der Margarete von Parma (Kapitel III) und der Romanze mit Barbara Blomberg 1546 nicht geändert. Er ging nicht den Weg des jugendlichen Frauenhelden (was er nie war!) zum alternden Tugendbold, wie einst so manche Kirchenväter oder Karls Zeitgenosse, der Herzog von Alba, der in den Niederlanden, wenn ihm neben der Ketzerverfolgung gerade noch Zeit übrig blieb, über den angeblich liederlichen Lebenswandel der vierzigjährigen Witwe Barbara Blomberg lästerte und Philipp II. in seiner Korrespondenz damit „amüsierte".

Nein, für den in seinem Liebesleben als junger Unverheirateter und dann als Witwer so Zurückhaltenden ging unantastbare kaiserliche Würde über alles, wie einst 1522: Über einen Karl V. dürfen keine intimen, gar schlüpfrigen Geschichten erzählt werden, auch liebevoll nicht, wie über sein Idol Caesar, dessen Liebesaffären von seinen treuesten Legionären beim Triumphzug 46 v. Chr. besungen und popularisiert wurden.

Also: Äußerste Diskretion, bis hin zur konspirativen Verheimlichung, so wurden Karls amouröse Abenteuer mit der Regensburger Handwerkertochter und die Geburt des Sohnes – des späteren Seehelden Don Juan d'Austria – gehandhabt. Dies erklärt, weshalb die Liebschaft, die Niederkunft Barbaras und die Jahre danach für den Historiker kaum etwas anderes sind als ein großes Fragezeichen.

Schon über Kindheit und Jugend, über die Lebensumstände der Barbara Blomberg weiß man wenig. Gesichert ist noch nicht einmal ihr Geburtsdatum. Man vermutet, daß sie um das Jahr 1526/27 in Regensburg als älteste

Tochter der Eheleute Hans und Sibille Blumberger, in einigen Dokumenten Plumberger, wohnhaft in der Kramgasse zu Regensburg, geboren wurde. Ihr Vater war Handwerksmeister, ein Gürtler, der jedoch schon früh verstarb. Ihre Mutter heiratete in zweiter Ehe einen Harfenbauer. Vielleicht liegt hier die Quelle der Geschichten über Barbaras musikalische Fähigkeiten. Über ihr Äußeres ist nur bekannt, daß sie „eine schöne Jungfrau gewesen sei, wohlerzogen und sittsam", was wiederum anderen Überlieferungen widerspricht, wonach sie eine leichtfertige Person gewesen sei. Zu unterschiedlich sind die Behauptungen, als daß man sie als Tatsachen hinnehmen könnte. Gegen einen lockeren Lebenswandel spricht, daß der Kaiser sich niemals mit einer solch leichtfertigen Person eingelassen hätte.

Hauptsächlich sind aber weitere gegenteilige Überlieferungen zu registrieren: Barbara sei „eine Jungfrau von sittsamem Lebenswandel und sehr kindlich" (!) gewesen (vgl. De Dijn, S. 246).

Wie sich der Kaiser, Herrscher über ein Reich, in dem die Sonne niemals unterging, und die Regensburger Bürgertochter Barbara Plumberger oder Blumberger, später in den Niederlanden „Blombergh" genannt, kennengelernt haben, ist historisch nicht belegt. Man ist auf Vermutungen und Geschichten angewiesen, um sich ein Bild zu machen. Barbaras Biographin Panzer hat den Versuch unternommen, die Wahrheit herauszufiltern, und wir lehnen uns an ihre sorgfältigen Recherchen an.

Wenn wir diversen Geschichten Glauben schenken können, so sind folgende Versionen zu erwägen: Barbara Blomberg fiel dem Kaiser durch ihren schönen Gesang und ihr Harfenspiel auf (S. 40–51). Oder: Barbara half im Regensburger Nobelgasthof „Zum Goldenen Kreuz" aus, wo der Kaiser bei Reichstagen immer übernachtete. Eine andere Geschichte besagt wiederum, der Kaiser habe das Mädchen bei einem seiner vielen Jagdausflüge kennengelernt.

Die Familie Plumberger stammte väterlicherseits aus einem kleinen Ort namens Geisling bei Straubing. Dort soll Barbara Blomberg einige Zeit bei Verwandten zugebracht haben. Auch der Kaiser war nachweislich 1546 dort anzutreffen. Er vertrieb sich, wie so oft, die Zeit bis zum Eintreffen der Fürsten zum Reichstag in Regensburg mit der Jagd in den Wäldern um Straubing.

Wie und wo auch immer die erste Begegnung stattfand, entscheidend ist, daß sich eine Liebesaffäre entwickelte, aus der ein Kind hervorging. Diese Beziehung wurde von Anfang an so diskret behandelt, daß nur die engsten Bediensteten des Kaisers darum wußten.

Wo die amourösen Begegnungen zwischen Karl und Barbara stattfanden, ist ebenfalls unsicher. Überliefert ist, daß sich die beiden in den Räumen der Herberge „Zum Goldenen Kreuz" bzw. in den kaiserlichen Privatgemächern trafen. Auch über die Dauer ihres Liebesverhältnisses herrscht Unklarheit. Man nimmt an, daß die erste Begegnung im Frühjahr 1546 stattfand und daß die Liaison bis zum Spätsommer andauerte. Daß der Kaiser seine junge Geliebte (er war immerhin etwa 27 Jahre älter als Barbara) in Schloß Prebrunn, das in der Nähe von Regensburg liegt, versteckt hielt und auch daß Barbara, als sie schwanger war, in der Landshuter Burg wohnte, sind nur unbestätigte Vermutungen. Es gibt Historiker, die von einer einmaligen Liebesnacht sprechen. Man soll aber eher davon ausgehen, daß das Kind, welches der Kaiser mit der Bürgertochter zeugte, das Ergebnis von monatelangem intimen Verkehr war. Daran ist nicht zu zweifeln, daß sich der Kaiser und Barbara nach dem Ende der Liebschaft nie mehr wiedergesehen haben.

Es war eine gute Periode für den Kaiser. Dank der von Dr. Vesalius, seinem späteren Leibarzt, verschriebenen Therapie anhand der Chinawurzel wurden seine Gichtschmerzen gelindert. Die Anfälle fielen nach der elften Attacke im Winter 1545/46 für eine Zeit sogar aus. Ohne eine solche Milderung der Krankheit wäre er nicht mehr in der Lage gewesen, nach Straubing auf die Jagd zu gehen. In der Reichspolitik stand zwar die offene Spaltung bevor. Auf dem Reichstag konnte es schon deswegen nicht zu einer Annäherung mit den Schmalkaldischen kommen, weil sie dort gar nicht erschienen sind. Auf der anderen Seite ist die langersehnte Verständigung zwischen den Habsburgern und den Wittelsbachern zustande gekommen, Bayern vollzog die „weltgeschichtliche Einschwenkung an die Seite der Habsburger in die hohe Politik der Gegenreformation" (Brandi, S. 454).

Beide Seiten rüsteten zu dem Kampf, der als Schmalkaldischer Krieg in die Geschichte eingehen sollte. Dies betrübte zwar einerseits den Kaiser, doch auf der anderen Seite gab ihm die Hoffnung auf persönlichen militärischen Einsatz auch diesmal Auftrieb. Hinzu kamen die Erfrischung durch die Jagd – und das Liebesglück mit Barbara! „Der Kaiser sei erfrischt und verjüngt, sagte man" nach einem Jagdausflug (Brandi, S. 453), und durch die wiederentdeckte Freude an der Liebe ist der Mittvierziger in jenem Regensburger Frühling tatsächlich verjüngt in Erscheinung getreten.

Genausowenig wie über die Liebesbeziehung zwischen Karl und Barbara ist über die Zeit der Schwangerschaft, die Geburt sowie die ersten

Lebensjahre und die Lebensumstände des Kindes bekannt. Tatsache ist: Barbara Blomberg gebar am 24. Februar 1547 – dem siebenundvierzigsten Geburtstag des Kaisers! – einen Knaben, der Hieronymus genannt wurde. Keine Urkunde über die Taufe ist aufgetaucht. Barbara durfte das Kind auf die Dauer nicht behalten.

Die einigermaßen zuverlässigen Quellen, die romantischen Vorstellungen wie die üblen Phantasiegeschichten, aber auch die belletristischen Aufarbeitungen integrieren sich nunmehr in die Biographie des Don Juan d'Austria – einer eigenständigen Persönlichkeit auf der Bühne der Welt- und der Kriegsgeschichte.

Allerdings beschäftigte auch die Person von Barbara Blomberg weiterhin die Literaten, am berühmtesten ist Carl Zuckmayers modernes Bühnenstück „Barbara Blomberg". Und ihr Leben nach der Lüftung des Geheimnisses ihrer Beziehung zum Kaiser wurde dann zum Gegenstand normaler Historiographie. Hier die Skizze der feststehenden Fakten: Wann der Knabe von seiner Mutter getrennt wurde und deren Verbleib bis 1550 ist unbekannt.

Die Liebesbeziehung, die Geburt und die Herkunft des Sohnes galten als konspirativ gehütetes Geheimnis. Nur ganz wenige Vertrauenspersonen – nicht einmal alle, in deren Obhut sich der Knabe über all diese Jahre befand – kannten die Wahrheit. Dem langjährigen Pfleger von Hieronymus, Franz Massi, der, von Margarete von Habsburg mit anderen flämischen Musikanten zu Karl nach Spanien entsandt, in der Hofkapelle für den Kaiser geigte, wurde der Knabe 1550 in Brüssel mit der Auflage anvertraut, daß er die Abstammung – vom kaiserlichen Kammerdiener Adrian de Bues! – strengstens geheimhält, damit die Frau von Herrn Adrian ja nicht erfährt, „wessen Sohn der genannte Knabe ist". Vielmehr muß Massi behaupten, „daß er der meinige ist" (Panzer, S. 92, gestützt auf Biographien von Don Juan, S. 231). Massis Gemahlin war da wohl toleranter. Massi lebte dann wieder in Spanien und schickte Hieronymus in eine Dorfschule.

Der Knabe blieb bei Massi bis zum Tod des Musikanten. Dann übernahm der langjährige Vertraute des Kaisers, Don Luis Mendez de Quijada, aus dem kastilischen Hochadel, zusammen mit seiner Frau die Erziehung des Jungen. Frau Quijada sollte glauben, es sei der Sohn ihres Mannes! Auch sie war toleranter als die Gemahlin des Adrian de Bues.

Alles in allem waren nur der Kammerdiener de Bues und Quijada, der wohl die gesamte Regie führte und die zur Verfügung gestellten Gelder verwaltete, in das Geheimnis eingeweiht. Im letzten Kapitel erfahren wir dann, daß Hieronymus 1558 als Page zum Kaiser nach Yuste kam, der ihn dort offiziell, aber nicht öffentlich als seinen Sohn anerkannte.

Barbara Blomberg wurde entweder schon vor der Geburt des Sohnes oder, wahrscheinlicher, 1551 mit Hieronymus Kegel verheiratet, mit dem sie ab 1551 in Brüssel lebte. Kegel, kaiserlich-königlicher Kriegskommissar, war für die deutschen Söldner zuständig. Barbara wurde 1569 Witwe, sie soll eine sehr attraktive Frau gewesen sein.

Sie lebte dann in Brüssel und in Gent, König Philipp sorgte für sie mittelmäßig. Berichte gingen ununterbrochen nach Madrid. Was nun die frustrierten spanischen Tugendbolde und leider auch den gewiß nicht frustrierten schönen Seehelden Don Juan d'Austria mehr beunruhigte, ist schwer zu sagen: die angebliche Verschwendungssucht Barbaras, der angebliche liederliche Lebenswandel oder aber die „Gefahr" ihrer Wiederheirat, was sie aus dynastisch-politischen Gründen befürchteten. In jedem Fall wollte man sie gegen ihren Willen in das tugendreiche und wohlüberwachte Spanien abschieben. Es gelang Barbara, dies hinauszuzögern. Vorher kam es noch 1556 zu einem Treffen mit ihrem Sohn. Don Juan, der zum Statthalter der Niederlande ernannt wurde – dies befriedigte seinen Ehrgeiz keineswegs –, lag es viel mehr an seiner weiteren Karriere als am Wohlergehen seiner Mutter. Den Verlauf dieser ersten und letzten „Zusammenkunft zwischen Heldensohn und Heldenmutter" kann man nur vermuten (Panzer, S. 176). Wahrscheinlich war es keine warmherzige Umarmung. Aber wer weiß?! In jedem Fall fügte sie sich dem von Don Juan emphatisch und mit Druckmitteln vorgetragenen Gebot, nach Spanien umzusiedeln, wozu es dann 1577 auch kam. Erst zwang man sie in ein Kloster – selbst dort habe sie sich unzüchtig verhalten.

Philipp II. gestattete dann Barbara, das Kloster zu verlassen, und seit dem Tod von Don Juan (1579) bezog sie vom König eine Rente von jährlich 3000 Dukaten. Als Madame Barbara de Blombergh lebte sie dann in der Umgebung von Colindres am Golf von Biscaya auf einem Gehöft „nach dem Standard der lokalen Adelsfamilien, in deren Gesellschaft sie sich befand" (Panzer, S. 196). Sie starb 1597 im Alter von etwa 70 Jahren.

Karl und seine Beichtväter

Nicht wenige Historiker widmen sich dem schwierigen, wenn nicht hoffnungslosen Unterfangen, den Einfluß von Beichtvätern auf die Politik katholischer Fürsten vom späten Mittelalter bis ins 18. Jahrhundert mit Anspruch auf Authentizität zu ergründen. Das Wesen des Bußsakraments bringt es mit sich, daß sich die Rolle des Geistlichen, welcher die Beichte einem Monarchen abnimmt, der Vertrauensperson allerersten Ranges, der historischen Wertung eigentlich entzieht. Ausnahmen sind wohl nur Fälle, wenn sich politische Handlungen des Königs mit öffentlichen Äußerungen des Beichtvaters auffällig decken.

Erfreulicherweise überwiegen Meinungen von Historikern nicht, die im Fall von Karl V. behaupten, der Kaiser habe unter einem erdrückenden Einfluß des einen oder des anderen Beichtvaters gestanden.

Der Ausgangspunkt für jede Darstellung ist naturgemäß der folgende: Der von tiefem katholischen Glauben durchdrungene Kaiser maß dem Sakrament der Beichte die ihm gebührende große Bedeutung bei; für ihn war die Beichte alles andere als eine Pflichtübung. Spezifisch war bei Karl im Verhältnis zu Beichtvätern wie zu Politikern sein großer Respekt vor dem Alter. In der Welt der Politik nennen wir unter den Männern, welchen Karl beinahe – oder völlig – kritiklos gegenüberstand: Chièvres, um 50, Andrea Doria, um 36 Jahre älter als er selbst.

Was die Schranken der politischen Einflußnahme aller Art anbelangt, gab Karls konsequente Ablehnung jeder überzogenen Einflußnahme einer Person auf den Monarchen den Ausschlag, so auf ihn selbst und seinen Sohn, den er in diesem Sinn ausführlich instruierte. Wir erfuhren bereits Beispiele, als er seine Minister vor Philipp Revue passieren ließ. Wenn sich der Kaiser entschieden gegen die Beeinflussung durch Berater und insbesondere durch Frauen mit Beharrlichkeit aussprach, so galt dies auch für eine politische Rolle von Beichtvätern, wenn es denn erlaubt ist, diese in einem Atemzug mit Favoritinnen zu nennen, Karl selbst hatte keine.

Wenn die politische Einflußnahme eines Beichtvaters schwer oder nicht „meßbar" ist, so bedeutet dies keineswegs, daß etwa Karls Beichtväter – in den weltlichen politischen Ämtern, welche ihnen anvertraut wurden – nicht an der Staatsführung beteiligt waren. Doch durfte bei Karl diese zwar legitime Machtausübung nicht ausufern. Dann griff der Kaiser ein, wie im Fall seines ansonsten besonders hochgeschätzten Beichtvaters von 1523 bis 1529, Loaysa.

Die beiden ersten Beichtväter „treten nach den Quellen, die historisch überliefert sind und sich um das Seelenheil des jungen Karl bis 1519 kümmerten, nicht als Politiker hervor" (Lehnhoff, S. 19). Es sind Michel de Pavie, Dechant von Cambrai, und Jean Brisselot, vormals Karmeliter, dann Benediktiner. „Pavie und Brisselot werden sich auf die eigentliche Aufgabe des geistlichen Beraters beschränkt haben" (Lehnhoff, S. 20).

Um so reichlicher sprudeln die Quellen um die fieberhafte politische Aktivität des Beichtvaters von 1520 bis 1523, Jean Glapion, eines Franziskaners aus der französischen Grafschaft Maine. Der betagte Beichtvater, ein Vertrauter von Chièvres, stürzte sich in die Reichspolitik um Martin Luther, wo das Politische vom Religiösen freilich nicht zu trennen war. Im Gestrüpp der Informationen der Zeitgenossen kennt man sich schwer oder gar nicht aus: War Glapion nun ein geschickter Taktiker, der Luther durch konziliantes Gebaren zum Widerruf veranlassen wollte, war er ein Werkzeug des unnachgiebigen päpstlichen Nuntius Aleander, nur Wichtigmacher und Intrigant? Wie intensiv war der Einfluß des alten Beichtvaters auf den, zugegeben, damals relativ unerfahrenen jungen Kaiser? Wie dem auch sei, Karl setzte dank seiner früh entwickelten staatsmännischen Größe zwei ureigene Entscheidungen durch: Der Kaiser lehnte die Bewahrung eines unvorteilhaften Friedens mit Frankreich ab, wozu ihm Glapion ohne Zweifel riet. Und: Das freie Geleit für Luther wurde respektiert, eine entscheidende Sache, in welcher Glapions Rolle undurchsichtig war. Das freie Geleit befürwortete der Beichtvater ganz gewiß nicht.

Für wenige Monate nach Karls Rückkehr auf die Halbinsel wird der Franziskanergeneral Francisco de Quiñones als kaiserlicher Beichtvater genannt (1522/23).

Im Mai 1523 übernahm das Amt des Beichtvaters der General des Dominikanerordens Garcia de Loaysa, Sohn einer alten spanischen Familie, eine historische Persönlichkeit. Die „ungewöhnlichen Geistesgaben Loaysas und der feurige Ernst seines fanatisch katholischen Gemütes wirken" zusammen (Lehnhoff, S. 34).

Uns interessiert hier insbesondere Karls Witwerzeit, und der Kontakt Karls mit Loaysa dauerte auf politisch-religiöser Ebene weit über die Zeit hinaus, als Loaysa Beichtvater war, das heißt, von 1523 bis 1529.

Während der Jahre in Spanien überhäufte Karl seinen Beichtvater mit hohen weltlichen Ämtern. Loaysa war unter anderem Präsident des Indienrates, Mitglied des Staatsrates. Auf der kirchlichen Ebene war er Bischof von Osma, später Kardinal in Rom.

Über die Intensität des Einflusses Loaysas auf Karl gibt es das übliche Rätselraten. Wie dem auch sei, Karl hatte Loaysa „eines Tages ziemlich schroff aus dem Staatsrat entfernt" (Brandi, S. 240). Er ist wohl zu mächtig geworden. Ja, aber für wen?! Für Rivalen am Hof? „Anscheinend ist eine höfische Intrige schuld an der Entfernung" (Lehnhoff, S. 43). Man sollte eher meinen: Für Karl selbst! Des Kaisers ständige Suche nach Ausgewogenheit durfte dem entgegengestanden haben, daß irgend jemand, zumal sein Beichtvater, mit zu viel weltlicher Macht ausgestattet ist.

Obgleich im Besitz des Kardinalhuts fühlte sich Loaysa dann in Rom wie in der Verbannung. Durch Korrespondenz hat ihn der Kaiser aber regelmäßig zu Rate gezogen. Den Titel des kaiserlichen Beichtvaters behielt Loaysa bis zuletzt.

In seiner Witwerzeit schrieb Karl in den geheimen Ermahnungen an Philipp (1543) sehr differenziert über Loaysa: „Er würde besser zu seiner Kirche zurückkehren. Er war hervorragend in Staatsangelegenheiten ... Er hat mich in Personenfragen gut beraten." Philipp möge Loaysa, auf dessen eigenen Wunsch hin, vom Hof entlassen (vgl. Brandi, S. 410). Loaysa starb 1546.

Da Karl ein echtes Laster, nämlich die Völlerei, hatte, spielten seine Beichtväter besonders in späteren Jahren auch „die Rolle des Hausarztes" (Brandi, S. 131), indem sie des Kaisers quantitativ und qualitativ maßlose Eßgewohnheiten, welche schwer auf seiner Gesundheit lasteten, wohl ständig geißelten.

Der Franziskanerminorit mit dem Ruf eines bedeutenden Bußpredigers, Juan de Quintana, folgte auf Loaysa als Karls Beichtvater. Über sein Leben wissen wir wenig, über seine politisch-konfessionelle Rolle recht Widersprüchliches. Auf der einen Seite soll er für den unnachgiebigen päpstlichen Nuntius Aleander „sehr vertrauenswürdig" gewesen sein. Umgekehrt soll man über ihn im lutherischen Lager „entzückt" gewesen sein (Lehnhoff, S. 61).

Für die Zeit nach Quintanas frühem Tod (1534) sind die Historiker unsicher über die Person des Beichtvaters. Antonio de Guevara, Bischof von Cadiz, konnte es gewesen sein, in jedem Fall begleitete Guevara den Kaiser auf seinen Reisen und Feldzügen bis 1543.

Von 1544 bis 1547 war der gelehrte Dominikaner Pedroz de Soto Karls Beichtvater, Diplomat und Scharfmacher zugleich. De Soto führte die erfolgreichen Vorverhandlungen zum Frieden mit Frankreich 1544. Dann widmete er sich der Auseinandersetzung mit dem Schmalkaldischen Bund, die er sich anders als durch Krieg schon 1544 nicht vorstellen konnte. Vom Gedanken einer blutigen Abrechnung besessen, hämmerte er auf den Kaiser ein, er möge endlich zuschlagen. Bei aller Unsicherheit über den Entscheidungsvorgang soll man aber vermuten, daß sich Karl selbst durch seinen Beichtvater nicht drängen ließ und erst zu den Waffen griff, als er es für richtig hielt.

1548 übernahm Domenico de Soto das Amt seines Namensvetters. Dieser De Soto – allerdings ein hochqualifizierter Theologe – scheint kein Draufgänger, dafür aber ein unverbesserlicher Intrigant gewesen zu sein. Er übertrug die Kabalen innerhalb der Kurie auf den kaiserlichen Hof.

Die Jahre nach Domenico de Sotos Rücktritt 1550 weisen eine Lücke in den Überlieferungen betreffend die kaiserlichen Beichtväter auf. Gemäß einem Hinweis des Kaisers selbst wechselten sich die Beichtväter in rascher Reihenfolge.

Erst in Yuste sehen wir einen ständigen und den letzten Beichtvater an der Seite des alten Kaisers, es ist der Hieronymitenmönch Juan de Regla. Schade, schade, daß der Beichtvater Karls an seinem Lebensabend, wenn man Lehnhoffs Einschätzung, wohl zu Recht, folgt, so charakterisiert wird: „Sein maßloser Ehrgeiz verführt ihn oft zu üblen Denunziationen", so gegen den „Erzbischof von Toledo, den er der Häresie beschuldigt" (Lehnhoff, S. 77).

Andere Quellen zeichnen von de Regla „das Bild eines vom Kaiser hochgeschätzten väterlichen Beraters", berichtet Lehnhoff vollständigkeitshalber (S. 77). Möglicherweise hat der müde alte Mann de Reglas Intrigen beiseite geschoben und den Pater auf seine priesterlichen Aufgaben im engen Sinn beschränkt, wobei ihm auch die langen, rein theologischen Gespräche mit de Regla, dank dessen großer Erudition zugute kamen.

Am Sterbebett Karls stand dann, wir werden es in den letzten Zeilen dieser Biographie lesen, jener von de Regla angefeindete Erzbischof von Toledo.

Tizians Auftraggeber und Modell

Dank Tizians Porträtierung Kaiser Karls V. wurde Weltgeschichte und zugleich Kunstgeschichte geschrieben: Authentische Porträts hat es vor der Frührenaissance nicht gegeben. Soweit im Hochmittelalter andere als sakrale Themen überhaupt aufgearbeitet wurden, so stellte man die Herrscher oder Feldherren mit wenigen Ausnahmen nach Stereotypen dar: Austauschbare Gesichter von meist bärtigen Männern. Erst im späten 14. und im frühen 15. Jahrhundert entstanden wenige Gemälde mit individuellen Gesichtszügen von Personen, und echte Porträts malten vornehmlich italienische Künstler dann nach etwa 1450.

Tizians berühmteste Bilder über den Kaiser, insbesondere der im Stuhl sitzende, in Schwarz gekleidete Karl V. aus dem Jahr 1548 und das nicht weniger bekannte Reiterbildnis Karls in der Schlacht von Mühlberg bedeuteten einen Höhepunkt in der Porträtmalerei der Epoche. Wie kein anderer erlangte der Virtuose der Farbe mit dem scharfen Blick in die Tiefe der Psyche seines Modells eine Kenntnis der Persönlichkeit dieses verschlossenen, oft schweigsamen, für viele undurchsichtigen Mannes, und dadurch schrieb der Künstler Weltgeschichte. Dank all seiner Porträts der Mitglieder des Hauses Habsburg, wie zum Beispiel Maria von Ungarn, Philipp II. und Kaiserin Isabella, sowie anderer großer Zeitgenossen wurde Tizian zum begehrtesten Porträtmaler seiner Zeit.

Dem Meister Tiziano Vecellio (um 1488 bis 1576) begegnete Karl in Bologna im Januar 1533 zum ersten Mal. Bald danach malte Tizian den Kaiser stehend, im Prachtgewand, mit einer Dogge: die insbesondere farbliche Weiterentwicklung, eher als bloße Kopie eines Vorbildes des österreichischen Hofmalers Seisenegger. Schon im Mai ernannte Karl Tizian zum Pfalzgrafen und zum „Ritter des Kaisers". In seinen berühmten Künstlerbiographien vermerkt Vasari (1511 bis 1574): „Jenem unbesiegten Kaiser gefiel Tizians Mache in so hohem Maße, daß er von keinem anderen Maler sich wollte malen lassen" (Herbert von Einem, S. 8, mit Quellenhinweis aus der Vasari-Übersetzung).

Dies war nur möglich, weil der Kaiser – wohl der beste Kenner seiner eigenen, für die Umwelt verschlossenen, für viele mißverstandenen Persönlichkeit – sich selbst auf Tizians Leinwand erkannt hat. Tizian dringt, so von Einem, zum Reiterbild von Mühlberg, „mit dem Tiefblick und Mitleiden des Menschenkenners und großen Historikers bis zu dem Kern des Menschlichen vor, wo die Spannung zwischen dem Menschen und seiner Berufung spürbar wird. Was wir hier sehen, ist nicht so sehr natürliche Kraft wie Haltung, nicht so sehr Lust am Kampf wie Vollzug einer schweren Pflicht, ist Anspannung, Kraft, Energie. Das Antlitz des Kaisers ist bleich, seine Züge (die Züge eines körperlich Kranken) haben etwas krampfhaft Leidendes ... die düsteren Wolken ... verstärken das dunkel Tragische dieses Siegerbildnisses" (S. 20).

Mag sein, daß von Einem so manches in Tizians Gemälde dank der eigenen Sachkenntnis „hineininterpretiert" hat, doch tat er dies stets in die richtige Richtung, so wie man sie auch 500 Jahre nach Karls Geburt erblicken soll. Alles in allem sind das Reiterbild und dessen Charakterisierung durch von Einem bei der Darstellung der Grundzüge Karls und seines historischen Wirkens die historische Psychologie im besten Sinne. Der Biograph begrüßt die Konformität dieser Darstellung mit der Grundsubstanz der Aussage in diesem Buch:

Der Kaiser, treuer, diskreter, unermüdlicher Diener, mit dem Fortschreiten von Alter und Krankheit gar Märtyrer seines dynastischen, religiösen, staatsmännischen Sendungsbewußtseins, seines Pflichtgefühls.

Nicht von ungefähr nennt dieser Verfasser Tizian einen großen Historiker! Werfen wir einen Blick auf die Nahtstelle zwischen der Geschichtsschreibung durch die Feder und der historischen Aussage des Werkes des Künstlers, des Malers zumal, der Gestalten und Ereignisse der Geschichte wie auch Architektur, Kleidung, Brauchtum vergangener Jahrhunderte und noch vieles andere vor die Augen führt:

Verdrängen oder gar ersetzen werden historisch relevante Denkmäler der bildenden Kunst die Historiographie, Chroniken, wissenschaftliche und populärwissenschaftliche Werke und dergleichen nie. Dies ins Auge zu fassen, wäre absurd. Jedoch: Dort, wo Gemälde oder auch Skulpturen eine historische Aussage haben, kann das Bild eine unmittelbare enge Verbindung zur Vergangenheit herstellen, mit welcher die beste, die treueste, die gelehrteste Schrift des Historikers nicht wetteifern kann. In solchen Fällen triumphiert eben die Visualität, mit ihrem „magischen Recht" (Goethe). Die Geschichtsschreibung weist Schwachstellen auf. Die bildende Kunst kann da manchmal aushelfen oder auch gar nicht.

Kommen wir auf einen vorangehenden Abschnitt dieses Kapitels zurück:

Die Geschichte von Karls Liebesromanze von 1546, das Schicksal der Barbara Blomberg und ihres Sohnes in den ersten Jahren danach sind ein einziges Fragezeichen. Die Historiker suchten ebenso verzweifelt wie erfolglos nach Bildnissen des Mädchens oder malerischen Darstellungen von Szenen, die Einblick in die historische Wahrheit gestattet hätten. Diese gab es nicht oder sie wurden wegen der konspirativen Handhabung des Geschehens eventuell beiseite geschafft.

Und nun zur faktischen Stellung und zum wahren Einfluß von Karls Beichtvätern. Das Wesen des Verhältnisses zum Beichtvater bringt es mit sich, daß man abgesehen von offenen Auftritten der Geistlichen etwa in ihren weltlichen Funktionen im dunkeln tappt. Der Historiker darf und soll nachdenken und erwägen, zugleich sind spekulative Thesen gefährlich. Ist das Konterfei des einen oder des anderen Beichtvaters überliefert, so hilft auch dies nicht viel weiter.

Es ist höchst erfreulich, ja von unschätzbarem historischen Wert, daß Tizians Bildnisse vom Kaiser eben diese unmittelbare, lebendige Verbindung zur Geschichte herstellen, die von Einem so plastisch beschrieben hat, fürwahr ein Schlüssel zu dieser herausragenden Gestalt der Weltgeschichte.

Tizians Werk begleitete Karl buchstäblich bis zur Todesstunde! Über dem Hochaltar der Klosterkirche, die unmittelbar mit Karls Residenz in Yuste verbunden war, ließ der Kaiser Tizians Gemälde „Gloria" oder „Triumph der Dreifaltigkeit" oder „Jüngstes Gericht" so anbringen, daß er es vom Schlafgemach seiner Villa sehen konnte. Auch von seinem Totenbett.

Das Bild, „stilgeschichtlich ein Hauptwerk des antiklassischen Stiles des italienischen Manierismus", wird so beschrieben: Über einer Landschaft „erhebt sich eine große himmlische Vision: Heilige – unter ihnen deutlich erkennbar Moses mit den Gesetzestafeln, Noah mit der Arche, David mit der Harfe – wenden sich nach oben, wo in strahlender Glorie inmitten unzähliger Engelsscharen die Dreifaltigkeit thront, Gottvater und Christus, beide mit einer Weltkugel, zwischen ihnen die Taube des Heiligen Geistes. Links, auf tieferem Plan, aber durch Stellung und Farbe herausgehoben, steht Maria, hinter ihr mit ausgebreiteten Armen Johannes der Täufer. Maria, der Dreifaltigkeit am nächsten, wendet ihren Blick zu den Fürbitte Heischenden im Sterbehemd, die auf der rechten Bildseite knieen und von Engeln gestützt werden: Karl, die Kaiserkrone neben sich, und Isabella, seine Gemahlin. Hinter ihnen (etwas tiefer) sind noch des Kaisers Schwester Maria von Ungarn, sein Sohn Philipp II. und seine Tochter Juana zu sehen ..."

„Es wird berichtet, daß der Kaiser das Bild oft mit Inbrunst betrachtet und daß sein Blick in der Todesstunde auf ihm geruht habe" (von Einem, S. 27, 32, 34).

Der robuste Patient

Für Karls Gesundheit geben zwei Fragen den Ausschlag, und zwar die allgemeine körperliche Konstitution des Kaisers und die Gicht. Die Beurteilung der ersten Frage ist umstritten; die Frage der Gicht ist hingegen ausführlich beschrieben und beinahe einheitlich beurteilt worden.

Karl wurde über 58 Jahre alt, und hier bemerken wir, daß Franz I. im Alter von 53 Jahren starb. Der bullige Heinrich VIII. wurde 55 Jahre alt. Man soll davon ausgehen, daß alle drei großen Zeitgenossen von robuster Natur waren. Historisch umstritten ist dies eigentümlicherweise ausgerechnet im Fall von Karl. Er wird mehrfach als von Natur aus „schwächlich", „kränkelnd" beschrieben. Dem widersprechen jedoch die Tatsachen: Karl soll zwar „in den ersten Lebensjahren unter ständiger ärztlicher Aufsicht, geplagt von Ohnmachtsanfällen" gewesen sein (De Dijn, S. 33).

Der Jüngling Karl mag dann für einige oberflächliche zeitgenössische Beobachter und spätere Forscher als „schwächlich" erschienen sein, wohl auch aufgrund seines passiven äußeren Verhaltens. Atemnot, Asthma werden auch im Mannesalter erwähnt. Uns interessieren allerdings das Gesamtbild von Karls körperlicher Konstitution und vor allem die beiden letzten Jahrzehnte im Leben des Kaisers.

Fassen wir die Indizien zusammen, welche darauf deuten, daß sich der Kaiser im Gegensatz zur Behauptung über seine allgemein schwächliche körperliche Verfassung einer robusten, sogar überdurchschnittlich widerstandsfähigen Konstitution erfreute.

Fangen wir mit dem überall betonten großen, ja übermäßigen Appetit an, der freilich stets unter anderen Aspekten erwähnt wird: Aus der Sicht der Auswirkung auf die Gicht und Verdauungsprobleme, moralisch-religiös als Völlerei. Es ist überliefert, daß der Kaiser seine Eßgewohnheiten buchstäblich bis zuletzt beibehielt, und dies trotz eindringlicher Ermahnungen seiner Ärzte. Diese beanstandeten die Qualität von Karls Mahlzeiten, Gerichte, welche besonders gichtfördernd wirkten und von denen der Kaiser nicht abließ. An dieser Stelle geht es aber darum, daß guter Appetit ganz generell gesehen von guter Gesundheit zeugt!

Historiker registrieren zwar, manche mit Nachdruck, Karls große Strapazen über seine gesamte lange Regierungszeit. Doch ist da, wenn man verschiedene Einzelheiten bedenkt, das Überdurchschnittliche hervorzuheben. Der ausgefüllte, intensive Arbeitstag, die konzentrierte Aufmerksamkeit, die Aufgeschlossenheit für so unterschiedliche, teils schwerwiegende – vom Kaiser gerecht zu lösende! – Probleme im Makrokosmos seines Weltreiches stellen eine körperliche Stärke nicht weniger als eine damit verbundene überdurchschnittliche intellektuelle Aktivität unter Beweis.

Und nun zu den rein körperlichen Anforderungen, welchen der Kaiser insbesondere während der Reisen gerecht wurde. Kreislaufprobleme wurden als solche zu Karls Zeiten und noch sehr lange danach weder registriert noch überhaupt erkannt. Nichtsdestoweniger fielen Umstände auf der Ebene der gesundheitlichen Wirklichkeit ins Gewicht, wie Umstellungen des Körpers beim radikalen Klimawechsel, Hitzeeinwirkungen (besonders in Spanien), von den täglichen Anstrengungen unter den damaligen Reisebedingungen gar nicht zu reden. Vergessen wir auch die Tükken von damaligen Seereisen nicht.

Man vergegenwärtige sich zum Beispiel die wiederholte radikale Umstellung des Kreislaufes, jeweils, wenn Karl vom Norden nach Spanien, vom Mittelmeerraum über die Alpen nach Deutschland, die Niederlande oder umgekehrt reiste. Nicht von ungefähr sprach der Kaiser in seiner Abdankungsrede mit solchem Nachdruck und solcher Präzision von der Zahl seiner langen Reisen zwischen fernen Ländern. Dabei ist dies auf dem Hintergrund des klar geäußerten Gedankens von Karl zu berücksichtigen, daß er sich hauptsächlich wegen körperlicher Ermüdung zurückziehe; dies werden wir im letzten Kapitel sehen.

Was den alltäglichen Reiseverlauf ohne radikalen Klimawechsel anbelangt, ist, wenn man von der Kälte bei der Alpenüberquerung in Süddeutschland oder von der Nässe in den Niederlanden absieht, auf den Verlauf von Reisen auf dem spanischen Hochplateau im Sommer aufmerksam zu machen. Karl mag sich an das zuweilen extreme Klima allmählich gewöhnt haben, das er anfangs so schlecht vertrug, man denke an seine zweiwöchige Erkrankung im Gebirge, dort wohl wegen der Kälte, nach seiner ersten Landung 1517. Wogegen aber der Kaiser nicht geschützt gewesen sein konnte, war das Reisen in der sengenden Hitze Spaniens in den Gewändern, die er trug: Leichte Kleidung, wie etwa für heutige Spanienurlauber, war unvorstellbar.

Auf die Pirsch ging der Kaiser bis Anfang der fünfziger Jahre immer, wenn ihn die Gicht daran nicht unmittelbar hinderte, und das Jagen ist gesundheitserhaltende sportliche Tätigkeit und schwere körperliche Belastung zugleich.

Das Sexualleben des Kaisers war mit Ausnahme der wenigen Jahre, welche er mit seiner Gemahlin zusammen verbrachte, in der Regel, soweit man weiß, von extremer Enthaltsamkeit. Man kann annehmen, daß sein enormer anderweitiger Energieverbrauch auch dafür eine gewisse Erklärung gibt. Auf die Jagd, als Ablenkung, hat er im Brief an Ferdinand selbst hingewiesen. Ein äußerst wichtiger, mit medizinischer Exaktheit nicht meßbarer Faktor ist zu erwähnen: Willenskraft, religiös und dynastisch geprägtes Sendungsbewußtsein beflügeln und wirken sich auf das körperliche Kräftereservoir aus!

Die Gicht ist weitgehend erblich beziehungsweise ist sie auf Veranlagung zurückzuführen. Zugleich kann man die Krankheit durch Diät beeinflussen und durch gichtfördernde Eßgewohnheiten verschlechtern. Alle überlieferten Daten bestätigen, daß nun Karl trotz der Mahnungen seiner Ärzte die Diätvorschriften nach Kräften unterlief. Sein Fehlverhalten durch üppige Nahrung und anhand seiner Lieblingsgerichte, welche zumindest heute an der Spitze der Liste von Verboten für Gichtgefährdete stehen, zeugt außer Eigenwilligkeit, mit Verlaub gesagt, allerdings auch von Lebenslust.

Noch kurz vor seinem Tod nahm Karl „ein üppiges Frühstück ein, trank, zunächst auf den nüchternen Magen, ... eine Kanne kaltes Bier und ergötzte sich an den unterschiedlichsten Früchten, Schweinefett, Lamm, Wild, auf vielerlei Art zubereitet, Kaninchen, Rebhuhn, Forellen, frischer Fisch, gepökelte, eingelegte Sardinen ... und Berge von Süßigkeiten", so faßt De Dijn die Mahlzeiten des alten Kaisers zusammen (S. 47). Nebenbei sei vermerkt, daß der Kaiser nicht nur Verbote von Speisen, sondern auch Mahnungen vor negativen klimatischen Verhältnissen mißachtete, so zuletzt bei der Auswahl seines Alterssitzes: Nebelloch in einer gottverlassenen Gegend, feucht, so schilderten Karls Schwestern die Gegend von Yuste, aber Karl beherzigte die Mahnungen nicht. Vielleicht zahlte er für seine Halsstarrigkeit, als sich die Gicht in Yuste über seinen Körper noch ausbreitete und er sich im Sommer 1558 bei den dortigen kühlen Morgenwinden die Erkältung zuzog, welche ihn schließlich das Leben kostete. Diese Erkältung oder Malaria raffte den Kaiser hinweg; Gicht ist an sich nicht lebensgefährlich, wohl schwächt sie aber die Widerstandskraft.

Über einzelne Gichtanfälle Karls ist bereits Ende der zwanziger Jahre berichtet worden. Diese häufen sich bei zunehmender Krankheitsdauer, und die Krankheit geht in chronische Gicht über. Gleichzeitig mit den heftigen Schmerzen bilden sich Gichtknoten im gelenknahen Knochen- oder Knorpelbereich. Bei Verletzung können sich schlecht heilende Fisteln bilden; eitrige Entzündungen treten auf. Durch Bewegungseinschränkung und Versteifung wird der Patient in seinen Handlungen gehindert, so konnte Karl zuweilen schon in den dreißiger Jahren nicht mehr schreiben und er hatte Schwierigkeiten beim Reiten.

Zwar wies der Kaiser, zumal in seiner Korrespondenz mit seinen Geschwistern, immer wieder auf Gichtbeschwerden hin, doch ist festzustellen, daß sich seine Willenskraft und Selbstbeherrschung auch dadurch äußerten, daß er die unsagbaren Anstrengungen des Alltags gleichzeitig mit dieser Plage würdevoll ertrug.

KAPITEL XV

Der Held des Alltags ist erschöpft: Abschied von der Macht und vom Leben

Bei all den herausragenden Taten Karls V. überwogen während der vier Jahrzehnte seiner Regierungszeit die Tage des unspektakulären Opfergangs. Wer kann sich wundern, wenn der Fünfundfünfzigjährige körperlich nicht mehr weiterkonnte?! Wer kann an der Wahrheit der Worte seiner Abdankungsrede im Oktober 1555 in Brüssel, wer kann an der Aufrichtigkeit des Kaisers zweifeln, wenn er den Grund für seinen Entschluß nannte: Es versagten ihm die Kräfte, seine Gesundheit sei ruiniert. Er fühle sich todmüde.

Bilanz ziehend, äußerte der Kaiser zwar sein tiefes Bedauern darüber, daß er den von ihm gewünschten Frieden – versteht sich, innerhalb der christlichen Welt – nicht hinterlassen konnte. Wie bei seiner großen Rede 1536 beklagte er die Kriege mit Frankreich. Doch waren die Gründe seiner Abdankung gesundheitlicher Natur, keine Resignation auf der Ebene der Politik zwang ihn dazu, sich zurückzuziehen.

Die freiwillige Abdankung eines großen Kaisers nach langer Regierungszeit war einzigartig in der Geschichte des christlichen Römischen Reiches, da findet man keine Parallelen, dies wird sehr zu Recht von der Historiographie festgestellt.

Auch in der Geschichte des antiken – des heidnischen – Römischen Reiches war ein ähnlicher Akt einzigartig. Daß es einen einzigen dennoch gab, ist hier zu erwähnen, ohne die Person des Akteurs – eines Christenverfolgers, eines „Antichristen" – durch diese historische Parallele in die Nähe des gläubigen Christen Karl V. zu rücken. Diocletian, wohl ebenfalls knappe 60 Jahre alt, nannte 305, indem er seine Abdankung ankündigte, als Grund seines Rücktritts, er sei „alt und krank und bedürfe nach den Mühen arbeitsreicher Jahre der Ruhe, daher übertrage er jüngeren Kräften die Reichsverwaltung" (Pauly, Stichwort Valerius Diocletianus, S. 2490, mit Hinweis auf Lactantius und andere antike Quellen). Weitere historische Parallelen stehen in beiden Fällen mit Spekulationen von Historikern in Verbindung. Sie sind wohl von der Hand zu weisen, aber trotzdem erwähnenswert.

Als Urheber der großangelegten, systematischen und rücksichtslosen, wenngleich nicht mit Blutbädern verbundenen Christenverfolgung 303 bis 305 soll Diocletian auch durch das Scheitern seiner düsteren Aktion zur Abdankung bewegt worden sein. Belegt ist die Hypothese nicht. Ebensowenig ist belegt, dafür aber um so hartnäckiger behauptet, daß Karls Grund zum Rücktritt vorwiegend das Scheitern seines Vorhabens gewesen sei, mit den deutschen Lutheranern zumindest irgendeinen Modus vivendi ohne deren Bruch mit Rom auszuhandeln. Dieser Gedanke war nun mit der Anerkennung der Augsburgischen Konfession als gleichberechtigt am 25. September 1555 endgültig begraben, und einen Monat danach, am 25. Oktober 1555, fand der Staatsakt der Abdankung statt. Trotz dieser zeitlichen Koinzidenz ist zu bezweifeln, daß Karl als Verlierer von Bord ging: Rücktritts- und Todesgedanken beschäftigten den Kaiser schon seit langer Zeit, und er berief sich dabei an erster Stelle auf „meine Schwachheit", so in seinem politischen Testament für seinen Sohn Philipp am 18. Januar 1548. Da äußerte sich der Sieger von Mühlberg, ein Dreivierteljahr nach seinem Triumph! Beweggründe sind pro und kontra schwer zu beweisen, und man soll sich eben auf die aus der Tiefe des Herzens gesprochenen Worte des ehrlichen alten Mannes bei seiner Abdankungsrede verlassen.

Der Kaiser hielt die Rede, wie immer, frei, einen Zettel in der Hand haltend. Auf frühere Abdankungspläne berief er sich auch da: bereits 1552 „habe er sich am Ende gefühlt". Nur die Pflicht, an der Spitze seines Heeres in den unheilvollen Franzosenkrieg zu ziehen, habe ihn damals zurückgehalten. Er dankte Gott, daß er ihm so oft geholfen habe. „Nun fühle er sich todmüde, wolle seine Länder an König Philipp geben, das Reich an Ferdinand." Abschließend ermahnte Karl seinen Sohn zum Festhalten am Glauben der Väter und zur Pflege von Frieden und Recht. „Mit Willen habe er niemandem Unrecht tun wollen. Soweit es doch geschehen, bitte er um Verzeihung ... Bleich sank er in seinen Sessel nieder" (Brandi, S. 528 f.). Philipp warf sich dem Vater zu Füßen; der Kaiser, Tränen in den Augen, zog ihn zu sich empor und umarmte ihn zärtlich.

Die Verteilung der Macht

Bei der feierlichen Abdankung am 25. Oktober 1555 im großen Saal des Schlosses von Brüssel übergab Karl die Niederlande und Burgund seinem Sohn Philipp. Gleichzeitig verabschiedete sich auch Maria von Habsburg von ihrer Statthalterschaft. Auch sie war körperlich erschöpft vom vollen Einsatz, mit welchem die willensstarke Frau die Niederlande über ein Vierteljahrhundert regiert hatte. Sie und Eleonore, Königinwitwe von Frankreich, sollten Karl nach Frankreich begleiten. Am 16. Januar 1556 übergab der Kaiser die Königreiche Kastilien, mit den Neuen Indien, Aragón und Sizilien an König Philipp.

Bruder Ferdinand war weder beim Staatsakt vom 25. Oktober 1555 noch bei Karls Abreise von den Niederlanden am 15. September 1556 zugegen. Ihm überließ Karl die Kaiserkrone durch sein Edikt vom 7. September, das er seinem Bruder mit Schreiben vom 12. September 1556 kundtat. Die Botschaft soll Ferdinand „am 25. September, eine Stunde bevor der Augsburger Reichstagsabschied verkündet wurde", erreicht haben (Sutter-Fichtner, S. 210). Ferdinands Kaiserwürde wurde im Februar 1558 rechtskräftig, als die Kurfürsten Karls Abdankung annahmen und Ferdinand erhoben. Beim Abschied des Kaisers von der Familie ließ sich Ferdinand durch seinen Sohn Maximilian – Karls Schwiegersohn – vertreten, seine Frau Maria brachte er mit.

Philipp war in die Niederlande aus England gekommen, wo er sich 1554 an der Seite seiner zweiten Gemahlin, Königin Maria Tudor, aufgehalten hatte (Philipps erste Frau, Maria von Portugal, war im Juli 1545, nach der Geburt des Sohnes Don Carlos gestorben). Zu Philipps englischer Heirat nun die folgende Bemerkung: Die Abneigung gegen fremde Gefolgschaft eines Herrschers war keine spezifisch spanische Eigenschaft, nur war sie auf der Halbinsel eben besonders schroff: Wir wissen, wie haßerfüllt die Spanier Karls Flamen – oder Burgundern – entgegengetreten waren. Die Engländer nun wollten Philipps Spanier nicht dulden. Nicht anders war es übrigens in Österreich nach Ferdinands Übernahme der Regierung. Parallel mit Karls Hispanisierung erwartete man dort die „Enthispanisierung" Ferdinands, mit viel Erfolg. Er lernte nicht nur gut deutsch, sondern sogar ungarisch, ein recht schwieriges Unterfangen.

Von seinem Vater nahm Philipp in Belgien am 28. August 1556 Abschied, er kehrte noch nicht nach Spanien zurück, wo ihn während seines Englandaufenthalts seine Schwester Johanna als Regentin vertrat. Ihre Anwesenheit auf der Halbinsel ermöglichte es der fürsorglichen Tochter, sich vor Ort intensiv um das Wohlbefinden des Vaters 1557/1558 zu kümmern.

Die dynastische Landkarte Süd-, Mittel- und Westeuropas, die der abdankende Kaiser hinterlassen hat, ließ sich sehen:

In Spanien herrschte der junge König Philipp. Regent in Portugal war Königinwitwe Katharina, Karls jüngste Schwester. Durch die Regelung der späteren Erbfolge sollte auch die Krone des kleineren iberischen Königreiches und Mittelpunktes des gewaltigen Kolonialreiches einem Habsburger zufallen, was 1580 dann auch geschah: Zusammen mit den Überseeterritorien Kastiliens ein sagenhaftes Weltreich.

Ferdinand von Habsburg war römisch-deutscher Kaiser, zugleich König von Böhmen und von Ungarn, wie viel auch immer im Karpatenbecken für die Stephanskrone während der türkischen Besatzung übrigblieb. Das Königreich Neapel, das Herzogtum Mailand und die Schatzkammer Niederlande waren fest in der Hand des spanischen Zweiges der Habsburger, in Neapel vertreten durch einen Vizekönig, in den Niederlanden durch einen Statthalter. Wenn der Vizekönig von Neapel in der Regel kein Habsburger war, störte dieser Umstand die spanische Herrschaft über das Königreich nicht. In den Niederlanden war es anders: Die Statthalter, besser gesagt die Statthalterinnen, stammten aus dem Hause Habsburg, und wenn dies nicht der Fall sein sollte, wie beim Herzog von Alba, so ging es für die Dynastie nicht gut in den Niederlanden, wenn auch nicht direkt nur aus diesem Grund.

Sicherlich saßen jetzt protestantische deutsche Fürsten fest im Sattel, ihre Länder blieben jedoch nicht nur nominell Teile des Reiches, unter dem habsburgischen Kaiser. So war es alles andere als ein Verlierer, der sich auf seinen Alterssitz in Spanien zurückzog. Und die enorme Autorität Karls V. strahlte noch lange Zeit auf seine Nachfolger aus.

Die Reise nach Spanien. Der Hofstaat in Yuste

Wieder in Vlissingen, wie beinahe auf den Tag 39 Jahre zuvor, schiffte sich Karl ein. Damals war es seine erste, jetzt die letzte Fahrt nach Spanien. Wieder herrschte ungünstige Witterung, doch diesmal wartete man die günstigen Winde ab. Die kaiserliche Flotte stach Mitte September in

See. Am 28. September gingen die Schiffe, 56 an der Zahl, in Laredo, östlich von Santander vor Anker. Wieder, wie 1517, mußte eine herbstliche Reise durch die spanischen Berge folgen. Wieder, wie damals, waren die Spanier organisatorisch unvorbereitet, in diesem Fall erwarteten sie die Ankunft Karls erst zu einem späteren Zeitpunkt. Wieder, wie 1517, bestand die Gefolgschaft vorwiegend aus Niederländern.

Jedoch: Diesmal waren es keine überheblichen, machthungrigen, besitzergreifenden Nordlichter, vielmehr nur Mitglieder des Hofstaates im engeren Sinn, die Karl begleiteten. Diesmal begab sich Karl in ein Land, das er kannte und liebte. Diesmal brachten ihm die Spanier den größten Respekt, gepaart mit warmen Gefühlen, entgegen.

Der Kaiser verbot Feierlichkeiten. Der Verzicht auf Feste bedeutete aber noch lange nicht, daß der Kaiser ob der schlechten organisatorischen Vorbereitung seiner Landreise und der Geldknappheit vor Ort nicht bitter enttäuscht gewesen wäre. Pferde und Wagen für sein Gepäck standen nicht parat, und andere Unbequemlichkeiten ärgerten den alten Herrn. Erst Anfang Oktober brach die Kolonne von Santander auf, über schlechte Wege ins Innere Kastiliens. Auch die Unterbringung war eher miserabel. Allerdings, in Burgos läuteten die Glocken bei Karls Ankunft; der Kaiser wurde vom Konnetabel von Kastilien empfangen. Beschäftigten ihn Abdankungsgedanken schon früh, so 1548, als er in Deutschland nach dem Sieg über die Lutheraner, so schien es, auf der Höhe seiner Macht stand, so wurde auch sein Alterssitz von langer Hand vorbereitet. Bauarbeiten an der Villa in Yuste waren bereits 1552 im Gange. Doch als es soweit war, stand das Gebäude noch nicht einzugsbereit, und der Kaiser war gezwungen, bis Februar unweit des zukünftigen Alterssitzes, in Jarandilla, zu warten.

Karls Residenz in Yuste war eine mittelgroße Villa, acht bequeme Räume für den Kaiser auf das Unter- und Obergeschoß verteilt. Dazu kamen Terrassen und Gärten. Das Haus lag außerhalb des Hieronymitenklosters. Die Klosterkirche war aber unmittelbar mit einem von Karls Zimmern verbunden. So konnte sich der Kaiser mühelos zur Messe begeben.

Die frühere enge Beziehung zum Hieronymitenorden hatte wohl den Ausschlag für die Auswahl der Altersresidenz gegeben. Es war auch ein Kloster dieses Ordens, wohin sich der um seine Gemahlin trauernde Kaiser im Mai bis Juni 1539 zurückgezogen hatte. Bekannt ist der Hieronymitenorden dank seines Klosters zu Santa Maria de Guadelupe, dem berühmten Wallfahrtsort. 1557 lebten 38 Mönche in Yuste. Der

Kirchenchor bestand aus erlesenen Sängern, der alte Kaiser ergötzte sich gerne daran. Der Ort liegt in Estremadura, westlich von Madrid, die nächste mittelgroße Stadt ist Plasencia. Yuste zeichnet sich durch seine mediterrane Vegetation aus, eher als durch wildromantische Landschaft.

Der Hofstaat, für welchen 20.000 Dukaten im Jahr bestimmt waren, umfaßte rund 50 Personen. Majordomus Don Luis Mendez de Quijada aus dem kastilischen Hochadel war ein treuer Ergebener des Kaisers. Seiner Frau Magdalena Ulloa war die Erziehung des 1547 geborenen Sohnes Karls und Barbara Blombergs neuerdings anvertraut worden.

Karls Leben ist generell gut bekannt, doch am besten belegt ist dieser letzte Abschnitt. Die Zusammensetzung des Hofstaates in Yuste ist detailliert überliefert. Nennen wir seinen Sekretär, den Basken Martin Gaztelu, den flämischen Leibarzt Dr. Hendrik Mathys und den Chronisten Willem van Male, der sich Tag und Nacht in der Nähe des Kaisers aufhielt, ein Mann großer Erudition, ein ständiger Gesprächspartner, der Karl auch vorlas. Eine besondere Stellung nahm Ingenieur Giovanni Torriano ein. Für den berühmten Uhrmacher aus Cremona, wo man auch Uhrwerke, nicht nur Geigen herstellte, ließ Karl eine Werkstatt im Parterre der Villa einrichten. Geduldig lauschte der Kaiser den Erläuterungen des Meisters zum Mechanismus der Uhren, denen seine besondere Vorliebe schon immer gegolten hatte. Letzter in der Reihe der Beichtväter Karls war Juan de Regla, mit dem er in Yuste lange Gespräche über Glaubensfragen führte.

Der demissionierte Kaiser wird politisch aktiv

Ohne aus der Zurückgezogenheit in Yuste auszuscheren, behielt der Kaiser sein lebhaftes Interesse für die Geschehnisse der Welt, die ja die seine war. Kuriere kamen und gingen. Auch die Zahl der Besucher wuchs ständig. Viele Zeitgenossen wollten es sich einfach nicht nehmen lassen, dem historisch herausragenden alten Mann zu begegnen. Andere baten um seinen Ratschlag oder um seine Entscheidung in strittigen Angelegenheiten verschiedener Größenordnung. Es war keine Rede davon, daß Karl nach seiner Abdankung etwa in die spanische oder eine andere Staatsführung hineinregierte, doch entzog er sich Entscheidungen nicht. Wieder einmal tobte ein Krieg mit Frankreich, das wieder einen Verbündeten in der Person eines Papstes, diesmal von Paul IV. (1555 bis 1559), einer nicht weniger markanten Persönlichkeit als sein Vorgänger, der dritte dieses Namens. Wieder brach Frankreich einen Waffenstillstand, wieder wurde in Italien und an der französischen Nordgrenze gekämpft: Aus der Sicht der Franzosen galten all diese Kriege einem doppelten Zweck: Eine starke Position in Italien wiederzugewinnen: Sie hörten nie auf, auf Mailand und Neapel zu schielen. Und: Sie waren bestrebt Positionen rund um das französische Mutterland zu verbessern, Stützpunkte zu erobern; es waren seit Pavia im Grunde genommen immer Grenzkriege.

So schritt Karl aus Yuste, wo er sich gerade erst eingerichtet hatte, im Frühjahr 1557 tatkräftig ein, als sein Sohn Philipp, jetzt Kriegsherr im neuen Waffengang gegen Frankreich, in Geldnot geriet. Die Stimme des alten Kaisers konnte nirgends überhört werden, und Hunderttausende von Dukaten wurden bald bereitgestellt! Eine Angelegenheit von womöglich noch größerer Tragweite, in welcher Karl aus Yuste erfolgreich durchgriff, war die portugiesische Erbfolge. Wie bereits erwähnt, konnte die Krone von Portugal in absehbarer Zeit für Habsburg gesichert werden, 1580 wurden die beiden Reiche unter Philipp auch vereint: Ein persönlicher Erfolg Karls! Da war ihm eine Persönlichkeit als diplomatischer Emissär behilflich, die auch als hochkarätiger Gesprächspartner an Karls Lebensabend hervortrat.

Francisco de Borja, ein kastilischer Grande von Geburt, vormals Hofmarschall von Kaiserin Isabella, Herzog von Gandia, entsagte dem Weltlichen und trat 1546 in die Gesellschaft Jesu ein, wurde Provinzial von Aragon und Andalusien und gründete Jesuitenkollegs, unter anderem eines in der Nachbarstadt Plasencia. Er kümmerte sich auch um das Seelenheil der Mutter Karls in Tordesillas kurz vor ihrem Tod (1555).

Pater Francisco wurde nun vom Kaiser nach Portugal entsandt, wo es ihm gelang, im Auftrag Karls in seiner Eigenschaft als Haupt des spanischen Zweiges des Hauses Habsburg die historische Regelung der portugiesischen Erbfolge auszuhandeln. Francisco stattete Yuste mehrere Besuche ab, und die Gespräche mit dem hochgebildeten frommen Mann waren eine Bereicherung für den alten Kaiser. Später wurde Francisco heiliggesprochen. In der Hagiographie nimmt er als hl. Franziskus von Borja einen ehrenhaften Platz ein.

1558: Der Tod dreier Geschwister

Die Schwestern Eleonore und Maria sind nach Spanien gekommen, um Karl zu begleiten. Seine Tochter war Regentin im Königreich. Gästezimmer standen in Yuste nicht zur Verfügung, Besucher wurden in der Umgebung untergebracht, nur die zwei Königinnen und Tochter Johanna durften gelegentlich in der Villa übernachten. Beide Schwestern waren gebrechlich. Der 1555 im Alter von 75 Jahren erfolgte Tod ihrer Mutter Johanna war für die drei Geschwister äußerst schmerzlich. Das Todesjahr Karls, 1558, brachte tiefste Trauer für das Haus Habsburg in Spanien: Der Tod raffte Eleonore bei einer Wallfahrt zur Muttergottes von Guadelupe hinweg. Sowohl Karl als auch Maria litten schwer unter dem Verlust. Der nächste war Karl selber. Der Kaiser verschied am 21. September 1558. Vier Wochen nach dem Tod des kaiserlichen Bruders holte der Tod auch Maria von Habsburg.

Die letzte Freude – Krankheit und Tod

Im Sommer 1558 kehrte Quijada, der Yuste kurz verlassen hatte, von seiner Reise in Begleitung seiner Frau Magdalena Ulloa und des elfjährigen Hieronymus zurück. Der Majordomus soll Hieronymus auf Wunsch von Karl geholt haben. Der schöne blonde Knabe wurde Page im Hofstaat in Yuste. Außer Karl kannte die Identität des Kindes nur Quijada. Über Gespräche und die Art des Kontaktes zwischen Vater und Sohn ist nichts überliefert; in Yuste war dem Knaben seine Abstammung noch nicht bekannt. Der alte Kaiser fand Freude schon an der Ansicht von Hieronymus – auf diesen Namen war das Kind ursprünglich in Deutschland getauft worden. Über das väterliche Wohlgefallen am vielversprechenden Sohn hinaus hatte der Kaiser dynastische Pläne mit dem Knaben. Anders konnte es nicht sein, hatte doch Karl auch seine Tochter Margarete früh in seine dynastische Politik einbezogen. Warum sollte er dann diesem männlichen Nachkommen keine zukünftige Rolle zugedacht haben?!

Ob das lebhafte Interesse seines Sohnes für Militärisches – bei einem Knaben seines Alters durchaus möglich! – dem Kaiser bekannt war, weiß man nicht. In keinem Fall konnte er ahnen, daß dieser spätere Don Juan d'Austria als talentierter, glorreicher Admiral (1571) die Fahne mit dem Kreuz im östlichen Mittelmeer hissen, einen historischen Seesieg über die türkische Flotte davontragen und als Seeheld von Lepanto in die Historie eingehen wird.

Wie dem auch sei, die Freude des alten Kaisers an seinem Sohn währte nicht lange. Die Krankheit, die ihn dann dahinraffte, befiel ihn im August. Die Diagnose der späteren Historiker, die auf Malaria lautet, dürfte auf Rückschlüssen aus gewissen Symptomen beruhen. Doch stehen sie keineswegs so fest, wie beispielsweise im Fall der Erkrankung und des Todes wegen Malaria eines vom Alter und von der Lebensführung her – aber sonst überhaupt nicht! – vergleichbaren Mannes, nämlich des radikalen Protestanten und Revolutionsführers Oliver Cromwell.

Nach einer Mahlzeit auf der Terrasse der Villa am 30. August „begann er sich nicht wohl zu fühlen. Er klagte über Kopfschmerzen, ein Gefühl der Schwere, großen Durst und Fieber ... Am folgenden Tag hatte er abwechselnd Schüttelfrost und Fieber ... Das waren typische Symptome der Malaria", so faßt Alvarez die Symptome aufgrund der Berichte von Dr. Mathys zusammen (S. 224, ganz ähnlich De Dijn, S. 54, 56). Doch kein Wort über Malaria bei Brandi, vielmehr über „eine gefährliche Erkältung", die sich der Kaiser „durch Unvorsichtigkeit gegenüber den sehr kühlen Morgenwinden dieser Gegend" zugezogen habe (S. 535).

In den nächsten drei Wochen ging es ständig bergab. Ein Aderlaß half nichts, der Kranke wurde nur schwächer, das Fieber stieg. Doch begehrte der Widerspenstige „zur Verzweiflung des Arztes ... immer noch das ihm am wenigsten Zuträgliche" (Brandi, S. 536). Als dann Mitte September auch der Appetit des großen Gourmets schwand, kündigte sich das Schlimmste an.

Karl verlor mehrfach das Bewußtsein, ansonsten war er bis zuletzt im vollen Besitz seiner geistigen Kräfte. Allerdings durften ihn Todesängste gequält haben. In seinem eigens dem Tod des Kaisers gewidmeten Essay will der moderne Historiker Tellecha wissen, daß der Kaiser den Augenblick des Todes fürchtete (S. 106). Und da dies Quijada bekannt war, zögerte der Getreue, die Verabreichung der Letzten Ölung zu veranlassen. Doch am 19. September war es soweit. Quijada konnte nicht verantworten, daß der Kaiser verschied, ohne das Sakrament empfangen zu haben. Das war auch im Sinn des Moribunden, der „die ganze Folge der geistlichen Handlungen, die von der Kirche für den Sterbenden bestimmt sind, mit inbrünstigem Verlangen" hinnahm (Brandi, S. 536).

Carranza, einst Prediger des Kaisers, jetzt Erzbischof von Toledo, reichte dem Sterbenden das Kruzifix, das Kaiserin Isabella in ihrer Todesstunde in der Hand gehalten hatte. Er wollte Karl mit dem Hinweis darauf Trost spenden, daß der Kreuzestod Christi die entscheidende Quelle der Gnade sei.

In der zweiten Morgenstunde des 21. September 1558 starb Kaiser Karl V.

Die spanische Linie des Hauses Habsburg

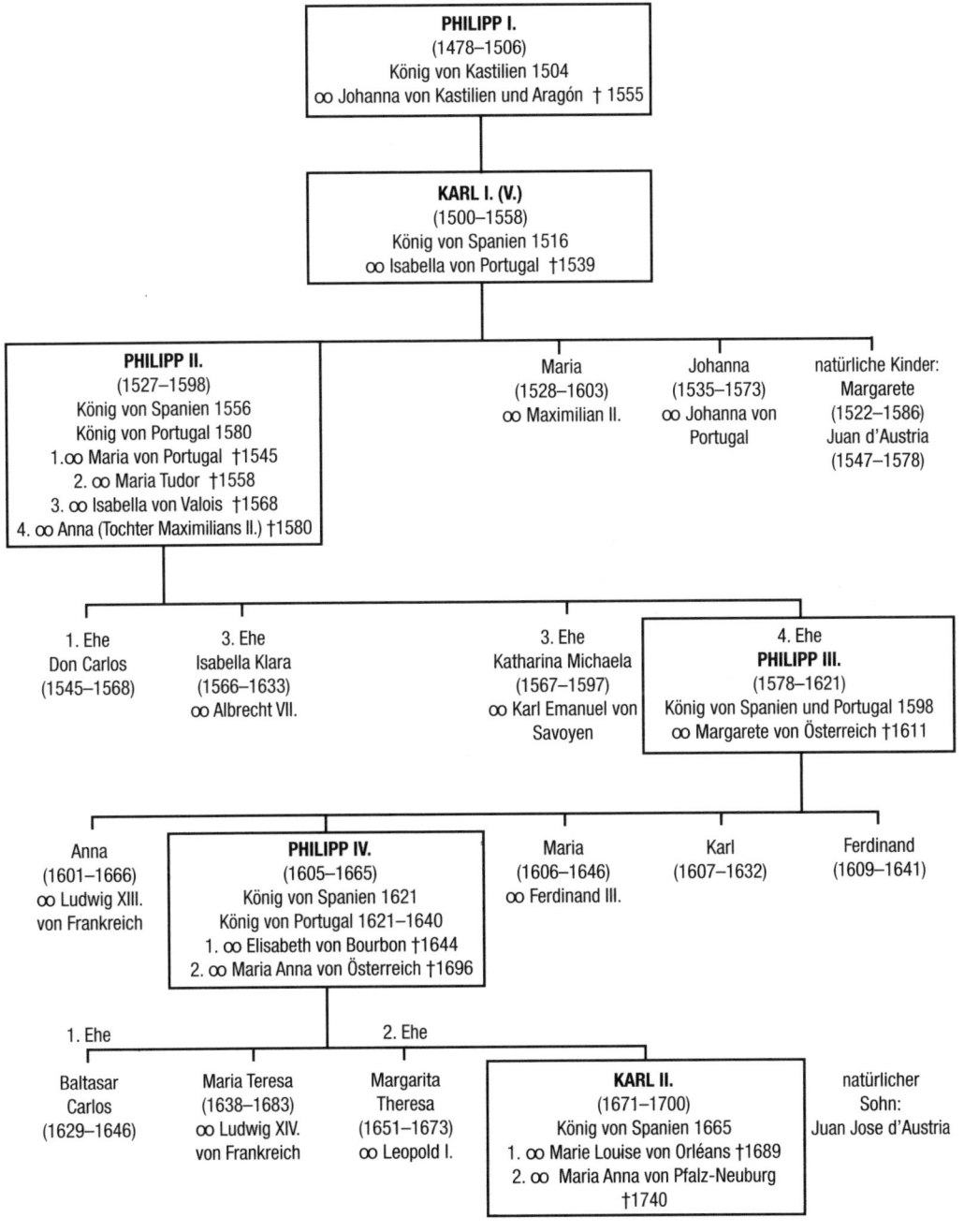

PHILIPP I.
(1478–1506)
König von Kastilien 1504
∞ Johanna von Kastilien und Aragón † 1555

KARL I. (V.)
(1500–1558)
König von Spanien 1516
∞ Isabella von Portugal †1539

PHILIPP II.
(1527–1598)
König von Spanien 1556
König von Portugal 1580
1.∞ Maria von Portugal †1545
2. ∞ Maria Tudor †1558
3. ∞ Isabella von Valois †1568
4. ∞ Anna (Tochter Maximilians II.) †1580

Maria
(1528–1603)
∞ Maximilian II.

Johanna
(1535–1573)
∞ Johanna von
Portugal

natürliche Kinder:
Margarete
(1522–1586)
Juan d'Austria
(1547–1578)

1. Ehe
Don Carlos
(1545–1568)

3. Ehe
Isabella Klara
(1566–1633)
∞ Albrecht VII.

3. Ehe
Katharina Michaela
(1567–1597)
∞ Karl Emanuel von
Savoyen

4. Ehe
PHILIPP III.
(1578–1621)
König von Spanien und Portugal 1598
∞ Margarete von Österreich †1611

Anna
(1601–1666)
∞ Ludwig XIII.
von Frankreich

PHILIPP IV.
(1605–1665)
König von Spanien 1621
König von Portugal 1621–1640
1. ∞ Elisabeth von Bourbon †1644
2. ∞ Maria Anna von Österreich †1696

Maria
(1606–1646)
∞ Ferdinand III.

Karl
(1607–1632)

Ferdinand
(1609–1641)

1. Ehe
Baltasar
Carlos
(1629–1646)

Maria Teresa
(1638–1683)
∞ Ludwig XIV.
von Frankreich

2. Ehe
Margarita
Theresa
(1651–1673)
∞ Leopold I.

KARL II.
(1671–1700)
König von Spanien 1665
1. ∞ Marie Louise von Orléans †1689
2. ∞ Maria Anna von Pfalz-Neuburg
†1740

natürlicher
Sohn:
Juan Jose d'Austria

Bibliographie

Albéri, E. (Hrsg.): Relazione degli ambasciatori veneti al senato durante il secondo decimosesto. (Berichte der venezianischen Botschafter an den Senat im 16. Jhdt.) 15 Bände, Florenz 1830–1862.

Almirante, D. José: Bosquejo de la Historia Militar de España. (Abriß der Militärgeschichte Spaniens.) Band II, Buch V und VI (bis Ende des 16. Jhdts.). Madrid 1923.

Alvárez, Manuel Fernandez: Karl V. Herrscher eines Weltreiches. München 3. Aufl. 1987.

Ders.: La España del imperator Carlos V. (Das Spanien von Kaiser Karl V.) Band XVIII der Historia de España (Geschichte Spaniens). Hrsg. von R. Menéndez Pidal. Madrid 1966.

Avila y Zuñiga: Geschichte des Schmalkaldischen Krieges. Berlin 1853.

Andics, Helmut: Die Frauen der Habsburger. Wien 1985.

Babelon, Jean: Charles Quint. 1550–1558. Paris 1947.

Bárdossy, László: Magyar Politika a Mohácsi Vész Után. (Ungarische Politik nach der Katastrophe von Mohács.) Budapest 1943.

Baumann, Reinhard: Georg von Frundsberg. Der Vater der Landsknechte und Feldhauptmann von Tirol. München 1984.

Beeching, Jack: Don Juan d'Austria. Sieger von Lepanto. München 2. Aufl. 1986.

Boom, Gislaine: Les voyages de Charles Quint. (Die Reisen Karls V.) Brüssel 1957.

Brandi, Karl: Kaiser Karl V. Werden und Schicksal einer Persönlichkeit und seines Weltreiches. Frankfurt/Main 8. Aufl. 1986. (Die Zitate im Text sind der 5. Auflage entnommen.)

Brandt, Arnim: Martin Behaim. Seefahrer, Entdecker und Kosmograph. Regensburg 1989.

Braudel, Fernand: Karl V. Die Notwendigkeit des Zufalls. Frankfurt/Main 1992.

Bridgman, Nanie: La participation musicale à l'entrèe de Charles Quint à Cambrai. (Der musikalische Beitrag beim Einzug Karls V. in Cambrai.), in: Jacquot (Hrsg.), zit. bei Carreño, SS. 235–244.

Brouwer, Johan: Johanna die Wahnsinnige. Glanz und Elend einer spanischen Königin. München 2. Aufl. 1996.

Burckhardt, Jacob: Kultur der Renaissance. Leipzig 1860.

Cadenas y Vicente, Vicente: Carlos de Habsburgo en Yuste. (Karl von Habsburg in Yuste.) 3-II-1557 – 21-IX-1558. Madrid 1984.

Ders.: Diario del Emperador Carlos V. Itinerarios. (Tagebuch Kaiser Karls V. Reiserouten.) Madrid 1992.

Campos y Serrano, Carlos Martinez de: España Belica. El siglo XVI. (Spanien im Krieg. Das 16. Jhdt.). Teil I. Madrid.

Carande, Ramón: Carlos V. y sus banqueros. (Karl V. und seine Bankiers.). 3 Bde. Madrid.

Carreño, Alberto Maria: La fundacion de la Real y Pontificia Universidad de México. (Die Gründung der königlichen und päpstlichen Universität von Mexiko.), in: Carlos V. Festschrift der Universität von Granada. Granada 1958, SS. 527–544.

Chabod, Frederico: Carlo V. e il suo Imperio. (Karl V. und sein Imperium.) Turin 1985.

Chauny, Pierre: L'Espagne de Charles Quint. (Das Spanien Karls V.) 2 Bde. Paris 1973.

Clausewitz, Carl von: Vom Kriege. Nachdruck. Bonn 1991.

Conteras, Luis Nuñez (Hrsg.): Un registro de Cancilleria de Carlos V. (Ein Register der Kanzlei von Karl V.). Madrid 1965.

DeDijn, Rosine de: Des Kaisers Frauen. Eine Reise von Karl V. von Flandern durch Deutschland bis in die Estremadura. Stuttgart 1999.

Defouncaux, Marcelin: Spanien im Goldenen Zeitalter. Kultur und Gesellschaft einer Weltmacht. Stuttgart 1986.

Diaz-Plaja, Fernando: Spanien. Kleine Geschichte großer Nationen. Gütersloh 1976.

Einem, Herbert von: Karl V. und Tizian. 1960.

Erlanger, Philippe: Charles Quint. Paris 1980.

Ferdinandy, Michael de: Karl V. München 1978.

Ders.: Philipp II. Größe und Niedergang der spanischen Weltmacht. Augsburg 1996.

Gachard, M.: Retraite et mort de Charles-Quint au monastère de Yuste. 3 Bände. Brüssel 1854–55.

Garcia Carcel, Ricardo: Cortes del Reinado de Carlos I. (Die Cortes unter der Regierung Karls I.) Valencia 1973.

Gibert, Rafael: Las Universidades en tiempos de Carlos V. (Die Universitäten zur Zeit von Karl V.), in: Carlos V. Festschrift der Universität von Granada. Granada 1958, SS. 475–500.

Gonda, Imre: Die Habsburger. Budapest 1978.

Gossart, E.: Charles Quint, roi d'Espagne. (Karl V., König von Spanien). Brüssel 1910.

Habsburg, Otto von: Karl V. Kaiser für Europa. Wien 4. Aufl. 1990.

Hamann, Brigitte: Die Habsburger. Ein biographisches Lexikon. Wien 1988.

Hantsch, Hugo: Geschichte Österreichs. Band 1: Bis 1648. Graz 5. Aufl. 1969.

Ders.: Die Kaiseridee Karls V. Rede gehalten zur Feier des 400. Todestages Karls V. im Festsaal der Universität Wien, 13. November 1958. Graz 1958.

Hartmann, Gerhard – Schnith, Karl: Die Kaiser. 1200 Jahre europäische Geschichte. Graz 1996.

Headley, John M.: The emperor and his chancellor. A study of the imperial chanceller under Gattinara. (Der Kaiser und sein Kanzler. Eine Studie über die kaiserliche Kanzlei unter Gattinara.) Cambridge 1983.

Heine, G.: Briefe an Kaiser Karl V., geschrieben von seinem Beichtvater. Berlin 1948.

Herm, Gerhard: Der Aufstieg des Hauses Habsburg. Düsseldorf 4. Aufl. 1991.

Huizinga, Johan: Herbst des Mittelalters. Studien über Lebens- und Geistesformen des 14. und 15. Jahrhunderts in Frankreich und den Niederlanden. Stuttgart 1975.

Jacquot, Jean (Hrsg.): Fêtes et cérémonies au temps de Charles Quint. (Feste und Zeremonien zur Zeit Karls V.) Paris 1960.

Jorga, Nicolae: Geschichte des Osmanischen Reiches. Band III. Nachdruck 1990.

Jover, José Maria: Carlos V. y los españoles. (Karl V. und die Spanier.) Madrid 1963.

Ders.: Sobre la politica exterior de España en tiempos de Carlos V. (Über die Außenpolitik von Spanien zur Zeit Karls V.), in: Carlos V. Festschrift der Universität von Granada. Granada 1958, SS. 111-208.

Kann, Robert A.: Werden und Zerfall des Habsburgerreiches. Graz 1962.

Kertész, J.: Bibliographie der Habsburger-Literatur (1218–1934). Budapest 1934.

Königsberger, H.: The Empire of Charles V. in Europe. (Das Reich Karls V. in Europa), in: The New Cambridge Modern History, Band II, SS. 301–333.

Lahnstein, Peter: Auf den Spuren von Karl V. München 1979.

Laiglesia, F. de: Estudios históricós. 1515–1555. (Historische Studien.) 3 Bde. Leipzig 1844-46. (Nachdruck 1966.)

Lehnhoff, O.: Die Beichtväter Karls V. Göttingen 1932.

Litschauer, Franz: Spanische Kulturgeschichte. Band II. Wien 1939.

López de Toro, José: El poeta Juan Segundo, secretario de Carlos V. (Der Dichter Johann Secundus. Sekretär Karls V.), in: Carlos V. Festschrift der Universität Granada. Granada 1958, SS. 233–255.

Lutz, Heinrich: Der politische und religiöse Aufbruch Europas im 16. Jahrhundert. Das Zeitalter Karls V., in: Propyläen Weltgeschichte. Band VII. Frankfurt/Main 1986.

Majoros, Ferenc: Das militärische Denken Kars V. (1500–1558), in: MARS, Jahrbuch für Wehrpolitik und Militärwesen, Jg. 6, 2000.

Majoros, Ferenc – Rill, Bernd: Das Osmanische Reich. 1300–1922. Graz 1994.

Mauernbrecher, W.: Karl V. und die deutsche Protestanten. 1545–1555. Düsseldorf 1865.

Mazario Coleto, Maria del Carmen: Isabel de Portugal, Emperatriz y reina de España (Isabella von Portugal, Kaiserin und Königin von Spanien). Madrid 1951.

McKendrick, Malveena: Ferdinand und Isabella. Reutlingen 1969.

Merriman, Roger Bigelow: Carlos V. El Emperador. Madrid 3. Aufl. 1969.

Moral, José Maria del: El Virrey de Napoles Don Pedro de Toledo (Don Pedro de Toledo, Vizekönig von Neapel). Madrid 1966.

Mulhacen, Marquis de: Carlos V. y su politica mediterranea. (Karl V. und seine Mittelmeerpolitij.) Madrid 1962.

Nesse, Jean van de: Journal des voyages de Charles-Quint de 1514 à 1551. (Reisetagebuch Karls V. 1514–1551.) Brüssel 1974.

Nette, Herbert: Karl V. Reinbek 1979.

Nuñez Contreras, Luis (Hrsg.): Un Registro de Cancelleria de Carlos V. El Manuscrito 917 de la Biblioteca Nacional de Madrid. (Ein Register der Kanzlei Karls V. Das Manuskript Nr. 917 der Nationalbibliothek zu Madrid.) Madrid 1965.

Orozo Diaz, Emilio: La Universidad de Granada. 1532–1568 (Die Universität von Granda.), in: Carlos V. Festschrift der Universität von Granada. Granada 1958, SS. 563–593.

Ortvay, Tividar: Maria II. Lajos Magyar Krály Neje. 1505–1558. (Maria, Gemahlin Lajos II., Königs von Ungarn.) Budapest 1914.

Panzer, Marita A.: Barbara Blomberg. 1527–1597. Bürgerstochter und Kaisergeliebte. Regensburg 1995.

Pfandl, Ludwig: Spanische Kultur und Sitte. Regensburg 1924.

Pidal, Ramón Menéndez (Hrsg.): Historia de España. (Geschichte Spaniens.) Band XVIII. Las España del Emperador Carlos V. (Das Spanien Kaiser Karls V.).

Ders.: Introdución, in: Pidal, Historia España. Band XVIII., S. I–LXXI.

Pierson, Peter: Philipp II. Vom Scheitern der Macht. Graz 1985.

Pirenne, Henri: Histoire de Belgique. Bd. III. Brüssel 3. Aufl. 1923.

Prawdin, Michael: Donna Juana. Königin von Kastilien. Düsseldorf 1953.

Rabe, Horst: Die iberischen Staaten im 16. und 17. Jahrhundert, in: Schieder, Theodor: Handbuch der europäischen Geschichte. 3. Bd., SS. 581–662.

Ramos, Demetrio: El Consejo de las Indias en el siglo XVI. (Der Indienrat im 16. Jhdt.) Valladolid 1970.

Ranke, Leopold von: Fürsten und Völker von Süd-Europa im 16. und 17. Jahrhundert. Band 1: Die Osmanen und die spanische Monarchie im 16. und 17. Jahrhundert. 1827.

Rassow, Peter: Die Kaiser-Idee Karls V., dargestellt an der Politik der Jahre 1528 bis 1540. Berlin 1923.

Ders.: Karl V. Der letzte Kaiser des Mittelalters. Göttingen 3. Aufl. 1977.

Reifenscheid, Richard: Die Habsburger in Lebensbildern. Von Rudolf I. bis Karl I. Graz 1982.

Rill, Bernd, siehe Majoros, Ferenc.

Sánchez Montes, Juan: Franceses, protestantes, turcos. Los Españoles ante la politica internacional de Carlos V. (Franzosen, Protestanten, Türken. Die Spanier und die internationale Politik Karls V.). Madrid 1951.

Saulnier, V. L.: Charles Quint traversant la France: ce qu'en dirent les poétes Français (Karl V. durchquert Frankreich. Was sagten dazu die französischen Dichter.), in: Jacquot, Jean: Fêtes et cérémonie au temps de Charles Quint a. a. O. SS. 207–233.

Ders.: Sobre las Cortes de Toledo de 1538–1539, in: Carlos V. Festschrift der Universität von Granada. Granada 1958, SS. 595–641.

Schwennicke, Detlev: Europäische Stammtafeln. Neue Folge. Band I.1. Die fränkischen Könige und die Könige und Kaiser, Stammesherzöge, Kurfürsten, Markgrafen und Herzöge des Heiligen Römischen Reiches Deutscher Nation. Frankfurt/Main 1998.

Schneider, Reinhold: Bartolomé de las Casas frente a Carlos V. Madrid 1979.

Seibt, Ferdinand: Karl V. Der Kaiser und die Reformation. Berlin 1990.

Sondoval, P. de: Historia de la vida y hechos del Emperador Carlos V. 3 Bde. Madrid 1955–1956.

Splingart, Jean-Marie: Madame et son temps. Biographie de Marie de Hongrie. (Madame und ihre Zeit. Biographie der Maria von Ungarn.) 1505–1558.

Sutter-Fichtner, Paula: Ferdinand I. Wider Türkennot und Glaubensspaltung. Graz 1985.

Tamussino, Ursula: Margarete von Österreich. Diplomatin der Renaissance. Graz 1995.

Dies.: Maria von Ungarn. Ein Leben im Dienst der Casa Austria. Graz 1998.

Terlinden, Vicomte Charles: Charles-Quint Empereur des Deux Mondes. Brüssel 1965.

Turba, Gustav: Über den Zug Kaiser Karls V. gegen Algier. Eine Untersuchung. Wien 1890.

Tyler, Royall: Kaiser Karl V. Stuttgart 1959.

Vacha, Brigitte (Hrsg,): Die Habsburger. Eine europäische Familiengeschichte. Graz 1992.

Vital, Laurent: Relaciòn del primer viaje de Carlos V. a España. (Bericht über die erste Reise Karls V. nach Spanien.) Madrid 1058.

Vocelka, Karl – Heller, Lynne: Die Lebenswelt der Habsburger. Kultur- und Mentalitätsgeschichte einer Familie. Graz 1997.

Diess.: Die private Welt der Habsburger. Leben und Alltag einer Familie. Graz 1998.

Vogler, Günter: Europäische Herrscher. Ihre Rolle bei der Gestaltung von Politik und Gesellschaft vom 16. bis zum 18. Jahrhundert. Weimar 1988.

Wandruszka, Adam: Das Haus Habsburg. Geschichte einer Europäischen Dynastie. Wien 1982.

Personenregister

Manuel I. (1469–1521), König von Portugal, Gemahl Erzherzogin Eleonores 31
Margarete (1480–1530) von Österreich, Erzherzogin, Tochter Kaiser Maximilians I. 12, 16f., 21, 24, 39, 44f., 50, 59, 99, 116, 118, 120, 191, 199, 221
Margarete (1522–1586), Herzogin von Parma, natürliche Tochter Karls V. 50, 89, 101, 215, 217f., 240
Maria (1505–1558), Erzherzogin, Schwester Karls V., Frau Ludwigs II. Jagiello, König von Ungarn und Böhmen 12, 16, 26, 94, 99, 117-120, 144-146, 155-158, 183, 190f., 197f., 227, 229, 235, 239f.
Maria (1527–1545), Infantin von Portugal, 1. Frau Philipps II., Tochter Johanns III. von Portugal 92, 199, 235
Maria die Katholische bzw. die Blutige (1516–1558), Königin von England 24, 235
Maria (1528–1603), Infantin, Tochter Kaiser Karls V., Frau Kaiser Maximilians II. 90, 215f., 235
Marius, Caius (156–86 v. Chr.) 128
Massi, Franz, Musiker 92, 221
Mathys, Hendrik 238, 241
Maximilian I. (1459–1519), röm. dt. Kaiser 15, 17, 21, 23f., 26, 32, 36f., 39, 43, 73, 100
Maximilian II. (1527–1576), röm. dt. Kaiser 216, 235
Mehmed II. der Eroberer (1432–1481), türk. Sultan 56, 124, 157
Melanchthon, Philipp (1497–1560) 208
Mendoza, Antonio de, Vizekönig von Neu-Spanien 167–169
Mendoza, Bernardino de, span. General 149
Milán, Luis de (um 1500–1561), Komponist 84
Morga, Pedro de 179
Moritz, Kurfürst von Sachsen-Wittenberg (1521–1553) 185, 212f.
Mota, Don Pedro Ruiz de la (gest. 1527), Bischof von Badajoz 19
Muley Hassan 135, 142
Mulhacen, Marquis de, Historiker 74
Müllern, Johannes (1565-1634) 48

Napoleon I. (1769–1821), Kaiser der Franzosen 10

Ocampo, Florián 72
Odilo, hl. (962–1048), Abt von Cluny 13
Ortiz, Diego (um 1510 – um 1570), Komponist 84
Osiander, Andreas (14981–1552) 208
Ottavio Farnese (1524–1586), Herzog von Parma 217
Otto III. (980–1002), röm. dt. Kaiser 14, 51

Padilla, Juan de (1490–1521) 41f.
Paul III. (1468–1549), Papst 37, 100, 105, 171, 188f., 217
Paul IV. (1476–1559), Papst 238
Pavie, Michel de 223
Pescara, Fernando Francisco de Avalos, Marchese (1490–1525), span. Feldherr 56
Peutinger, Christoph 183
Philipp I. der Schöne (1478–1506), König von Kastilien 15f., 21, 25, 29, 116
Philipp II. (1527–1598), König von Spanien 9, 24, 70, 80–82, 90, 92, 96, 172, 174, 177, 185, 191, 199, 203, 215f., 218, 222f., 225, 227, 229, 234–236, 239